Volker Baisch | Bernd Neumann

Das
Väter-Buch

Vaterschaft und Beruf unter einen Hut bringen
Eine innige Vater-Kind-Beziehung aufbauen
Liebe und Leidenschaft in der Beziehung erhalten

www.knaur-ratgeber.de

Inhalt

Glückliche Eltern, glückliche Kinder 122

Auch Väter sind Männer 152

Vaterschaft – ein einzigartiges »Projekt«

Vorwort von Volker Baisch

Volker Baisch (Jahrgang 1966) ist Gründer und Geschäftsführer von Vaeter e.V. Seit 2006 ist er Mitgesellschafter der Dads – Väter in Balance GbR und berät Unternehmen zum Thema Vereinbarkeit von Beruf und Familie aus Vätersicht. 2007 wurde er mit seinem Projekt als Social Entrepreneur von Ashoka Deutschland gGmbH geehrt. Er lebt mit seiner Frau und seinen beiden Töchtern in Hamburg.

1999 hat mich meine Frau mit der freudigen Botschaft überrascht, dass sie mit Marla schwanger war. Großartig! Endlich werde ich Vater! Doch der anfänglichen Freude folgten viele Fragen, was da wohl auf mich zukommen sollte. Als Optimist sagte ich mir zwar, dass ich das bestimmt hinkriegen würde – es hatten ja andere vor mir auch geschafft –, doch der erste Austausch mit Freunden, die schon Väter waren, und auch die erste Sichtung der Väterratgeber im Buchhandel ließen bei mir Zweifel aufkommen, ob das »Projekt Vaterschaft« so ganz nebenbei zu bewerkstelligen wäre. Zumal Ute und ich uns einig waren, dass wir uns Familie und Beruf teilen wollten, also jeder ein Jahr in Elternzeit gehen wollte.

Private Erfahrungen und die Gründung von Vaeter e.V.
Diese Überlegungen führten auch zu der Entstehung von Vaeter e.V., einem Verein, den ich mit sieben anderen Vätern 2001 in einer Ottensener Kneipe in Hamburg

gegründet habe. Unsere Idee und unser Ziel waren ganz einfach: anderen Vätern unser Wissen zum Thema Vaterschaft aufbereitet und kompakt weiterzugeben, um ihnen einen authentischen Einblick in das Leben von Vätern in Elternzeit zu vermitteln. Meine Elternzeit nutzte ich (als Marla schlief bzw. nach 17 Monaten vormittags in der Krippe war), um mir zu überlegen, wie ich mein Wissen, aber auch die Informationen aus der Literatur und der Väterforschung und die Erfahrungen anderer Väter so aufbereiten konnte, dass Männer davon für die eigene Vaterschaft profitieren könnten. Stefan Becker von der gemeinnützigen *berufundfamilie gGmbH* der Hertie-Stiftung und Dirk Bange von der Behörde für Soziales und Familie in Hamburg, beides natürlich überzeugte und engagierte Väter, verhalfen mir 2002 durch finanzielle Unterstützung, die Internetseite *www.vaeter.de* zu entwickeln. So konnte ich meinen Wunsch verwirklichen, eine Plattform für den Mann mit Kind ins Leben zu rufen, die bis heute monatlich von 200 000 Vätern genutzt wird. Sie stellt die Grundlage für dieses Buch dar.

Vater sein – mein Hauptberuf

2004 kam dann mit Noa unsere zweite Tochter zur Welt. Zur gleichen Zeit begann auch das Projekt *Vaeter e.V.* zu wachsen, denn wir wurden nun vom Hamburger Senat offiziell gefördert und konnten uns damit hauptberuflich mit meinem Lieblingsthema – dem Vatersein – beschäftigen, damals erst das zweite Projekt dieser Art in Deutschland.

Das Hamburger Väter-Modell: für eine väterfreundliche Gesellschaft

Seit 2005 beraten wir nicht nur Väter, die Elternzeit nehmen möchten, sondern auch Unternehmen wie Airbus Deutschland, HSH Nordbank oder Hamburg Wasser, um unsere Idee, Familie und Beruf auch aus Vätersicht zu vereinen, unter noch mehr Vätern zu verbreiten. Als ich 2007 von *Ashoka Deutschland* als Social Entrepreneur (Sozialunternehmer) ausgewählt worden bin, um unser Hamburger Väter-Modell auf ganz Deutschland auszuweiten, hatte ich auch meinen eigenen zweifelnden und sich um mich sorgenden Vater überzeugt. Dass meine anfängliche Idee, die ich aus unserem damaligen Wohnzimmer gestartet hatte, tatsächlich eine »Marktlücke« war, mit der ich nicht nur meinen Lebensunterhalt verdienen, sondern auch unsere Gesellschaft nachhaltig väterfreundlich machen konnte, hatte ich nicht geahnt.

Es bewegt sich was ...

Die Einführung des Elterngeldes 2007 hat unserem Projekt und den Vätern natürlich viel Rückenwind beschert und deutlich gemacht, dass Väter sehr wohl ein Interesse daran haben, Kinder und Familie intensiver zu erleben, als es ihnen bisher möglich war. Viele Gespräche und Beratungen mit Vätern, aber auch mit Unternehmern, Personalchefs und Führungskräften zeigen, dass Vätern in den Unternehmen noch die Unterstützungsstrukturen fehlen, um den eigenen Wunsch (80 Prozent möchten ihre Arbeitszeit zugunsten der Familie reduzieren) auch Wirklichkeit werden zu lassen.

Beruf und Familie vereinbaren

Dieses Buch soll Ihnen ermöglichen, konkrete Schritte zu unternehmen, um Beruf und Familie zu vereinbaren, um dichter an Ihren Kindern dran zu sein und eine glückliche Beziehung mit Ihrer Partnerin zu führen – wichtige, lohnenswerte Ziele. An dieser Stelle möchte ich meinen Kollegen von *Vaeter e.V.* danken, die meine Ideen von Anfang an mitgetragen und mich in meiner Vision unterstützt haben. Besonders möchte ich aber auch meine Frau Ute danken, die meine nicht immer ausgeglichene Work-Life-Balance mitgetragen hat und uns zwei wunderbare Töchter geschenkt hat. Als letztes sei meinem Vater gedankt, der trotz mancher Zweifel an mich geglaubt hat und ein wunderbarer Vater und Großvater ist!

Volker Baisch
Mai 2008

Kinder brauchen engagierte Väter ... und schenken Glück

Vorwort von Bernd Neumann

Bernd Neumann (Jahrgang 1957) leitete lange Jahre das Ressort Medizin sowie die Onlineredaktion der Zeitschrift FIT FOR FUN. Seit 2002 arbeitet er als freier Wissenschafts- und Medizinjournalist sowie Buchautor und hat bereits zahlreiche Ratgeber veröffentlicht. Der Autor lebt heute mit Frau und vier seiner sieben Kinder in der Nordheide.

Ich bin jetzt 50 Jahre alt und habe drei Kinder aus erster Ehe im Alter von 27, 26 und 25 Jahren, die das typische Schicksal von Scheidungskindern erleiden mussten – Trennung, als die Kleinste etwa eineinhalb Jahre alt war. Jetzt habe ich mit meiner dritten Frau weitere vier Kinder, acht, sechs, vier Jahre sowie neun Monate alt. Ich darf damit behaupten, dass ich einige Erfahrung als Vater besitze.

Kinder sind wunderbar ...

Es hat mich stets fasziniert, Kindern bei ihrer Entwicklung zuzuschauen und diese ein klein wenig mitzugestalten, und ich habe es immer bedauert, dass mir dies bei meinen ersten drei Kindern nur eingeschränkt möglich war. Gleichwohl habe ich ein sehr gutes Verhältnis zu meinen »Großen«. Es ist rührend zu sehen, wie mein ältester Sohn den Jüngsten auf dem Arm trägt oder eine meiner erwachsenen Töchter mit den Kleinen ihre Puppen anzieht und mit ihnen herumtobt.

Dennoch genieße ich es jetzt, mit meinen »Kleinen« noch einmal das komplette Programm zu erleben. Mein Jüngster ist gerade dabei, die »dritte Dimension« für sich zu erobern. An Tischen, Stühlen, an den Beinen seiner Geschwister – an allem zieht er sich hoch, um zu stehen. Und hat er dabei einen nicht fixierten Gegenstand erwischt, schiebt er diesen wie einen Rollwagen vor sich her. Welch ein Strahlen in seinen Augen, wenn er auf diese Weise den Raum durchquert hat!

Ebenso begeisternd ist es, wie sich meine Vierjährige auf eigene Faust die Schrift erschließt, wie mein sechsjähriger Sohn sich an die ungewohnte Schulsituation anpasst, sie ihm sogar Spaß zu machen beginnt, und wie meine achtjährige Tochter begierig alle Bücher verschlingt, derer sie habhaft werden kann.

... und jedes ist einzigartig

Mindestens ebenso spannend für mich: die Unterschiede im Wesen der Kinder. Wo beispielsweise die eine auch auf Fremde offen zugeht, hält sich der andere selbst bei guten Bekannten zunächst stets vornehm im Hintergrund. Wenn man genau aufpasst, kann man in allen Lebensbereichen solche Wesensunterschiede feststellen, die auch von mir als Vater ein jeweils anderes Verhalten dem Kind gegenüber erfordern. Gerechtigkeit und Prinzipien ja, doch jedes Kind erfordert eine etwas andere Erziehung, andere Förderung, andere Grenzziehungen. Eine wunderbare Aufgabe, die vollen Einsatz erfordert und verdient.

Vatersein hält jung und fit

Ich bin überzeugt davon, dass Kinder ihren Vater ebenso brauchen wie ihre Mutter. Ich bin auch der festen Meinung, dass Väter in vielerlei Hinsicht davon profitieren, wenn sie sich intensiv auf ihre Kinder einlassen. Denn der Umgang mit Kindern macht nicht nur einfach Freude, er macht auch erfinderisch, hält den Zugang zu den eigenen Gefühlen offen, fördert die Auseinandersetzung mit der sich täglich ändernden Realität. Er erfordert schnelles Anpassen an die unterschiedlichsten Situationen, eine gute Portion Humor, Durchsetzungsvermögen und Geduld.

All diese Komponenten – und vielleicht auch der Zugang zu seinem eigenen kindlichen Selbst – machen die Beschäftigung mit Kindern zum besten Antiaging-Mittel, das ich kenne. Nebenbei bemerkt, werden dadurch gerade jene Eigenschaften gestärkt, die in der heutigen Berufswelt von zentraler Wichtigkeit sind.

Es gibt aber auch noch einen weiteren, leider unerfreulichen Grund, warum ich sehr schnell zugestimmt habe, als mir die Co-Autorenschaft zu diesem Buch angeboten wurde: die »Nicht-Beziehung« zu meinem eigenen Vater, die vor allem daraus resultiert, dass es eine Sache gibt, die in seinem Leben höchste Priorität besitzt – im Fernsehen konsumierter Sport, insbesondere Fußball.

Während meiner Kindheit war mein Vater als Unterhaltungspianist auf Kreuzfahrtschiffen wie der »Berlin«, der »Bremen« und anderen Schiffen viele Wochen im Jahr auf See. Und war er dann mal zu Hause, wem galt sein Hauptinteresse? Nicht seiner Frau und schon gar nicht seinem einzigen Kind – Fußballspielen und sonstigen Sportereignissen im Fernsehen! Auch wenn er heute fast blind ist und schwerhörig, hat sich an dieser Gewichtung seines Lebens nichts geändert.

Für eine bewusste Vaterschaft

Vermutlich war auch dieses schlechte Beispiel von Vaterschaft immer schon eine Triebfeder für mich, es mit meinen Kindern anders – hoffentlich besser – zu machen. Ganz sicher ist es auch ein Grund, warum ich mich an diesem Buch beteiligt habe: Ich möchte, dass auch andere Väter bewusster mit ihrer Vaterschaft umgehen und ihren Kindern die Aufmerksamkeit schenken, die sie einfach durch ihre Existenz verdienen.

Bernd Neumann
Mai 2008

LASST DIE VÄTER RAN!

Ein Umbruch hat eingesetzt, in den Köpfen und in der Politik: Viele Jahre lang haben Frauen für Gleichberechtigung gekämpft. Jetzt sind wir Väter an der Reihe, für eine kinderfreundlichere Gesellschaft einzutreten, als Männer und vor allem als Väter.

Was wäre, wenn …
Vom Wunsch zur Wirklichkeit

Träume haben wir alle, und sie können auch in Erfüllung gehen, selbst wenn es manchmal eine Generation und mehr dauert. Es kostet meist Anstrengung, aber die Mühe lohnt sich.

Können Sie sich noch an die Zeit Ihrer Kindheit erinnern, als Ihre Phantasie Flügel hatte? Als das »Was-wäre-wenn-Spiel« noch zu Ihrem Alltag gehörte: Was wäre, wenn ich fliegen könnte oder so stark wäre wie Superman? Was wäre, wenn ich so reich wäre wie Dagobert Duck? Die meisten von uns Erwachsenen spielen das Spiel nicht mehr, wissen wir doch, dass die Welt nicht so ist, wie wir sie gern hätten. Stimmt, an Superman werden wir in vielen Punkten sicher nie heranreichen, und auch ein Speicher voller Gold wird den meisten von uns für immer versagt bleiben. Aber wer weiß, vielleicht lässt sich mancher Traum ja doch verwirklichen? Hätten Sie als Kind nicht auch gern mehr Zeit mit Ihrem Vater verbracht? Was wäre dazu notwendig gewesen, was hätte sich ändern müssen? Und würden Sie es bei sich ändern wollen, würden Sie es tun? Stellen Sie sich vor, Sie gingen zu einem Vorstellungsgespräch und eröffneten dem Personalchef, dass Sie bereits zwei Kinder haben, dass Ihre Frau bald das dritte Kind bekommt, Sie sich mit ihr die Betreuung der Kinder teilen möchten und deshalb eine Anstellung mit flexiblen Arbeitszeiten brauchen. Und nun stellen Sie sich vor, das wäre kein Problem. Sie bekämen eine maßgeschneiderte Lösung bei gutem Gehalt, mit der Sie und Ihre Partnerin gleichermaßen zufrieden sind. Zukunftsmusik? Ja und nein. Denn zum einen ist eine solche Einstellung bei deutschen Arbeitgebern bislang keineswegs an der Tagesordnung. Zum anderen aber können wir feststellen, dass sich etwas bewegt in Deutschland – wie auch das folgende Beispiel aus der Praxis zeigt.

Manchmal schon Realität: ein Familienmodell nach Maß

Sarah Marie wurde im Mai 2006 geboren. Monate zuvor gab es lebhafte Diskussionen zwischen den werdenden Eltern Barbara und Markus: Wer von beiden sollte nach der Geburt in Elternzeit gehen? Oder sollten vielleicht beide mit ihren Arbeitgebern über Teilzeit reden und sich die Kindesbetreuung fifty-fifty teilen? Sowohl Barbara als auch Markus lieben ihren Job, konnten sich aber ebenso gut vorstellen, mit dem Kind zu Hause zu bleiben. Den Ausschlag gab schließlich das liebe Geld: Markus verdiente rund 600 Euro mehr als Barbara, und da die beiden mit Baby eine größere Wohnung benötigen würden ...

»Der einzig wahre Realist ist der Visionär.«

Federico Fellini,
italienischer Filmregisseur (1920–1993)

Etwa neun Monate nach der Geburt – Sarah Marie wog jetzt gut acht Kilo, war fast 70 Zentimeter groß und machte im Krabbelgang bereits die ganze Wohnung unsicher – bekam das Leben der jungen Familie eine völlig neue Wendung. Barbaras Chef stand kurz davor, seine Firma zu expandieren, und wollte die junge Mutter gern als Leiterin einer neuen Filiale gewinnen. Das Angebot war verlockend, allein schon finanziell, brächte Barbara doch beinahe das Doppelte dessen nach Hause, was Markus verdiente. Zudem hatte Barbara schon abgestillt und nichts dagegen, wieder mehr unter Leute zu kommen. Und Markus? Er hatte keine grundsätzlichen Einwände. Im Gegenteil, mehr Zeit mit Sarah Marie zu verbringen war sein ausdrücklicher Wunsch. Ganz auf seine Arbeit verzichten wollte Markus jedoch auch nicht. Als er bei einem befreundeten Kollegen

ansprach, er wolle vielleicht in Teilzeit gehen oder notfalls ganz zu Hause bleiben, erklärte dieser ihn zunächst für verrückt und machte ihn darauf aufmerksam, dass er damit »seine Karriere knicken« könne. Sein Freund hatte unrecht. Markus' Chef wollte einen seiner besten Leute nicht verlieren und bot ihm flexible Arbeitszeiten und die Möglichkeit an, teilweise von zu Hause aus zu arbeiten.

Sarah Marie ist jetzt zwei Jahre alt und ein aufgewecktes und gesundes Kind. Wie in jeder Familie gibt es Zeiten, in denen nicht alles nach Plan läuft – wenn Sarah Marie einmal krank ist oder wenn bei Barbara oder Markus im Job gerade »Land unter« ist. Bis jetzt aber hat keiner der beiden die Entscheidung bereut. Beide sind glücklich, Familie und Beruf gleichermaßen zu leben, und können sich sogar vorstellen, noch ein weiteres Kind – vielleicht sogar zwei – in ihren Alltag integrieren zu können.

Die Stellschrauben für die Zukunft

Solange sie noch keine Kinder haben, sind Männer und Frauen heute etwa in gleichem Ausmaß erwerbstätig. Dies ändert sich in der Mehrzahl der Fälle drastisch, wenn das erste Kind da ist: Der herkömmlichen Rollenaufteilung folgend, sind dann nur noch 33 Prozent der Frauen berufstätig, gegenüber 85 Prozent der frischgebackenen Väter. Je älter das jüngste Kind, desto mehr Mütter nehmen ihre Erwerbstätigkeit wieder auf – mit 10- bis 14-jährigen Kindern beträgt der Anteil 71 Prozent. Und wie sieht es mit den

Vätern aus? Hier steigt der Anteil von 85 Prozent Erwerbstätigen während der ersten drei Lebensjahre des jüngsten Kindes auf 88 Prozent – keine große Veränderung (siehe Abbildung unten).
Die Tatsache, dass es bei den Männern kaum einen Unterschied zu verzeichnen gibt, lässt nur einen Schluss zu: Noch immer unterbrechen meist die Frauen ihre Erwerbstätigkeit, sobald ein Kind im Haushalt ist, während die Männer nahezu

uneingeschränkt weiterarbeiten. Dies hat im Wesentlichen vier Gründe:

1. Die Annahme, nur die Mutter verfüge über die »Mutterinstinkte«, die ganz besonders wichtig sind für die Versorgung des Säuglings und Kleinkinds, ist in der Bevölkerung immer noch weit verbreitet, auch wenn diese Ansicht mittlerweile von der Wissenschaft klar widerlegt werden konnte. Väter zeigen dem Neugeborenen

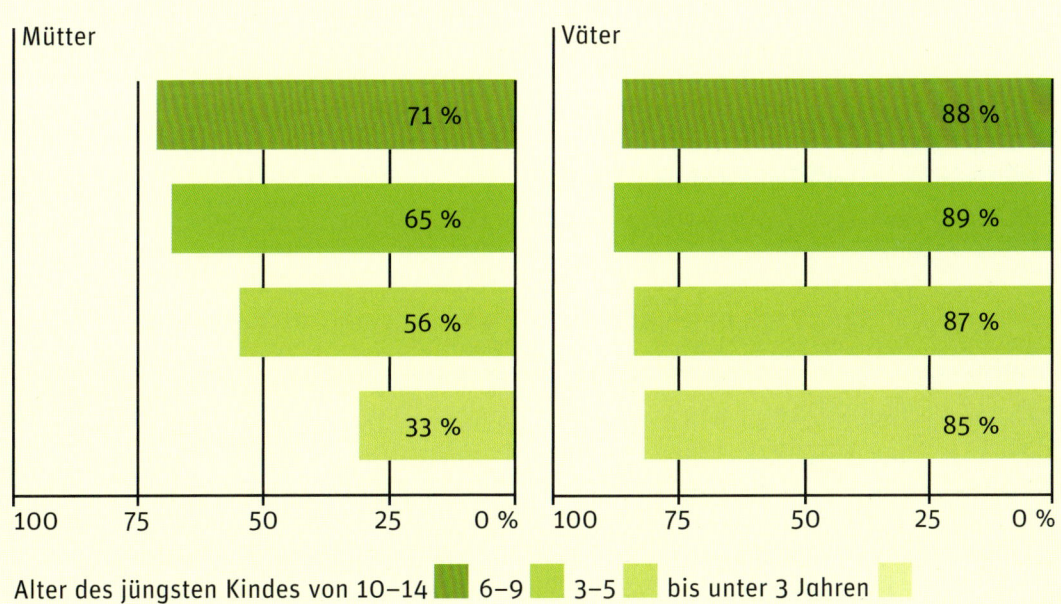

Erwerbstätigenquote von Müttern und Vätern* nach Alter des jüngsten Kindes 2005 in Deutschland

Mütter: 71 %, 65 %, 56 %, 33 %

Väter: 88 %, 89 %, 87 %, 85 %

Alter des jüngsten Kindes von 10–14 ▮ 6–9 ▮ 3–5 ▮ bis unter 3 Jahren

*Elternteile im erwerbstätigen Alter (ohne vorübergehend Beurlaubte)   Statistisches Bundesamt 2006

Die Erwerbstätigenquote von Müttern und Vätern nach dem Alter des jüngsten Kindes zeigt: Die herkömmliche Rollenverteilung, nach der sich vor allem Mütter »hauptberuflich« um ihre kleinen Kinder kümmern, gilt nach wie vor.

gegenüber ebenso ein »intuitives Elternver-halten« wie Mütter. Ob Mutter oder Vater nach Ablauf des ersten Lebensjahres kom-petenter in Sachen Kinderbetreuung ist, hängt allein davon ab, wer die meiste Zeit mit dem Kind verbracht hat und entspre-chend die meisten Erfahrungen sammeln konnte.

2. Eng mit Punkt 1 verbunden, aber nicht mit ihm identisch: Frei nach dem Motto: »Es war schon immer so, und so soll's auch bleiben«, steckt in den Köpfen vieler Frau-en und Männer immer noch die überkom-mene Ansicht vom Mann als Ernährer und Beschützer und der Frau als hauptberufli-cher Hausfrau und Mutter. Dahinter steht jedoch meist kein hierarchisches Denken mehr im Sinne von »der Mann dominiert die Frau«. Stattdessen werden beide Rollen als gleichwertig angesehen, so dass manche Frauen es als Einmischung empfinden,

wenn ihre Partner zu weitgehende Aufga-ben im Haushalt und in der Kindererzie-hung übernehmen wollen. Sowohl bei Punkt 1 als auch bei Punkt 2 handelt es sich also um reine Einstellungsfragen.

3. Die Situation am Arbeitsplatz – etwa die fehlende Möglichkeit, problemlos in Teil-zeit zu gehen oder Teile der Arbeit zu Hause zu erledigen – wird von den meis-ten Befragten nach wie vor als wenig fami-lienfreundlich eingeschätzt.

4. Männer haben immer noch häufiger die besserbezahlten Jobs. Im Jahr 1977 ver-dienten Frauen in Westdeutschland im Durchschnitt nur 72 Prozent des Männer-einkommens. Zwar waren es 2002 in West-deutschland immerhin schon 76 Prozent (in Ostdeutschland 92 Prozent und bundes-weit 78 Prozent), doch auch 2008 liegt das Durchschnittseinkommen von Frauen

INFO: Gleichberechtigung ist nicht Gleichstellung

In Artikel 3, Absatz 2 des deutschen Grundgesetzes heißt es: »Männer und Frauen sind gleichberechtigt. Der Staat fördert die tatsächliche Durchsetzung der Gleichberechtigung von Frauen und Männern und wirkt auf die Beseiti-gung bestehender Nachteile hin.« Doch gleichgestellt, im Sinne von tatsächli-cher Gleichbehandlung, sind Frauen und Männer auch heute noch nicht. In Deutschland dominiert nach wie vor das Modell vom männlichen Ernährer und der für Kinder und Haushalt zuständigen Frau. Diese Dominanz ist immer noch Folge einer Ungleichbehandlung von Frauen und Männern am Arbeitsplatz, doch vor allem ist sie Folge eines überkommenen Rollenbildes und damit gleichzeitig Ursache der Ungleichbehandlung. Doch in den letzten Jahren ist der Stein ins Rollen gekommen – Männer fordern mehr Einfluss in weiblichen Domänen, Frauen in männlichen Bereichen.

immer noch gut 20 Prozent unter dem der Männer. Es liegt auf der Hand, dass die Entscheidung, ob Mutter oder Vater den Job zumindest zeitweise an den Nagel hängt, deshalb oft auch finanziellen Notwendigkeiten geschuldet ist.

In diesen vier Punkten liegen aus unserer Sicht die wesentlichen Stellschrauben, mit Hilfe derer sich die Situation der Väter grundlegend verändern lässt. Wir werden auf all diese Punkte und die damit zusammenhängenden Themen und Lösungsmöglichkeiten später noch ausführlich zu sprechen kommen. Einige der dafür notwendigen Änderungen müssen in den Köpfen stattfinden, andere betreffen die Rahmenbedingungen und damit die Politik und vor allem die Wirtschaft. Bevor wir uns aber diesen und weiteren Fragen widmen, lassen Sie uns noch kurz einen Blick auf die Vaterrolle unserer Vorfahren werfen.

Wie war es eigentlich früher so als Vater?

In der Vorstellungswelt der Bibel und in fast allen antiken Götterhimmeln herrschte ein »Gott-Vater«, was gleichbedeutend war mit einer uneingeschränkten und allem übergeordneten Macht, die tun und lassen konnte, was sie wollte. Im realen Familienleben mit einer ähnlichen Machtbefugnis ausgestattet war der altrömische »Pater familias« vor rund 2000 Jahren, der älteste bzw. ranghöchste Mann im Haushalt. Er konnte über Wohl und Wehe, Leben und Tod sowohl seiner Frau, seiner Kinder als auch seiner Hausangestellten bestimmen. Er hatte die Macht, seine Kinder zu verheiraten, es nicht zu tun oder sie sogar in die Sklaverei zu verkaufen. Im Gegenzug musste er allerdings auch Pflichten erfüllen: materiell für seine Schutzbefohlenen sorgen sowie für deren Erziehung.

»Des Mannes Herrschaft über das Weib ist gleichsam ein kleines Contrefait der Herrschaft Gottes über den Menschen.«

Wolf Helmhardt von Hohberg
(1612–1688)

Ähnlich war die Rolle des Vaters in der bürgerlichen Familie in Deutschland zwischen 1750 und 1900, entschied doch auch er über alle Vermögens- und Erziehungsfragen, war alleiniger Repräsentant der Familie gegenüber der Außenwelt und verhielt sich – so zumindest das bürgerliche Ideal – Frau, Kindern und Hausangestellten gegenüber in moralischen Fragen unnachgiebig und emotional distanziert.

Mit den Familien wandeln sich die Väter

Während es gegen Ende des 19. und zu Beginn des 20. Jahrhunderts »Kontroversen bezüglich der Rolle des Mannes in der Familie [gab], die der heutigen Diskussion

Welch ein Glück, dass viele Kinder heute warmherzige Väter haben – die für eine familienfreundliche Gesellschaft einstehen.

auffallend ähnlich sind«[1] – mit dem Hauptdiskussionspunkt: Wie lassen sich Männer aktiver in das Familienleben einbinden? –, führte die Lebenssituation im Zweiten Weltkrieg zu einem Wiedererstarken des Ideals vom Beschützer, Versorger und (moralischen) Erzieher. Nach dem Zweiten Weltkrieg aber, und in immer rasanter werdendem Tempo seit den 1960er-Jahren, wandelte sich die Vorstellung von Familie grundlegend. Die sogenannte Kernfamilie mit Vater, Mutter und Kind(ern) wurde inzwischen ganz offiziell auch in der Gesetzgebung – man denke nur an das neue Unterhaltsrecht aus dem Jahr 2007, nach dem Trennungskinder finanziell bessergestellt werden, gleichgül-

tig, ob es sich um eheliche oder nichteheliche Kinder handelt – zu einem Modell neben anderen. In gleichem Maße löste sich auch die bürgerliche Vaterrolle mehr und mehr auf bzw. wurde durch eine Vielzahl verschiedener Vaterrollen abgelöst, die vom väterlichen Alleinherrscher über viele Zwischenstufen bis zum Vollzeitvater mit »Hausmann-Diplom« reicht.

Vaterrollen heute: eine bunte Vielfalt

Auch wenn sich zu früheren Zeiten die oben genannten Stereotypen als verbreitete Idealbilder und Hauptformen nachweisen lassen, zeigt doch eine genauere Betrachtung historischer Vaterrollen, dass es »zu keinem Zeitpunkt in der Geschichte eine einzigartige, gleichförmige Rolle des Mannes in der Familie gab«[2]. Mit anderen Worten: Die Vaterrolle war schon immer ein mehr oder weniger buntes Gemisch, immer angepasst an die Vielzahl von Bedingungen, die das Leben zu allen Zeiten mit sich brachte. Das gilt heute mehr denn je. Denn ebenso wie die Computer in immer kürzeren Abständen schneller werden, die Software speicherhungriger und die Massenspeicher größer und billiger, verändern sich auch die Bedingungen des Arbeitslebens, der Kommunikation und damit auch der zwischenmenschlichen Beziehungen. All dies schafft ein politisches und geistiges Klima, in dem die Auflösung althergebrachter Vaterrollen zu einer ungeahnten Freiheit führt, mit der wir umgehen lernen müssen.

Zwischen den Stühlen

Lassen Sie uns kurz überlegen, wo für uns Väter das Problem sich auflösender Rollenvorstellungen besteht. In einer Gesellschaft, in der die Rechte und Aufgaben der Frauen klar von denen der Männer unterscheidbar sind, diese über lange Zeit akzeptiert und (erfolgreich) gelebt wurden, ist das Leben in der jeweiligen Rolle einfach – da es keine Alternative gibt. Frauen tun dieses, Männer jenes, Punkt.
Heute existiert in vielerlei Hinsicht keine eindeutige Rollenfestlegung mehr. Frauen können Industrieunternehmen leiten oder Bundeskanzlerin werden, Männer können als Tages-»mutter« arbeiten, den Haushalt schmeißen und Babys wickeln – vor 40 Jahren noch weitestgehend unvorstellbar. Wenn aber Frauen Männerdomänen übernehmen können, wenn Männer »typisch weibliche« Aufgaben verrichten, ist dann jeder frei zu tun und zu lassen, was er will? Keinesfalls, denn in den Köpfen existieren die Rollen nach wie vor. Lauscht man Stammtischgesprächen, so herrscht immer noch die (typisch männliche) Meinung, Frauen in Führungspositionen könnten ja wohl keine richtigen Frauen sein. Und Männer, die Haushalt und Kinder versorgen, während die Frau arbeiten geht, müssten ja wohl entweder arbeitslos oder Student sein – und hätten vielleicht im Mutterleib einfach zu wenig männliche Hormone abbekommen.
Gleichwohl gibt es zunehmend Männer, die sich mit ihrer alten Rolle als reiner Ernährer nicht mehr zufriedengeben und zu Hause und insbesondere in Bezug auf ihre Kinder mehr Verantwortung zeigen wollen. Doch sowohl weite Teile der Gesellschaft, sie selbst und auch ihre Partnerin erwarten, dass sie beides tun – die klassische Rolle erfüllen und die neue. Sie sitzen zwischen den Stühlen und reiben sich in der Doppelbelastung zwischen Beruf und Familie auf.
Wir wollen in den folgenden Kapiteln Wege erkunden, die zu einer Balance zwischen Ansprüchen und Machbarkeit führen. Nicht jeder dieser Wege ist für jeden begehbar, und es gibt keine Erfolgsgarantie. Doch es lohnt sich allemal, zumindest den einen oder anderen Trampelpfad einmal auszuprobieren. Im nächsten Kapitel werden wir uns anschauen, worin der Lohn besteht – aus Sicht des Kindes und aus Sicht des Vaters.

EIN VATER FÜR JEDE ALTERSSTUFE

Meist sind es (werdende) Mütter, die Bücher über die Entwicklung des Kindes lesen. Doch Väter spielen ebenfalls eine wichtige Rolle für die gesunde Entwicklung ihrer Sprösslinge – daher haben wir alles Wissenswerte kompakt für Sie zusammengetragen.

Basics: Was jeder Vater wissen sollte

Kinder sind keine reine Frauensache. Es gibt nur zwei Dinge, die Väter nicht können: Kinder gebären und sie stillen. Für alles andere sind sie genauso gut geeignet wie die Mutter.

Wir wollen hier keinesfalls die Bedeutung der Mutter für ihr(e) Kind(er) herunterspielen: Die Mutter ist und bleibt genauso entscheidend für die Entwicklung des Kindes zu einem gesunden und sozialen Menschen wie der Vater. Diese Tatsache aber ist so fest im öffentlichen Bewusstsein verankert, dass sie keiner Fürsprache bedarf. Das sieht in Bezug auf die Bedeutung des Vaters für die kindliche Entwicklung ganz anders aus: Obwohl die Forschung in den vergangenen zehn Jahren hier wichtige Erkenntnisse zutage gefördert hat, sind diese doch nur zu einem kleinen Teil in der breiten Öffentlichkeit angekommen. Vorherrschend ist hier auch immer noch die Meinung, die Mutter sei natürlicherweise, einfach durch ihr »Frausein«, besser geeignet für die Pflege und Erziehung von Kindern. Zu Beginn dieses Kapitels widmen wir uns deshalb zunächst der Frage, inwiefern Väter für ihre Kinder von Bedeutung sind. Anschließend betrachten wir verschiedene Altersstufen und fragen uns, was da gerade beim Kind geschieht und was wir als Väter dafür tun können, damit alles in der bestmöglichen Art und Weise abläuft.

Wer ist am schnellsten am Ziel?

Der Wettkampf dauert rund ein bis drei Stunden. In völliger Dunkelheit, geleitet vor allem von ihrem Geruchssinn und kaum wahrnehmbaren Temperaturunterschieden, erreichen lediglich etwa 100 der ursprünglich gut 200 Millionen Athleten ihr Ziel. Sie hatten nicht einmal 100 Tage Zeit, sich auf diese Strapazen vorzubereiten. Doch jetzt gibt es kein Zurück mehr, heißt es durchhalten und schnell sein. Denn wenn einer von ihnen Glück hat, gewinnt er den Jackpot und steht damit am Anfang von etwas Neuem, das sein Auskommen für voraussichtlich 76 oder 82 Jahre sichert.

Sie haben natürlich längst erkannt, wovon wir hier reden: vom Wettschwimmen der Spermien zur Eizelle, vom Vorgang der

Befruchtung. Wenn anschließend die nächsten 39 Wochen lang alles glattgeht, hat das neue Lebewesen, das da mit viel Glück aus Eizelle und Spermium entstanden ist, vom Tage seiner Geburt an in Deutschland statistisch gesehen durchschnittlich 76,6 Lebensjahre vor sich, wenn es als Junge auf die Welt kommt, gut fünf Jahre mehr, wenn es ein Mädchen ist (81,8 Lebensjahre). Jeder zweite neugeborene Junge wird sogar 79 Jahre alt werden, und fast jedes zweite Mädchen wird das 85. Lebensjahr erreichen. Mitte des 19. Jahrhunderts betrug die durchschnittliche Lebenserwartung in unseren Breiten lediglich etwa die Hälfte – 40 Jahre. Ein positiver Trend, der seit 1870 zu verzeichnen ist. Warum Männer hier aber schlechter abschneiden, erfahren Sie im Info-Kasten unten.

Warum Kinder Väter brauchen

Ob die Existenz des Embryos auf natürliche Weise mit einem Wettschwimmen beginnt oder aus einer künstlichen Befruchtung hervorgeht, ist für unsere Frage – warum Kinder ihren Vater brauchen – nicht so wichtig. Und natürlich ist es auch nicht wichtig, ob der Vater wirklich der biologische Vater ist. Mal abgesehen von den Patchwork- oder Stieffamilien, in denen Kinder auch von einem nicht leiblichen Elternteil großgezogen werden, ist nach Schätzungen von DNA-Testinstituten ohnehin etwa jedes zehnte Neugeborene ein »Kuckuckskind«, stammt also nicht vom vermeintlichen Vater. Wichtig ist für unsere Fragestellung allein, dass

INFO: Warum werden Frauen älter als Männer?

Fast überall auf der Welt ist die durchschnittliche Lebenserwartung von Frauen höher als die von Männern. Ausnahmen bilden lediglich Afghanistan, Bangladesch, Guinea-Bissau, Mali, Mosambik, Namibia, Nepal und Simbabwe.

Während Frauen bei uns »nur« gut fünf Jahre länger leben als Männer, sind es in Japan sieben, in Frankreich acht und in Russland gar zehn Jahre. Die Frage nach den Ursachen gab bis vor kurzem Anlass zu vielerlei Forschung und Spekulationen. Vor allem aufgrund der Daten aus der sogenannten »Klosterstudie«[3] – erhoben an 5806 Nonnen und 2594 Mönchen – gilt es heute als gesichert, dass es für dieses Phänomen keine biologischen Ursachen gibt, wie etwa eine in den Genen verankerte Lebensdauer. Verantwortlich sind vielmehr die Lebensumstände, heute »Lifestyle« genannt. Rauchen, ungesunde Ernährung, Stress und höherer Alkoholkonsum sind es, die Männern das Leben verkürzen. Alles Faktoren also, auf die wir eine ganze Menge Einfluss haben – bei uns selbst und bei unseren Kindern.

der – biologische oder nicht biologische – Vater anwesend ist und seinen Job als Vater ernst nimmt.

Es gibt eine Reihe von Forschungsarbeiten, in denen herausgearbeitet wurde, wie sich positives Engagement von Vätern positiv auf die Entwicklung ihrer Sprösslinge auswirkt. Doch auch wenn das Fehlen einer positiven Vaterfigur negative Folgen haben kann, müssen Kinder, deren Vater ihnen in der Kindheit durch Trennung der Eltern oder Tod »abhanden«gekommen ist, keinesfalls zwingend Probleme entwickeln. Dies ist nur dann der Fall, wenn wichtige Bedürfnisse des Kindes nicht erfüllt werden, etwa das Bedürfnis nach einer zuverlässigen emotionalen Unterstützung. Vor allem bei Jungen kommt es dann im Jugendalter häufiger zu schulischen Problemen und unsozialem Verhalten, als es bei Jungen aus (intakten) Kernfamilien der Fall ist. Doch lassen Sie uns auf den folgenden Seiten die Sache positiv betrachten und schauen, was Väter für eine gelungene Entwicklung ihrer Kinder tun können.

Väter kriegen anders Kinder

Was lange Zeit nur als Anekdote oder allenfalls psychisches Phänomen galt, hat die Wissenschaft in den letzten Jahren erhärten können: Männer werden »mitschwanger«. Im Körper der Frau finden nach der Empfängnis zahlreiche hormonelle Veränderungen statt, die für die Schwangerschaft notwendig sind. Dazu gehören ein Anstieg des Hormons Prolaktin, das für das Wachstum der Brustdrü-

sen, die Milchsekretion während der Stillzeit und das »Brutpflegeverhalten« verantwortlich ist, ein Anstieg des hauptsächlichen Geschlechtshormons der Frauen – Östradiol – und des Stresshormons Cortisol, das für das Wachstum der Gebärmutter und des Embryos benötigt wird. Zunächst nur bei einigen Affenarten ließ sich nachweisen, dass auch bei Affenmännchen während der Tragezeit ihrer Partnerinnen ein parallel verlaufender Anstieg der einschlägigen Hormone zu verzeichnen ist und dass die Männchen während dieser Zeit sogar an Gewicht zulegen.

Kein Märchen: der »mitschwangere« Mann

Könnte an den Anekdoten vom »mitschwangeren« Mann vielleicht doch etwas dran sein, wenn es schon bei unseren Verwandten – den Affen – so ist? Seitens der Wissenschaft wurde so etwas bis vor wenigen Jahren stets milde belächelt. Doch seit Dezember 2006 hat sich das Bild gewandelt. Denn die Arbeiten von Anne Storey und ihrer Arbeitsgruppe an der Memorial University von Neufundland haben eben dies belegt: Auch Männer machen die Achterbahnfahrt der Schwangerschaftshormone durch, wenngleich bei weitem nicht so heftig wie Frauen.[4] Wie es allerdings zu diesem seltsamen Gleichklang der Hormone bei manchen Affenarten und beim Menschen kommt, das ist noch ungeklärt. Anne Storey vermutet, es könne an spezifischen Duftstoffen – sogenannten Pheromonen – liegen, die von der schwangeren Frau ausgehen. Bislang ist das, wenngleich naheliegend, reine Spekulation. Sicher aber

»Eltern sollten sich als Schatzsucher verstehen« –

ein Gespräch mit Prof. Dr. Gerald Hüther

Gerald Hüther, Neurobiologe und Hirnforscher, hat etwa 150 Originalarbeiten auf dem Gebiet der experimentellen Hirnforschung veröffentlicht. In Zusammenarbeit mit dem Pädagogen Karl Gebauer leitet Prof. Hüther seit 2002 das Informationsnetzwerk WIN-Future und den jährlich stattfindenden Göttinger Kongress zu Erziehungs- und Bildungsfragen.

Herr Professor Hüther, nimmt der Vater eine besondere Rolle für Töchter bzw. Söhne ein?

Kinder haben nach der Geburt zwei Grundbedürfnisse: Sie wollen ihre Potenziale entfalten, sich selbst und die Welt entdecken und gleichzeitig weiterhin verbunden und geborgen sein. Allein mit der Mutter lassen sich diese beiden Grundbedürfnisse für das Kind weniger gut befriedigen als unter Bedingungen, wo ein Dritter, der Vater, verfügbar ist. Während die Mutter prädestiniert ist, das kindliche Bindungsbedürfnis zu stärken, kann der Vater besonders gut zur Befriedigung des Autonomiebedürfnisses beitragen, das sich als Entdeckerlust und Gestaltungsfreude äußert. Die Fähigkeit des Vaters, seinem Kind die Welt zu zeigen, es im Spiel zum Entdecken und Gestalten einzuladen, ist deshalb ganz entscheidend dafür, ob das Kind auch zum Vater eine feste, Sicherheit bietende Bindungsbeziehung aufbauen kann. Davon hängt es im weiteren Verlauf der Entwicklung auch ab, ob der Vater für das Kind zu einem Vorbild wird.
Für Jungs als orientierungbietendes Vorbild der eigenen männlichen Identitätsentwicklung, für Mädchen als orientierung-

bietendes Vorbild für das, was sie später im Leben von Männern, von ihrem Mann, erwarten.

Wie sollte man Kinder heute fördern?

Fördern ist kein guter Ausdruck. Besser wäre es, wenn Eltern versuchten, die beiden Grundbedürfnisse der Kinder nach Zugehörigkeit und Nähe sowie nach Wachstum und Potenzialentfaltung zu befriedigen. Dazu müssten die Eltern für ihre Kinder unterstützende, wertschätzende Begleiter des Kindes bei seinen Versuchen sein, die Welt zu entdecken, sie zu verstehen und sie zu gestalten.

Was ist Ihrer Meinung nach heute das Wichtigste, das Eltern/Väter über ihre Kinder wissen sollten?

Eltern müssen die Bedürfnisse der Kinder feinfühlig erkennen und sie dort ermutigen, wo ihnen noch der Mut fehlt, sie dort stärken, wo sie noch zu schwach sind, und sie dort unterstützen, wo sie sich noch nicht allein zurechtfinden. Eltern sollten sich als Schatzsucher verstehen und sich an dem freuen, was sie bei dieser Schatzsuche in ihrem Kind entdecken.

ist, dass die Hormone auch beim Mann das Verhalten mitbestimmen können. Nicht im Sinne von Befehlen, sondern eher als freundliche Aufforderung, liebevoll mit der werdenden Mutter umzugehen und schon einmal alles vorzubereiten für den großen Augenblick, wenn man als frischgebackener Vater das neue Leben im Arm halten darf.

»Ein Augenblick des Glücks wiegt Jahrtausende des Nachruhmes auf.«

Friedrich der Große
(1712–1786)

Der erste Kontakt
mit dem Ungeborenen

Im fünften Schwangerschaftsmonat, etwa ab der 18. Schwangerschaftswoche (SSW), sind für die werdende Mutter die ersten zarten Kindsbewegungen spürbar. Wenige Wochen später lassen sich die akrobatischen Einlagen des Fötus aber auch schon von außen durch Handauflegen ertasten. Was zuvor nur auf Ultraschallfotos zu sehen war, das wird jetzt auch für den werdenden Vater erlebbar: Da wächst etwas heran, mit dem ich bald herumtoben kann, dem ich die Gutenachtgeschichte vorlesen und mit dem ich werkeln werde. Das Wunder des Lebens, ein sanfter Tritt gegen die Handfläche.

In Ratgebern zum Thema Schwangerschaft wird dem werdenden Vater stets empfohlen, seine Partnerin nach Kräften zu unterstützen, ihr emotional Halt zu geben, ihr in ihren Ängsten und Nöten beizustehen und sich gemeinsam mit ihr auf das Baby zu freuen. Diese Tipps sind in der Tat außerordentlich wichtig, denn das körperliche und psychische Wohlergehen der Mutter ist eine Voraussetzung dafür, dass es dem Fötus in ihrem Bauch ebenfalls gut geht.

Was das körperliche Wohlergehen angeht, sind die Fakten klar und unbestreitbar. Wenn wir uns allein ein gesundheitsschädliches Verhalten – das Rauchen – herausgreifen, sehen wir deutlich, wie wichtig körperliche Unversehrtheit für das werdende Leben ist. Denn das Risiko, eine Fehlgeburt zu erleiden, ist bei Raucherinnen, die mehr als zehn Zigaretten am Tag rauchen, mehr als doppelt so hoch wie für Nichtraucherinnen. Und dass Alkohol ebenso schadet, ist wohl keine Frage: Mehr als zehn Drinks pro Woche erhöhen das Risiko fast auf das Dreifache (290 Prozent) – wobei ein Drink etwa zehn Gramm Alkohol und damit etwa einem kleinen Bier entspricht. Haben Sie gewusst, dass sogar eine bestehende Karies- bzw. Parodontoseerkrankung das Risiko ebenso erhöht wie Übergewicht und fehlende sportliche Aktivität? Und wenn es nicht zu einer Fehlgeburt kommt, führen Rauchen und Alkohol häufig zu angeborenen Problemen wie Entwicklungsverzögerungen beim Kind.

Was aber das seelische Erleben der Frau mit dem Wohlergehen des Kindes zu tun haben soll, das mag für den einen oder anderen sehr wohl eine Frage sein.

Das ungeborene Kind: ein Wunderwerk der Natur

Haben Sie »Schöne neue Welt« von Aldous Huxley gelesen? Oder den Film »Matrix« mit Keanu Reeves und Laurence Fishburne aus dem Jahr 1999 gesehen? In beiden Geschichten kommen künstliche Gebärmütter vor, in denen Menschen »ausgebrütet« werden. Reine Science Fiction? Keineswegs. Schon 1999 hatten japanische Wissenschaftler Ziegenembryos in künstlichen Gebärmüttern mehr als drei Wochen wachsen lassen – entsprechend einer Zeitspanne von sechs Wochen beim menschlichen Embryo. Und wie gelegentlich auf-

Das Ungeborene ist keineswegs abgeschottet von der Außenwelt, sondern vielfältigen Einflüssen ausgesetzt.

tauchende Presseberichte beweisen, ist das Thema heute keineswegs vom Tisch, sondern wird Schritt für Schritt im Stillen weiterverfolgt. Denn was bei Ziegen klappt ...

Wer so etwas ernsthaft auch für den Menschen in Erwägung zieht, muss von einem falschen Bild ausgehen, in dem der Bauch der Mutter nichts weiter ist als eine Versorgungsstation für die rein körperlichen Bedürfnisse des Embryos. Zwei wichtige Gründe sprechen dagegen. Da ist zum einen der gesunde Menschenverstand, der uns sagt, dass Hormone und Nervenbotenstoffe in dem geteilten Kreislauf von Mutter und Kind natürlich beide erreichen, so dass psychische Zustände der Mutter auch auf die Gehirnentwicklung des Embryos Einfluss nehmen können. Ein Argument übrigens, das durch Tierexperimente gestützt wird: Professor Katharina Braun und ihr Team von der Abteilung für Zoologie und Entwicklungsneurobiologie der Universität in Magdeburg haben gezeigt, dass bei erhöhtem Stress der werdenden Mutter weniger Nervenverbindungen (Synapsen) in wichtigen Hirnteilen des Nachwuchses gebildet werden.[5] Der andere Grund liegt darin, dass die meisten Sinne des Fötus im achten Schwangerschaftsmonat bereits entwickelt sind: Er kann den Geschmack des Fruchtwassers wahrnehmen, er kann die Stimmen von Vater und Mutter hören, Berührungen spüren und seine Augen gebrauchen (wenngleich es im Mutterleib natürlich nicht viel zu sehen gibt). Man benötigt nicht viel Phantasie, will man sich ausmalen, was mit dem Gehirn eines Fötus geschieht, dem all diese Sinnesreize während der Entwicklung im Mutterleib vorenthalten werden: weniger

Reize = weniger Verknüpfungen.
Es gibt sogar eine ganze Menge an Berichten, dass beispielsweise Kinder von Berufsmusikern bestimmte Musikstücke, die ihre Eltern vor der Geburt intensiv geübt hatten, später spontan wiedererkennen und sie schneller selbst lernen werden als andere. Ähnliches wird auch von Schauspielern berichtet, die vor der Geburt des Kindes bestimmte Texte intensiv geübt hatten.

Schon das Ungeborene nimmt die Umwelt wahr

Eine Fachrichtung in der Psychologie beschäftigt sich speziell mit den (möglichen) Folgen der Erlebnisse des Fötus bzw. Babys vor, während und kurz nach der Geburt: die sogenannte prä- und perinatale Psychologie (prä = lat. »vor«; peri = gr. »um, herum«; natus = lat. »Geburt«). Das Ganze ist »ein weites Feld«, das von äußerst fragwürdigen Ideen bis zu den Bemühungen Frédérick Leboyers reicht, die Geburt möglichst stressfrei zu gestalten. Uns geht es hier lediglich darum, festzustellen, dass der Fötus bereits im Mutterleib zu Wahrnehmungen fähig ist und dass er durch die psychischen (und natürlich körperlichen) Umstände der Mutter via Nervenbotenstoffe beeinflusst wird. Ob solcherlei Beeinflussungen im späteren Leben erinnert werden können, mag bezweifelt werden. Oder können Sie sich an Erlebnisse erinnern, die Sie vor Ihrem dritten Lebensjahr hatten? In der Zeit um die Geburt herum aber werden im Gehirn wichtige Schaltstellen aufgebaut, und wir wissen nicht – von massiven Schädigungen wie durch Nikotin, Alkohol und anderen

TIPP: Bach oder Beatles?

Viele werdende Mütter haben bereits die Erfahrung gemacht, dass sich das Kind in ihrem Bauch ganz unterschiedlich verhält, je nachdem, welche Musik sie gerade hören. Danach wirkt klassische Musik wie von Bach und Mozart eher beruhigend, während modernere Rhythmen den Fötus eher zum »Tanzen« und wilden Treten anregen. Ob Rock, Pop und Techno dem Baby aber gefallen oder es eher aus Abwehr strampelt, ist wissenschaftlich nicht geklärt. Am wichtigsten ist wohl, dass die Musik der Mutter gefällt – geht es ihr gut, geht's auch dem Fötus gut.

Drogen einmal abgesehen –, welche Konsequenzen Störungen hier haben können. In der pränatalen Psychologie zumindest geht man davon aus, dass durch extreme Einflüsse während der vorgeburtlichen Zeit – etwa durch einen schweren Unfall oder eine starke seelische Belastung der Mutter – Gefühle der Ohnmacht und Hoffnungslosigkeit entstehen und bis ins Erwachsenenleben hineinwirken können. Auch wenn dies wissenschaftlich natürlich schwer zu beweisen ist, sind wir doch in jedem Falle besser auf der sicheren Seite aufgehoben, wenn es unserer Partnerin während der Schwangerschaft gut geht und wenn wir dafür sorgen, dass unser Baby bereits vor der Geburt angenehme Wahrnehmungen hat.

INFO: Die Entwicklung im Zeitraffer

Die Schwangerschaft wird in drei Abschnitte zu je drei Monaten (Trimenon oder Trimester) bzw. 13 Wochen eingeteilt. Hier nun die 39 Wochen der Entwicklung im Schnelldurchlauf:

1.–4. Schwangerschaftswoche:

Nach dem Verschmelzen von Spermium und Eizelle entsteht eine entwicklungsfähige Zelle (Zygote), die innerhalb von drei Tagen in die Gebärmutter wandert und sich dort am sechsten Tag nach der Befruchtung in der Gebärmutterwand einnistet. Die sogenannte Keimblase oder Blastozyste teilt sich nun in ihre äußere Schicht, aus der sich die Plazenta entwickelt, und die innere Schicht, aus der sich der Embryo bildet. Das Gewebe zwischen den beiden Teilen wird zur Nabelschnur. Das neue Leben misst jetzt etwa zwei Millimeter.

5.–8. Schwangerschaftswoche:

Beim Fötus bilden sich die Wirbelsäule sowie die Anlagen für Kopf, Rumpf, Arme, Beine, die Finger, Zehen und Gesichtszüge. Es werden jetzt alle größeren Organe und Organsysteme angelegt, darunter das Neuralrohr, aus dem Gehirn und Rückenmark entstehen. In der siebten Schwangerschaftswoche misst der Embryo ca. 6 bis 15 Millimeter, in der achten Schwangerschaftswoche etwa 25 Millimeter. Das Herz schlägt jetzt 140- bis 150-mal in der Minute. Der Körper der werdenden Mutter stellt sich in dieser Zeit auf die Schwangerschaft ein, was in vielen Fällen zu Beschwerden wie morgendlicher Übelkeit, Brechreiz und Schwangerschaftserbrechen führt. Ebenfalls häufig sind starke Müdigkeit, Heißhungerattacken und Stimmungsschwankungen sowie vermehrte Empfindlichkeit und Spannungsgefühle in der Brust.

9.–12. Schwangerschaftswoche:

Jetzt sind Ohrmuscheln, Nase, Finger und Zehen ausgebildet, und die Knospen für die 20 Milchzähne entstehen. Die Augen sind noch offen, die Augenlider bilden sich in der zwölften Schwangerschaftswoche. Große Teile der Organbildung werden bis zum Ende der zwölften Woche abgeschlossen. Man spricht ab jetzt nicht mehr vom Embryo, sondern vom Fötus. Er ist jetzt sechs bis acht Zentimeter groß und wiegt 18 bis 25 Gramm.

13.–16. Schwangerschaftswoche:

Die Augenlider schließen sich und öffnen sich erst in drei Monaten wieder. Der Fötus strampelt mit Armen und Beinen, ballt die Hände zu Fäusten und runzelt die Stirn. Er übt das Atmen durch Zusammenziehen und Ausdehnen des Zwerchfells – er hat Schluckauf. Das Baby trinkt kleine Schlucke Fruchtwasser und übt so auch das Schlucken und Saugen. Speicheldrüsen, Magen, Nieren und Darm arbeiten bereits. Das geschluckte Fruchtwasser wird als Urin wieder ins Fruchtwasser abgegeben, welches alle zehn bis zwölf Stunden durch Neuproduktion ausgetauscht wird. Über die Plazenta erhält es Nährstoffe und Antikörper, gleichzeitig werden Abfallstoffe ausgeschieden. Auf der Haut des Fötus wächst das sogenannte Woll- oder Lanugohaar, das sich aber bis zur Geburt wieder fast komplett zurückbildet. Jetzt entwickeln sich die Genitalien, so dass sich das Geschlecht bei günstiger Lage im Ultraschall erkennen lässt. Der Fötus ist in der 16. Schwangerschaftswoche etwa 15 Zentimeter groß und wiegt ungefähr 200 Gramm. Sein Kopfdurchmesser beträgt etwa 35 Millimeter. Morgendliche Übelkeit und andere Unpässlichkeiten bzw. gesundheitliche Beeinträchtigungen der werdenden Mutter sind jetzt meist verschwunden, da sich die Hormonproduktion nun eingependelt hat. Die Schwangere legt jetzt durchschnittlich 250 Gramm pro Woche an Gewicht zu.

17.–20. Schwangerschaftswoche:
Das Kind reagiert auf akustische und optische Reize von außen. Es misst am Ende des Monats 16 bis 25 Zentimeter und wiegt 300 bis 400 Gramm.

21.–24. Schwangerschaftswoche:
Das Unterhautfettgewebe wird dicker, und die Haut selbst wird von einer schützenden Fettschicht, der so genannten Käseschmiere (Vernix caseosa), überzogen. Diese ermöglicht später ein leichteres Gleiten durch den Geburtskanal. Die Haare beginnen zu wachsen, und die ersten Verknöcherungen des Skeletts zeigen sich. Die Haut ist noch rötlich durchschimmernd, Finger- und Fußnägel sind fast vollständig entwickelt. Das Baby ist etwa 26 Zentimeter groß und wiegt rund 500 Gramm. Bei der werdenden Mutter vergrößern sich unter hormonellem Einfluss die Brüste (üblich sind ein bis zwei Cup-Größen), die Gebärmutter erreicht jetzt die Höhe des Nabels.

25.–28. Schwangerschaftswoche:
Jetzt öffnen sich die Augenlider wieder. Der Fötus misst jetzt etwa 35 Zentimeter und wiegt rund 1000 Gramm. Etwa ab der 25. Schwangerschaftswoche hat das Kind Chancen, außerhalb der Gebärmutter unter hohem intensivmedizinischem Aufwand zu überleben. Die Überlebenschancen in der 25. Schwangerschaftswoche betragen rund 32 Prozent, in der 28. Woche 79 Prozent.

29.–32. Schwangerschaftswoche:
Bis auf die Lunge sind alle Organe fast vollständig entwickelt. Am Ende des Monats ist das Baby rund 40 Zentimeter groß und wiegt etwa 2000 Gramm. Bei der Schwangeren treten jetzt die ersten schmerzlosen Übungswehen ein, die auch als »Senkwehen« oder »Vorwehen« bezeichnet werden.

33.–36. Schwangerschaftswoche:
Ab der 35. Woche ist die Lungenreifung abgeschlossen. Die meisten Babys (92 Prozent) liegen nun in der richtigen Geburtslage mit dem Kopf nach unten. Es wird jetzt so eng, dass Bewegungen für das Kind nur noch eingeschränkt möglich sind. Gegen Ende des Monats ist das Kind etwa 45 Zentimeter groß und wiegt 2800 Gramm.

37.–40. Schwangerschaftswoche:
In den letzten Wochen legt das Baby vor allem an Gewicht zu. Über die Plazenta nimmt es Antikörper aus dem Blutkreislauf der Mutter auf. Das Baby misst etwa 48 bis 54 Zentimeter und wiegt 2800 bis 4000 Gramm. Der Durchmesser des Kopfes liegt zwischen 95 und 105 Millimetern.

Willkommen im Leben!

Wenn Sie sich im Fernsehen alte Filme anschauen, so kommt darin dem werdenden Vater bei der Entbindung meist die Rolle des im Krankhausflur wartenden Nervenbündels zu, das seinen Nachwuchs zunächst nur durch eine Glasscheibe bestaunen darf. Das liegt daran, dass man bis Mitte des vergangenen Jahrhunderts davon ausging, Geburten seien nun einmal reine Frauensache unter ausschließlicher Beteiligung der Mütter, Großmütter und Hebammen – und allenfalls eines Arztes –, und Männer würden nur stören und zudem die Infektionsgefahr erhöhen. Noch Mitte der 1970er-Jahre war lediglich einer von zehn Vätern im Kreißsaal dabei. Heute ist das Verhältnis umgekehrt, und neun von zehn Vätern sind dabei.

Deshalb stellt sich für jeden werdenden Vater irgendwann die Frage: Will ich bei der Geburt dabei sein? Die Antwort darauf muss natürlich jeder für sich finden – und mit seiner Partnerin absprechen. Denn will sie es nicht, sollte man ihre Entscheidung unbedingt respektieren, auch dann, wenn man es sich anders wünscht. Das heißt jedoch nicht, dass man über diesen Punkt nicht reden sollte. Im Gegenteil, schließlich handelt es sich um ein unwiederbringliches Erlebnis für alle. Bei einem Konflikt in dieser Frage sollten Sie das offene Gespräch mit Ihrer Partnerin suchen und ihr klarmachen, wie viel Ihnen daran liegt und warum. Unter Umständen ist es sinnvoll, ein Gespräch gemeinsam mit der Hebamme oder einer anderen Beraterin zu führen, um zu einem Kompromiss zu gelangen. Auch dann aber, wenn die werdende Mutter nichts dagegen hat oder es sogar sehr gern möchte, gibt es noch einige grundsätzliche Punkte, die Sie als Mann berücksichtigen sollten.

Bereiten Sie sich gemeinsam auf die Geburt vor

Die Geburt ist immer ein sehr intensives Erlebnis – auch dann, wenn alles ganz glatt und problemlos verläuft –, auf das man sich gründlich vorbereiten sollte. Es ist deshalb jedem anzuraten, gemeinsam mit der Partnerin an einem Geburtsvorbereitungskurs teilzunehmen. Dabei geht es unter anderem um vorbereitende Übungen für die Frau, den Geburtsablauf, das richtige Atmen, mögliche Probleme, wie man als Mann helfen kann, und vieles mehr. Sie wären nicht der erste Mann, der bei einem solchen Kurs gelegentlich schmunzeln muss und manchmal auch etwas frustriert genauere Erklärungen vermisst. Dennoch ist ein solcher Kurs wichtig, damit Sie bei der Geburt nicht von den Ereignissen überrollt werden und mehr die Hilfe Ihrer Partnerin benötigen, als ihr eine Stütze zu sein. Halten Sie sich stets vor Augen, dass Sie im Geburtsvorbereitungskurs nun einmal nicht die Hauptperson sind. Allerdings hindert Sie nichts daran, auch einmal die eine oder andere Frage zu stellen, oder? So intensiv das Erlebnis der Geburt, so sehr kann es auch die Beziehung zwischen Ihnen und Ihrer Partnerin vertiefen und gleichzeitig zu einem sehr innigen Verhältnis zu Ihrem Kind führen. Dennoch: Es ist nicht zwingend nötig, dass Sie an der Geburt teilhaben. Ihr Verhältnis zu Ihrem Kind kann ohne Ihre Geburtsbeteiligung genauso intensiv wachsen.

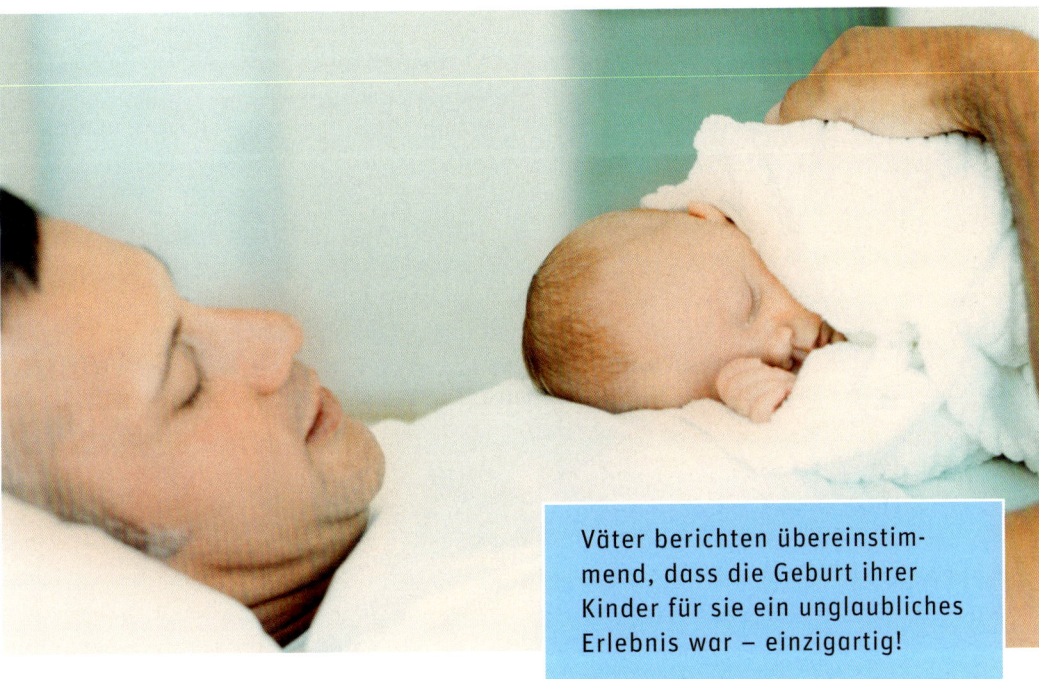

Väter berichten übereinstim-
mend, dass die Geburt ihrer
Kinder für sie ein unglaubliches
Erlebnis war – einzigartig!

So funktioniert der Bindungsprozess

Früher nahm man an, ausgehend von Beobachtungen im Tierreich, dass die ersten
Stunden nach der Geburt ganz entscheidend seien für das künftige Verhältnis der
Eltern zum Kind: Nimmt man dem Mut-
tertier bei Schafen oder Ziegen das Neugeborene unmittelbar nach der Geburt fort
und gibt es ihm erst zwei Stunden später
wieder, so nimmt es das Junge nicht mehr
an. Beim Menschen aber ist der Vorgang
der Bindung zwischen Eltern und Kind
nicht derart zeitlich begrenzt, so dass Sie
sich keine Sorgen machen müssen, falls Sie
nicht bei der Geburt dabei sein können
oder wollen. Wenn Sie starke Bedenken
haben, wenn Sie Angst haben und das
Gefühl, dass Ihre Partnerin besser allein

klarkommt, so sollten Sie sich nicht dazu
gezwungen fühlen. Es ist niemandem
damit gedient, wenn sich alle in erster
Linie um Sie kümmern müssen! Und sollte
ein geplanter Kaiserschnitt notwendig sein
oder während der Geburt notwendig werden, so sollten Sie sich die Frage, ob Sie
auch in diesem Fall dabei sein wollen, doppelt gründlich stellen. Denn auch wenn der
Kaiserschnitt heute für die Ärzte zur Routine geworden ist und die Anwesenheit des
Mannes in deutschen Kliniken während
der Operation möglich ist, handelt es sich
doch immer noch um einen großen Ein-
griff.
Wenn Sie sich einvernehmlich entschlossen
haben, dass Sie bei der Geburt dabei sein
werden: Genießen Sie bewusst die ersten
zwei, drei Stunden mit Ihrem Baby und
Ihrer Partnerin!

Checkliste: Was sollte ich rund um die Geburt beachten?

Da ist zum einen die Zeit vor der Geburt, in der es allerhand zu überlegen, zu regeln und vorzubereiten gilt. Und da ist die Geburt selbst, während derer Sie auch an einiges denken sollten. Hier finden Sie wichtige Tipps:

Was vor der Geburt wichtig ist:

▪ Informieren Sie sich gemeinsam mit Ihrer Partnerin über geeignete Orte für die Entbindung. Örtliche Nähe sollte dabei nicht das einzige Kriterium sein. Weitere mögliche Entscheidungskriterien: Hat die Klinik eine Säuglingsstation, oder wäre eine solche im Notfall rasch zu erreichen? Verfügt die Entbindungsstation, über viel Erfahrung (wie viele Geburten pro Jahr?). Werden verschiedene Methoden angeboten (z. B. Wassergeburt, Geburt im Sitzen)? Hören Sie sich auch bei Bekannten um, die bereits in der Nähe entbunden haben: Wie waren deren Erfahrungen?

▪ Besuchen Sie gemeinsam alle Einrichtungen, die in Frage kommen, und schauen Sie sich genau den Kreißsaal, Entbindungszimmer, Vorräume und Säuglingsstation bzw. -räume an. Gefällt Ihnen die Atmosphäre?

▪ Besprechen Sie mit dem Personal, wie sich die Entbindung individuell gestalten lässt und wo Sie als Vater Platz finden, wenn Sie sich ausruhen und Kraft schöpfen wollen. Ihrem ganz persönlichen Eindruck, ob Sie sich dort gut aufgehoben fühlen, sollte neben möglichen sachlichen Überlegungen auch Gewicht bei Ihrer Entscheidung zukommen.

▪ Überlegen Sie gemeinsam mit Ihrer Partnerin, wie Sie sich den Ablauf der Geburt vorstellen, z. B. unter welchen Umständen welche schmerzstillenden Medikamente eingesetzt werden sollen. Da Ihre Partnerin während der Geburt wahrscheinlich nicht dazu in der Lage ist, sind Sie dafür verantwortlich, dass ihre Vorstellungen umgesetzt werden! Deshalb ist es von großer Wichtigkeit, dass Sie so viele Details wie möglich vor der Geburt klären und sich entsprechend gut informieren.

▪ Packen Sie bereits etwa vier Wochen vor dem errechneten Termin die Geburtstasche. Wichtig dabei: bequeme Anziehsachen zum Wechseln, Getränke, kleine Snacks, wie z. B. Müsliriegel, Kekse, Schokolade oder Traubenzucker, eventuell Massageöl und die Lieblingsentspannungsmusik, natürlich die Erstausstattung für das Baby und Telefonnummern von Verwandten und Freunden für die »gute Nachricht« oder den Notfall.

▪ Klären Sie rechtzeitig mit Ihrem Arbeitgeber, dass Sie am Tag der Geburt und anschließend Urlaub benötigen, und besprechen Sie mit ihm und Ihren Arbeitskollegen, wer Ihre Vertretung übernimmt.

▪ Sorgen Sie dafür, dass Ihr Auto stets fahrbereit ist (Tank voll?). Fahren Sie die Strecke mindestens einmal vorher ab, und halten Sie sich über Umleitungen und Staus auf dem Laufenden. Am besten, Sie kennen eine Ausweichstrecke.

- Ihre Partnerin sollte immer wissen, wie sie Sie erreichen kann. Halten Sie Ihr Handy stets bereit (Reserve-Akku?).

- Kümmern Sie sich rechtzeitig um die Hebamme für das Wochenbett, und besprechen Sie alles Wichtige ausführlich mit ihr.

Während der Geburt:

- Bemühen Sie sich zu allen Zeiten der Geburt um Offenheit für die körperlichen und psychischen Empfindungen Ihrer Partnerin. Ihre wichtigste Aufgabe während der Geburt ist es, Ihre Partnerin zu unterstützen. Dazu müssen Sie einerseits erspüren, wie es ihr geht und was sie gerade benötigt, und andererseits den Überblick über die Situation behalten und entsprechend reagieren.

- Bleiben Sie die ganze Zeit bei Ihrer Partnerin, es sei denn, sie möchte auch mal allein sein oder Sie selbst benötigen unbedingt eine Auszeit.

- Unter der Geburt kann es zu Situationen kommen, in denen Ihre Partnerin sich nicht verständlich machen kann oder die Hebamme nicht richtig versteht – dann sind Sie als Vermittler gefragt.

- Falls der Geburtsverlauf stockt und Sie eine gute Idee haben, wie er sich wieder in Gang bringen ließe (z. B. durch einen Ortswechsel in die Badewanne oder auf den Gymnastikball): Halten Sie sich nicht zurück, sondern äußern Sie Ihre

Meinung – schließlich kennen Sie Ihre Partnerin am besten.

- Sprechen Sie Ihrer Partnerin zwischendurch immer wieder Mut zu, erzählen Sie ihr von den Fortschritten, und sagen Sie ihr, wie gut sie alles macht. Vermitteln Sie ihr das Vertrauen, dass alles gut wird und sie die Geburt prima meistert.

- In Absprache mit Ihrer Partnerin können Sie ihr unter der Geburt mit vielen Kleinigkeiten helfen, ihr z. B. die Lippen befeuchten bzw. sie eincremen, ihr die Stirn abtupfen und sie kühlen, ihr Kreuzbein und schmerzende Punkte massieren, sie festhalten, umarmen, liebkosen, ihr in jeder Hinsicht Halt geben.

Nach der Geburt:

- Da die ersten Wochen nach der Geburt eine enorme Umstellung für Ihre Partnerin und Sie darstellen, sollten Sie diese Zeit so weit wie möglich gemeinsam genießen, aber auch Ihre kleinen und größeren Probleme gemeinsam bewältigen. Diese Zeit ist von außerordentlicher Wichtigkeit für das Wohlbefinden Ihrer Partnerin und den weiteren Verlauf Ihrer Partnerschaft.
Viele Frauen fallen nach der Geburt in eine depressive Phase (man spricht auch vom »Baby Blues«), die teils hormonell begründet ist, teils aber auch aus mangelnder Unterstützung seitens des Partners entsteht. Wenn Sie diese Zeit gemeinsam meistern, stehen die Chancen gut, dass Sie auch andere nicht immer einfache Zeiten mit Ihrem Nachwuchs mit Bravour in den Griff bekommen. Nutzen Sie die Zeit!

Sex in der Schwangerschaft: weder besser noch schlechter

Sex in der Schwangerschaft ist mit vielen Vorurteilen und Mythen belegt. Dabei ist er nur anders, oft neu, aber nicht schlechter oder besser. Denn andere Bedürfnisse und Empfindungen stehen jetzt im Vordergrund. Mit einigen Tipps wollen wir Sie zu einer liebevollen Entdeckungsreise zu zweit anregen:

▌ Nehmen Sie die neue Situation einfach ohne Wenn und Aber an. Sie befinden sich jetzt in einer Phase Ihrer Beziehung, die vor allem anderen von der Fürsorge und Liebe zu Ihrem gemeinsamen Kind geprägt ist und weniger von starken sexuellen Gefühlen – egal wie leidenschaftlich Ihre Liebe zuvor auch gewesen sein mag. Überfordern Sie sich und Ihre Beziehung deshalb nicht mit unzeitgemäßen bzw. unrealistischen Erwartungen und Ansprüchen. Das gilt sowohl für die Zeit der Schwangerschaft als auch in den ersten Wochen nach der Geburt.

▌ Haben Sie die Befürchtung, Ihre Partnerin könnte ihre sexuelle Attraktivität verlieren, wenn Sie bei der Geburt dabei sind? Wenn ja, sollten Sie diesem Thema nicht aus dem Weg gehen. Sprechen Sie mit anderen Vätern darüber, und/oder vertrauen Sie sich Fachleuten an.

▌ Sprechen Sie mit Ihrer Partnerin offen über Ihre Sexualität, und teilen Sie ihr ehrlich mit, was Sie sich wünschen und was Sie stört. Reden Sie auch mit anderen Männern über das Thema – viele werden froh sein, wenn einer die Initiative ergreift, darüber zu reden.

▌ Wichtig zu wissen: In den ersten Wochen der Schwangerschaft leiden viele Frauen unter schmerzhaften Brustverspannungen, die jede Lust auf Sex eliminieren.

▌ Während der Schwangerschaft brauchen Sie keine Angst zu haben, das Kind beim Geschlechtsverkehr zu verletzen – es ist in der Fruchtblase gut geschützt. Vorsicht ist möglicherweise aber dann geboten, wenn zu Anfang der Schwangerschaft Blutungen aufgetreten sind. Frauenärztin oder Hebamme können dann Auskunft darüber geben, inwieweit Sie Ihre Sexualität möglicherweise einschränken sollten. Das Gleiche gilt auch in der Spätphase der Schwangerschaft bei vorzeitiger Wehentätigkeit.

▌ Freuen Sie sich über romantische Stunden zu zweit, und seien Sie zärtlich, ohne »Gegenleistungen« zu erwarten. Begreifen Sie die neue Situation als Chance, Ihre Beziehung auf nicht sexuellen Ebenen zu vertiefen. Umso befriedigender wird der Sex ausfallen.

▌ Nach der Entbindung leiden viele Frauen unter der sogenannten Wochenbettdepression, die sich meist stark auf die Libido auswirkt. Interpretieren Sie dies keinesfalls als Ablehnung Ihnen gegenüber.

▌ Stillen bietet entgegen landläufiger Meinung keinen Schutz vor einer erneuten Schwangerschaft. Auch in der Stillzeit ist es deshalb wichtig, immer an die Verhütung zu denken!

▌ Betrachten Sie die Zeit der Schwangerschaft und die erste Zeit nach der Geburt als eine willkommene Chance, Ihre sexuelle Beziehung neu zu starten und noch bewusster zu erleben.

Das 1. Lebensjahr: mit Siebenmeilenstiefeln ins Leben

Bevor wir uns fragen, was im ersten Lebensjahr für Ihr Kind von besonderer Bedeutung ist, noch etwas Grundsätzliches zum Thema: Wer das Verhalten des Vaters zum Kind am Verhalten der Mutter misst, der begeht einen fundamentalen Fehler. Denn alle Untersuchungen haben gezeigt, dass Väter die Entwicklung ihrer Kinder gerade dadurch fördern, dass sie anders als die Mutter mit dem Kind umgehen. Nicht besser oder schlechter, nur anders. Ein wesentlicher Unterschied ist, dass Väter ihre Kinder stärker als Mütter zu körperbetonten Spielen anregen und sich ihnen gegenüber insgesamt fordernder verhalten. Väter neigen auch stärker dazu, ihre Kinder in ungewohnte Situationen zu bringen, sie herauszufordern – und fördern so ihr Selbstvertrauen und ihre Fähigkeit, sich auf Neues einzulassen.

Es ist deshalb kaum verwunderlich, »dass die für die soziale Entwicklung des Kindes günstigste Familienkonstellation diejenige ist, bei der die Erziehungsfunktion des Vaters sowohl ausreichend vorhanden ist, als sich auch genügend von der der Mutter unterscheidet«, wie der französische Psychologe Jean Le Camus aufgrund seiner Forschungen feststellt.[6] Das Sozialverhalten dieser Kinder ist besser entwickelt als das von Kindern, deren Vater sich kaum für sein Kind engagiert oder bei denen sich der Erziehungsstil von Mutter und Vater stark ähnelt. Sie sind insgesamt offener anderen gegenüber, neigen weniger zu aggressivem Verhalten und lösen Konflikte eher mit Worten als mit Fäusten. Wir sollten diesen Aspekt im Hinterkopf behalten, wenn wir uns im Folgenden mit der Entwicklung des Kindes und der Frage beschäftigen, wie wir als Väter diese am besten fördern können.

Friedlich schlummernd oder lauthals brüllend?

Wenn Ihr neugeborenes Kind in den ersten Tagen nach der Geburt in Ihrem Arm liegt, wenn Sie es wickeln oder mit ihm schmusen, ahnen Sie ja noch nicht, was da auf Sie zukommt: dass dieses anfangs noch ziemlich leise Stimmchen bald so vehement und lautstark auf sich aufmerksam machen wird.

Das ist auch gut so, denn auf diese Weise können Sie sich langsam daran gewöhnen – ohne gleich die Nerven zu verlieren. Werfen Sie doch mal einen Blick auf die Abbildung auf Seite 32. Dort können Sie sehen, wie sich das Schreiverhalten der meisten Kinder während der ersten Wochen entwickelt – es nimmt bis zur sechsten Woche kontinuierlich auf 1,5 bis 3,2 Stunden pro Tag zu, um dann wieder weniger zu werden. Auch auf dieser Abbildung entspricht die mittlere Linie dem Durchschnitt, also 50 Prozent der Kinder.

Übrigens, das Diagramm entspricht dem Schreiverhalten termingerecht geborener Kinder. Bei zu früh geborenen Babys verlängert sich die Zeit bis zum Höhepunkt der Schreidauer um die Zeit, die das Kind zu früh geboren wurde – in diesem Fall wird Ihre Geduld noch etwas länger auf die Probe gestellt. Aber, was Sie auf der Abbildung auch sofort erkennen: Es wird nach einem Anstieg bis zur sechsten Woche kontinuierlich besser!

Warum schreien Babys eigentlich?

Das Schreien an sich ist ja gar nicht mal so schlimm. Schlimm ist vielmehr die Tatsache, dass man – zumindest in den ersten Wochen – meist nicht weiß, warum das Baby schreit. Warum aber schreien Babys überhaupt? Noch heute hört man gelegentlich den Spruch: »Schreien kräftigt die Lungen.« Das ist kompletter Unsinn, wie man schon lange weiß. Lediglich der Geburtsschrei hat etwas mit den Lungen zu tun, hilft er doch dem Neugeborenen, seine Lungen zum ersten Mal mit Luft zu füllen und zu atmen. Ist es also Hunger? Oftmals ganz sicher, aber längst nicht so oft, wie vor allem Ersteltern glauben. Ist das Kind krank? Das kann natürlich sein, ist aber bei jungen Babys sehr selten. Ist keine Ursache für das Schreien zu finden, will das Kind zudem nichts mehr trinken, hat es Fieber oder wirkt es apathisch, besteht der Verdacht auf eine Erkrankung, und Sie sollten einen Arzt aufsuchen. Aber was kann es sonst sein, wenn es weder Hunger noch Krankheit ist? Es gibt eine ganze Reihe möglicher Ursachen, teils

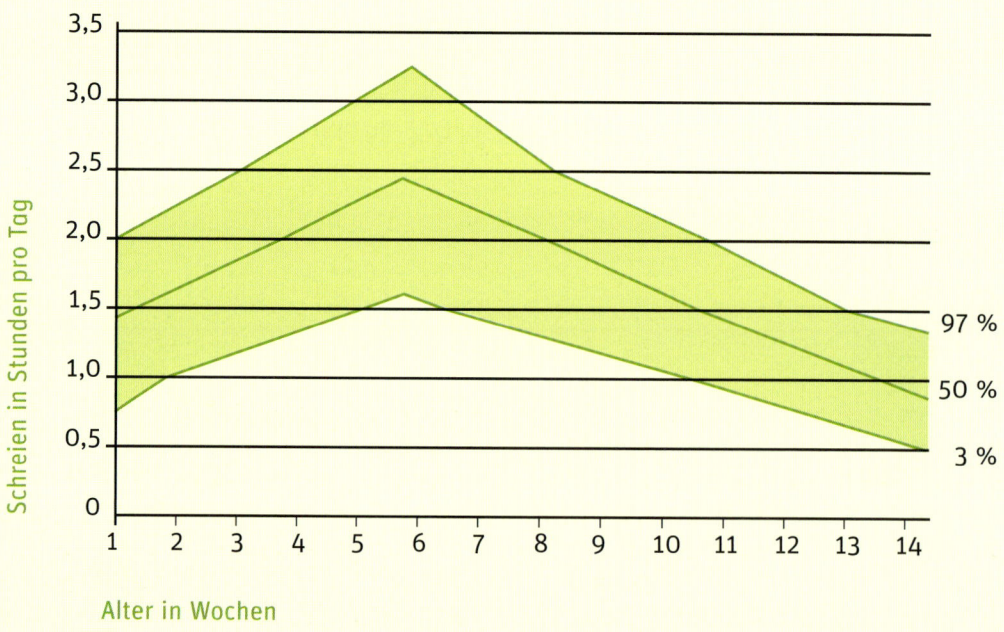

Dauer der täglichen Schreistunden in den ersten drei Lebensmonaten

Schreien in Stunden pro Tag

Alter in Wochen

97 %
50 %
3 %

Tägliche Schreidauer des Babys in Stunden. Das »Schrei-Maximum« ist für termingerecht geborene Kinder etwa nach der sechsten Woche erreicht.

körperliche, teils emotionale (eine Übersicht finden Sie im Kasten rechts). Häufig ist das Kind einfach nur müde, es schreit, weil es kurz davorsteht, Blase oder Darm zu entleeren, oder es hat bereits unangenehm nasse Windeln. Es kann Schmerzen haben, weil es beispielsweise etwas drückt, oder es kann anfangen zu schreien, wenn zu viele Reize auf es einprasseln, wenn es nicht allein sein will und Körperkontakt möchte, oder wenn es sich einer fremden Person oder ungewohnten Umgebung ausgesetzt sieht. Und möglicherweise sind auch äußere Faktoren wie das Wetter oder die Mondphasen verantwortlich, wenn das Kind mal mehr und mal weniger schreit.

Sind es die berüchtigten Bauchkoliken?

Oftmals lässt sich jedoch keine ersichtliche Ursache des Schreiens finden. Fachleute wie der Schweizer Professor für Kinderheilkunde, Remo H. Largo, sprechen in solchen Fällen von »unspezifischem Schreien«. Warum aber sollten Kinder schreien, wenn kein Grund dafür vorliegt? Es wurde und wird immer wieder spekuliert, Bauchkoliken seien der Auslöser solch scheinbar unbegründeter Schreiattacken. Wenngleich der erste Augenschein tatsächlich darauf hindeutet – die Babys krümmen sich zusammen und haben einen aufgeblähten Bauch –, so scheint dies doch eher Folge statt Ursache des Schreiens zu sein: Beim Schreien schluckt das Kind Luft, die dann zu den Bauchsymptomen führt. Mit der Ernährung jedenfalls scheinen diese Bauchkoliken wenig zu tun zu haben, können sie doch bei allen Ernäh-

INFO: Zwölf mögliche Ursachen des Schreiens

- Geburt
- Hunger/Durst
- Müdigkeit
- Reizüberflutung
- Blasen-/Darmentleerung
- Schmerzen
- Wetter-/Mondphasenfühligkeit
- Krankheit

Emotionale Gründe:
- Verlassenheitsgefühl
- Wunsch nach Körperkontakt
- Fremde Person
- Unvertraute Umgebung

rungsformen gleichermaßen auftreten. Auch eine organische Ursache im Darmbereich, wie etwa ein fehlendes Darmenzym, wurde bislang nicht entdeckt.

Was Babys auch noch schreien lässt

Unspezifisches Schreien mag zudem eine Reihe von Ursachen haben, die sich in der Situation meist nicht direkt feststellen lassen und allenfalls in der Rückschau sichtbar werden. So hat sich gezeigt, dass:
- das aktuelle Umfeld des Kindes das Schreien begünstigen oder auslösen kann, etwa weil sich eine angespannte Familiensituation auf das Kind überträgt.

- unerfahrene Eltern manchmal nicht zeitgerecht auf das Baby reagieren, so z. B. den optimalen Einschlafzeitpunkt verpassen, es also letztlich vor Müdigkeit schreit.
- Babys seltener schreien, wenn sie mindestens drei Stunden am Tag herumgetragen werden. Dies deutet darauf hin, dass sowohl der Körperkontakt als auch das rhythmische Schaukeln beim Tragen das Schreien reduzieren können.
- jene Kinder weniger schreien, die früh einen stabilen Schlaf-Wach-Rhythmus entwickeln (siehe Seite 37).

Es gibt wohl keinen psychisch gesunden Menschen, der das Schreien eines Babys über einen längeren Zeitraum zu ignorieren vermag. Wir haben einfach automatisch das Bestreben, etwas gegen das Schreien zu unternehmen und auf diese Weise dem Kind zu helfen, und damit – geben wir's ruhig zu – natürlich auch unseren Nerven. Es stellen sich deshalb drei wichtige Fragen:

1. Können wir am Schreien erkennen, was dem Kind fehlt?

2. Wie können wir dem Kind aktuell helfen?

3. Können wir dem Schreien vorbeugen bzw. die Schreiattacken reduzieren?

Was Frage eins angeht, so gehört schon eine gute Portion Erfahrung, gepaart mit einem Schuss Einfühlungsvermögen, dazu, am Schreien selbst den Grund zu erkennen. Versuche haben gezeigt, dass Menschen, die häufig mit Säuglingen zu tun

haben – etwa Mütter, Hebammen und Kinderkrankenschwestern –, anhand von Tonbandaufzeichnungen Geburtsschreie, Hungerschreie und Schmerzschreie recht treffsicher unterscheiden können. Glücklicherweise aber sind wir nicht nur auf die akustischen Informationen angewiesen. Wir wissen schließlich, wann das Kind wieder Hunger haben müsste und wann es üblicherweise wieder müde wird. Wir können auch erahnen, wann ihm der Trubel rundherum zu viel wird, wann es Menschen oder die Umgebung als fremd und furchteinflößend empfindet oder wann die Windel vielleicht wieder voll sein könnte. Damit hätten wir auch einen Teil der Frage zwei beantwortet: Wir überlegen, welche Ursache in Frage kommt, und probieren dann aus, ob unsere Vermutung zutrifft. Kommt keine der Möglichkeiten in Betracht, können wir:

- das Kind anschauen, damit es sich in Kontakt mit uns fühlt.
- mit dem Kind sprechen oder ihm ein Lied vorsingen, um den Kontakt zu verstärken und unsere Stimme als Beruhigungsmittel zu verwenden.
- die Hand auf den Bauch des Kindes legen oder es an den Händen oder Füßen fassen, womit wir die erste Stufe des Körperkontakts aufnehmen und das Kind ganz direkt fühlen lassen, dass wir für es da sind.
- ihm den Schnuller, seine Fingerchen oder auch einen unserer (sauberen) Finger zum Saugen geben.
- das Kind auf den Arm nehmen, es wiegen oder in der meist wirksamsten Variante in den Armen wiegen und gleichzeitig mit ihm herumwandern.

TIPP: Einfach mal schreien lassen?

Gelegentlich hört man den Rat, man solle das Kind doch einfach schreien lassen, es werde sich schon von allein beruhigen. Das gilt in den ersten fünf Lebensmonaten ganz sicher nicht. Andersherum wird ein Schuh draus: Kinder, die in den ersten Monaten rasch zur Ruhe gebracht werden, schreien in den Folgemonaten weniger.

Ab etwa dem sechsten Lebensmonat allerdings kann sich das Kind tatsächlich an das »Standby-Verhalten« der Eltern gewöhnen und vermehrt und länger schreien, wenn die Eltern bei den kleinsten Anzeichen von Schreien sofort springen. Dies soll kein Plädoyer dafür werden, das Kind so lange schreien zu lassen, bis es nicht mehr kann. Ab sechs Monaten aber macht es durchaus Sinn, ein wenig Nerven zu zeigen und die Zeit, die man das Kind schreien lässt, nach und nach zu verlängern.

Welche Methode bei Ihrem Kind unter welchen Bedingungen am besten funktioniert, müssen Sie selbst herausfinden, denn ein Patentrezept oder eine allgemeingültige Methode gibt es nicht.

Doch kommen wir zu Frage Nummer drei: Können wir vorbeugen? Es wird nicht bei jedem Kind funktionieren, doch die Chancen stehen recht gut, wenn wir:

▌ das Kind tagsüber häufiger einfach so mit uns herumtragen und nicht erst, wenn es schreit. Das Kind gewinnt dadurch die Sicherheit, dass wir für es da sind. Nehmen wir das Kind hingegen überwiegend nur dann auf den Arm, wenn es schreit, wird das Schreien zu einer Form der Kommunikation – einer, die wir gar nicht mögen.

▌ uns während seiner Wachzeiten viel mit dem Kind beschäftigen, es ansprechen, ihm etwas vorsingen, mit ihm spielen usw.

▌ dem Kind nach und nach einen einigermaßen festen Tagesrhythmus mit regelmäßigen Schlaf- und Wachzeiten, Mahlzeiten, Spazierengehen und Spielen vorgeben. Dies geschieht auch ganz automatisch, so unser eigenes Leben nicht völlig chaotisch ist. Doch wenn wir den Vorgang beschleunigen wollen, sollten wir den Rhythmus ganz bewusst und gezielt vorgeben bzw. den Spielraum der natürlichen kindlichen Bedürfnisse ausnutzen. Wir sollten uns auch darüber im Klaren sein, dass sowohl wir als auch unsere Partnerin Experten im Kind-Beruhigen sind. Es geht nicht darum, wer es »besser« macht oder wer das Baby schneller beruhigen kann. Jeder hat seine Art, die der andere akzeptieren sollte.

Endlich mal wieder durchschlafen!

Abgesehen von Gesundheit für ihren Nachwuchs ist der größte Wunsch wohl aller Eltern während der ersten Lebensmonate ihres Kindes der nach ungestörtem Schlaf. Das mag Nicht-Eltern zunächst erstaunen, haben sie doch vielleicht schon einmal gehört, dass Babys in der ersten Lebenswoche 16 bis 17 Stunden pro Tag schlafen, danach für die ersten sechs Lebensmonate rund 14,5 Stunden. Reichlich viel, stimmt schon. Das Problem ist nur, dass sich die sieben bis neun Stunden Wachzeit in den ersten ein bis sechs Monaten häppchenweise auch auf die Zeit zwischen »ARD-Tagesthemen« und »ZDF-Morgenmagazin« verteilen, wie Sie in der Abbildung auf Seite 37 erkennen können.

Betrachten wir den in dieser Abbildung dargestellten Schlaf-Wach-Rhythmus eines durchschnittlichen Babys einmal etwas genauer. Wir erkennen darauf, dass der Säugling bis etwa zur zehnten Lebenswoche nachts mindestens eine Wachphase hatte und dass sein Schlaf-Wach-Rhythmus ab der 13. Woche ganz klar gegliedert war: je eine kürzere Schlafphase am Vor- und Nachmittag sowie eine lange Schlafphase von etwa acht Stunden in der Nacht (23.00 bis 7.00 Uhr). Von diesem Kind lässt sich mit Fug und Recht sagen, dass es mit drei Monaten durchschlief.
Und was ist mit meinem Kind, werden Sie jetzt vielleicht fragen. Das lässt sich nicht voraussagen, auch wenn laut Statistik 70 Prozent der Kinder bis zum dritten und 90 Prozent bis zum fünften Lebensmonat durchschlafen – wobei »Durchschlafen«

einem Nachtschlaf von sechs bis acht Stunden ohne Unterbrechung entspricht. Ihr Kind könnte aber ebenso gut zu jenen wenigen gehören, die schon nach einem Monat durchschlafen, ebenso gut aber auch zu jenen, die erst mit sechs, sieben oder sogar acht Monaten durchschlafen, oder auch zu jenen, die recht früh durchschlafen, dann aber zwischen sechs und zwölf Monaten damit beginnen, nachts wieder aufzuwachen.
Neben der Ernährungsweise – Flaschenkinder können früher durchschlafen als Stillkinder – hängt dies vor allem von der Reifung des Taktgebers in unserem Gehirn (suprachiasmatischer Nukleus des Hypothalamus) und der Regelmäßigkeit äußerer Zeitgeber – allen voran der Wechsel von Tageslicht und Dunkelheit – ab. Erst wenn der Taktgeber im Gehirn ausgereift ist, ist es prinzipiell möglich, dass Ihr Kind einen regelmäßigen Schlaf-Wach-Rhythmus entwickelt, der sich dem des Erwachsenen langsam annähert.

Nicht jedes Kind braucht gleich viel Schlaf

Es gibt einen Faktor, der von manchen Eltern leicht übersehen wird: Jedes Kind benötigt eine individuelle Menge an Schlaf – manche mehr, manche weniger. Wie viel es bei Ihrem Kind ist, können Sie auf einfache Weise anhand eines Schlafprotokolls feststellen (eine Kopiervorlage finden Sie im Anhang auf Seite 164). Wenn Sie dieses Protokoll gewissenhaft zwei Wochen lang ausfüllen und die Gesamtschlafdauer Ihres Kindes anschließend durch 14 teilen, kennen Sie das Schlafbedürfnis Ihres Kindes.

Entwicklung des Schlaf-Wach-Rhythmus eines Kindes in den ersten 15 Lebenswochen

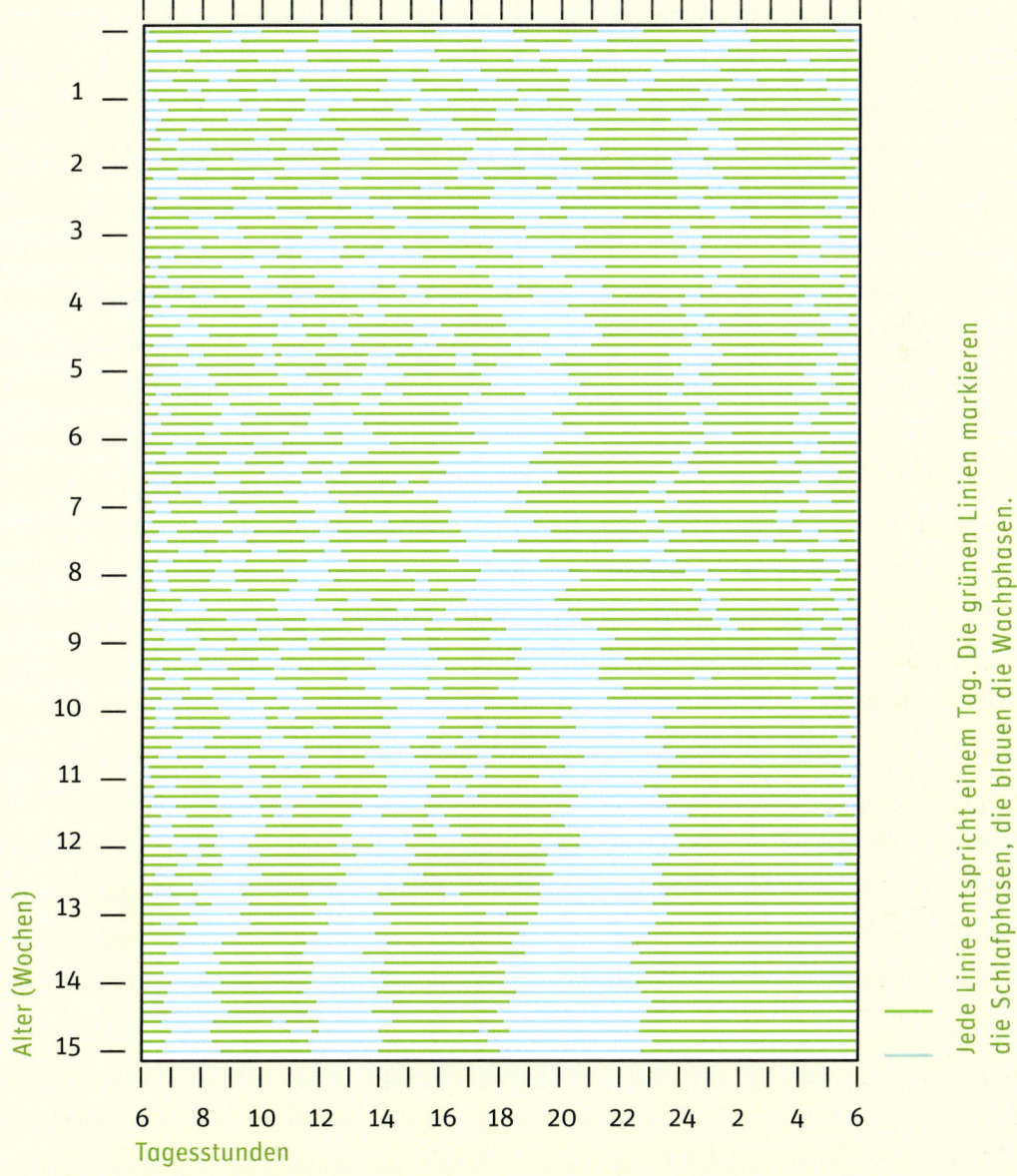

Alter (Wochen)

Tagesstunden

Jede Linie entspricht einem Tag. Die grünen Linien markieren die Schlafphasen, die blauen die Wachphasen.

Ganz langsam kristallisiert sich aus dem zunächst völlig ungeordneten Schlaf-Wach-Rhythmus dieses Babys eine deutliche Regelmäßigkeit heraus.

INFO: Was gar nicht in Frage kommt

Wie einfach haben es sich doch viele unserer Eltern und Großeltern gemacht! Kind ins Bett, Tür zu, gut. Doch warum ist diese Hauruckmethode sinnlos, und worauf sollten wir sonst noch verzichten?

Da der Schlaf-Wach-Rhythmus der Kinder in den ersten Lebensmonaten noch nicht ausgebildet ist, sie nachts noch Nahrung benötigen und sich zudem noch nicht selbst beruhigen können (z. B. durch Daumenlutschen oder den Schnuller), ist die Methode »Lass-das-Kind-nachts-einfach-schreien« nicht nur eine Quälerei für das Kind. Sie bringt obendrein nichts! Denn bevor der Reifungsprozess des Taktgebers in unserem Gehirn nicht abgeschlossen ist, kann das Kind keinen festen Tag-Nacht-Rhythmus besitzen.
Erwachsene können unter bestimmten Bedingungen und für kurze Dauer Vorteile durch eine Behandlung mit Schlafmitteln haben. Für Kinder haben sie nicht nur keine Vorteile, sondern sind sogar kontraproduktiv: Schlafmittel beeinträchtigen nämlich die Ausbildung des von uns Eltern so heißersehnten Schlaf-Wach-Rhythmus und verringern die Aufmerksamkeit des Kindes in seinen wachen Phasen, wodurch das natürliche Schlafbedürfnis sogar eher abnimmt.

Auch der manchmal gehörte Tipp, dem Kind vor dem Einschlafen angereicherte Flaschenmilch oder Brei zu geben, führt nicht zu einem früheren Durchschlafen, wie Untersuchungen ergeben haben. Auch wenn es richtig ist, dass gestillte Kinder nachts häufiger aufwachen als Flaschenkinder, so hat dies doch nichts mit der Abendmahlzeit zu tun, sondern nur mit der Gesamtenergiemenge, die das Kind tagsüber zu sich nimmt. Die ist bei Flaschenernährung höher als beim Stillen, so dass Stillkinder nachts trinken müssen, um ihren Bedarf zu decken, Flaschenkinder nicht (unbedingt).

Wenn Ihr Kind älter wird, ändert sich natürlich auch das Schlafbedürfnis, so dass Sie es erneut ermitteln müssen. Doch worum es hier geht, ist Folgendes: Schläft Ihr Kind tagsüber lange, wird es nachts weniger Schlaf benötigen und umgekehrt. Das stürzt uns in ein Dilemma. Denn einerseits ist es natürlich sehr angenehm, tagsüber eine längere Zeit für andere Dinge nutzen zu können. Andererseits freuen wir uns auch über eine möglichst lange und ungestörte Nachtruhe. Ähnliches gilt für die Einschlaf- und Aufwachzeit: Schläft Ihr Kind abends früh ein und verschafft Ihnen so einen ungestörten Abend, wacht es morgens entsprechend früher auf – und umgekehrt.

Schon beim Baby tickt die »innere Uhr«

Was hier am Werke ist, nennen wir gemeinhin die »innere Uhr«. Sobald der Taktgeber im Gehirn ausgereift ist – also mit etwa sechs Monaten –, ist das Baby auf eine feste Schlafdauer eingestellt. Und durch äußere Zeitgeber – z. B. wann es morgens hell wird im Zimmer, wann es die erste Mahlzeit gibt, wann es mittags im Kinderwagen spazieren gefahren wird, wann das abendliche Zubettgeh-Ritual beginnt (mehr zu Ritualen finden Sie auf Seite 41) usw. – ist der »Einschlaf-Wecker« auf bestimmte Zeiten eingestellt.
Ein Beispiel: Lena ist acht Monate alt und braucht 14 Stunden Schlaf am Tag. Diese 14 Stunden holt sie sich morgens von 9.00 bis 12.00 Uhr, nachmittags von 15.30 bis 18.30 Uhr und von 22.00 bis 6.00 Uhr. Dabei spielt es keine Rolle, wenn Lena mal bis 23.00 Uhr wach ist, weil sie beispielsweise an der Geburtstagsfeier ihrer Tante teilnimmt. Sie wacht anderentags dennoch wie üblich pünktlich um 6.00 Uhr auf. Erst zwei Tage später, bei ihrem Nachmittagsschlaf, holt sie sich die fehlende Stunde zurück, indem sie von 15.30 bis 19.30 Uhr schläft – zwischendurch war einfach zu viel los. Und auch an diesem Abend schläft sie wie üblich gegen 22.00 Uhr ein.
An diesem Beispiel erkennen wir zweierlei. Zum einen wird der innere Wecker nicht gleich verstellt, nur weil das Schlafbedürfnis an einem Tag mal nicht ausrei-

chend erfüllt wurde. Zum anderen aber holt sich der Körper den Schlaf irgendwann doch zurück, so dass der Schlafkontostand nach einer oder spätestens zwei Wochen wieder ausgeglichen ist. Das bringt uns zu zwei wichtigen Fragen:

1. Lässt sich das Schlafbedürfnis meines Kindes verändern?

2. Lassen sich die Schlafzeiten verändern?

Die Antwort auf Frage eins ist ein klares Nein. Das individuelle Schlafbedürfnis ist angeboren und wird lediglich im Laufe des Erwachsenwerdens langsam abnehmen. Die Antwort auf Frage Nummer zwei wird Ihnen vermutlich besser gefallen: Innerhalb bestimmter Grenzen können Sie die Schlafzeiten Ihres Kindes Ihren eigenen Bedürfnissen anpassen. Voraussetzung ist, dass Sie anhand eines zweiwöchigen Schlafprotokolls sowohl das Gesamtschlafbedürfnis Ihres Kindes als auch die derzeit auf seinem inneren Wecker eingestellten Uhrzeiten ermitteln. Im nächsten Schritt können Sie dann überlegen, wie Sie diese Zeiten Ihren Wunschzeiten anpassen, ohne das Gesamtschlafbedürfnis Ihres Kindes zu gefährden. Sie dürfen allerdings nicht erwarten, dass Ihr Kind sein gesamtes Schlafbedürfnis in einem Block nachts stillt. Jedes zweite Kind benötigt mit einem Jahr tagsüber noch zwei Stunden Schlaf, die allermeisten (97 Prozent) sogar 3,5 Stunden (siehe Abbildung auf Seite 40). Lassen Sie uns noch einmal auf unser Beispielkind Lena zurückkommen. Ihre Schlafzeiten waren 9.00 bis 12.00 Uhr (drei Stunden), 15.30 bis 18.30 Uhr (drei Stunden) und 22.00 bis 6.00 Uhr (acht Stunden).

Gesamtschlafdauer von Kindern bis fünf Jahre

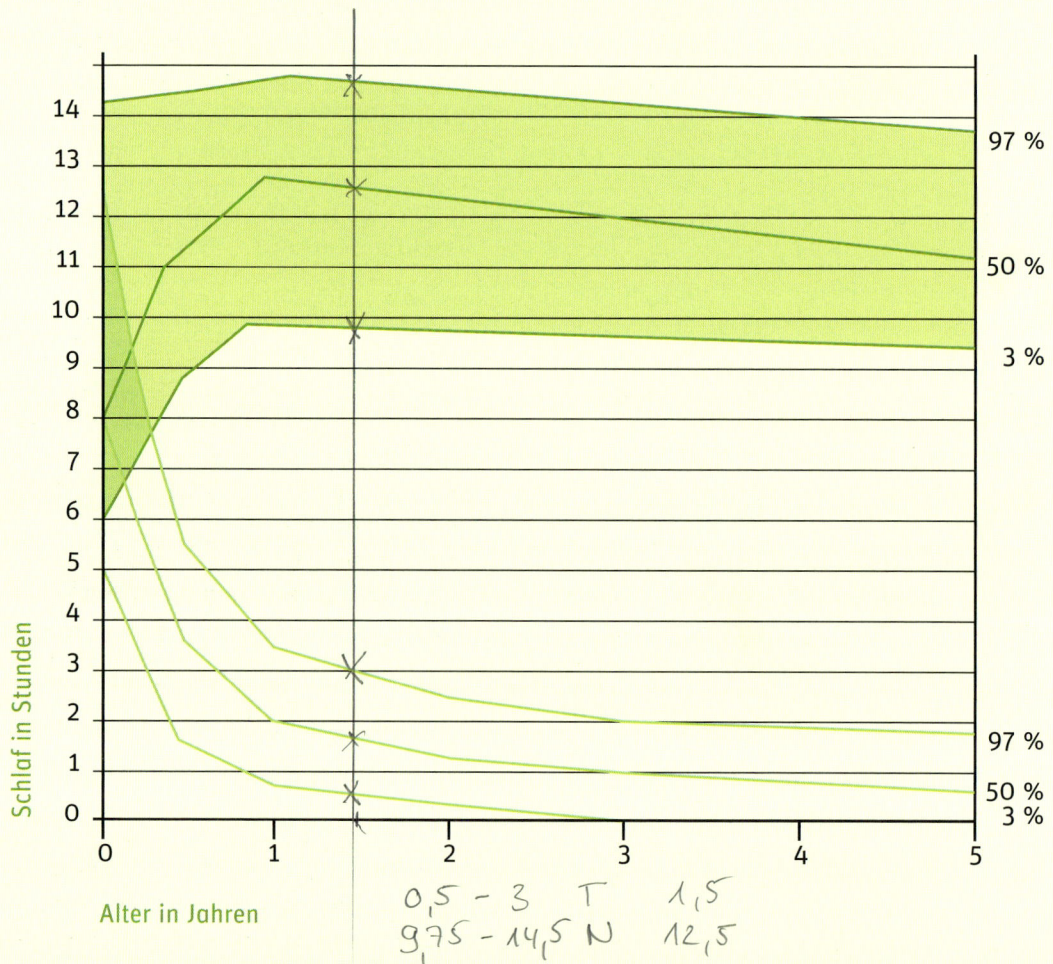

Die Abbildung zeigt die Verteilung der Gesamtschlafdauer auf Tag und Nacht bei Kindern bis fünf Jahre. Die dunkle Fläche gibt die Entwicklung und Streubreite des Nachtschlafs, die helle Fläche diejenige des Tagschlafs an, die Linie in der Mitte bezeichnet die durchschnittliche Schlafdauer tags beziehungsweise nachts. Bis zum ersten Geburtstag benötigen die allermeisten Kinder noch bis zu 3,5 Stunden Tagesschlaf.

Verständlich wäre beispielsweise, wenn Lenas Eltern abends gern mehr Zeit füreinander hätten. Sie möchten deshalb, dass Lena von 20.30 bis 6.00 Uhr schläft und stattdessen morgens und nachmittags weniger. Das sollte machbar sein, nicht von heute auf morgen, aber im Verlauf von ein bis vier Wochen durchaus. Lenas Eltern müssten ihrem Kind tagsüber Stück für Stück ein-einhalb Stunden Schlaf »rauben« und sie abends entsprechend früher ins Bett bringen. Stück für Stück heißt beispielsweise jeweils 10 bis 15 Minuten. Das geschieht dann für zwei bis drei Tage, und dann kommt der nächste Schritt. So etwas geht in der Regel nicht ganz ohne üble Laune des Kindes ab. Und nur allzu leicht fragt man sich als Erwachsener, ob es das wert ist. Sie sollten sich deshalb vor Augen halten, dass es nun einmal ein wenig Zeit braucht, bis der innere »Einschlaf-Wecker« neu gestellt ist. Dann aber geht alles ohne Probleme. Sie müssen mit Ihrer Partnerin klären, was Sie wollen, einen (realistischen) Plan machen, wie sich Ihre Ziele umsetzen lassen, und sich dann nicht von den ersten Schwierigkeiten davon abbringen lassen. Was Sie für die Umsetzung Ihres Plans benötigen, ist nicht nur etwas Geduld. Das Wichtigste ist eine feste Tagesstruktur, die sich an bestimmten Zeitgebern festmachen lässt, beispielsweise an Vater-Kind-Ritualen.

Die Macht der Rituale

Vermutlich können Sie sich aus Ihrer Schulzeit noch an den berühmten Versuch des Nobelpreisträgers Iwan Petrowitsch Pawlow aus dem Jahr 1927 erinnern: Hunden läuft unwillkürlich das Wasser im Maul zusammen, wenn sie Futter in der Schüssel sehen und riechen. Pawlow ließ nun jedes Mal, wenn er den Hunden Futter gab, eine Glocke ertönen, und nach einer Weile bildete sich der Speichelfluss auch dann, wenn nur die Glocke erklang. Einen solchen Vorgang nennt man in der Psychologie eine »klassische Konditionierung«. Ein neutraler

Reiz (Glockenton) wird bei der klassischen Konditionierung im Gehirn durch einen Lernvorgang mit einem Reflex (Speichelfluss) verbunden, mit dem er ursprünglich gar nichts zu tun hatte. Im Rahmen der sogenannten »aversiven Gegenkonditionierung« oder auch »Aversionstherapie« macht man sich diesen unbewussten Mechanismus schon lange zunutze: Um jemandem das Rauchen abzugewöhnen, gab man ihm früher z. B. ein Medikament, das in Verbindung mit Nikotin starke Übelkeit auslöst. Rauchte er dann eine Zigarette, wurde ihm übel. Er brauchte das Mittel nur eine Weile einzunehmen – Nikotinsucht ist ziemlich hartnäckig –, und schon funktionierte das Ganze auch ohne Medikament: Das Rauchen selbst, das Anzünden und Inhalieren, löste eine unbewusste körperliche Reaktion aus, dem Betroffenen wurde übel.

Schaffen Sie positive Assoziationen

Gleichwohl ist die klassische Konditionierung ein mächtiges Werkzeug. Auch wir als Eltern werden dieses Werkzeug benutzen, wobei wir natürlich nicht mit Schmerzen, Angst und Schrecken arbeiten wollen, sondern ausschließlich mit positiven Erlebnissen. Wir schaffen für unser Kind (und uns) angenehme Rituale, die zum einen vordergründig einen bestimmten Zweck erfüllen – z. B. das Einschlafen erleichtern –, die aber gleichzeitig auch die Bindung zwischen unserem Kind und uns vertiefen. Welche Rituale Sie für sich und Ihr Kind einführen, hängt natürlich von Ihren persönlichen Vorlieben und Möglichkeiten ab. Sie wollen das an einem Beispiel sehen?

Lena und Markus: Rituale verbinden

Lenas Vater heißt Markus. Markus war bei Lenas Geburt dabei und liebt seine Tochter, wie wohl fast alle Väter ihre Kinder lieben. Er hat das Glück, freiberuflich arbeiten zu können, und kann sich seine Zeit daher recht frei einteilen. Wenn Lena morgens um 6.00 Uhr wach geworden war und seine Frau sie gestillt hatte, wickelte er seine Tochter, zog sie an, übergab Lena seiner Frau und setzte sich anschließend an seinen Schreibtisch. Gegen 9.00 Uhr machte Markus eine Arbeitspause, in der er sich seine Tochter schnappte, sie in den Kinderwagen legte und mit ihr einen Spaziergang machte – bei dem sie dann selig einschlief. Am Nachmittag wiederholte sich dieses Ritual. Abends ab 21.00 Uhr war für Markus und Lena Spielzeit. Danach stillte Markus' Frau ihre Tochter, machte sie bettfertig und übergab sie dann wieder Markus. In ihren ersten drei Lebensmonaten war Lena ein abendliches Schreikind. Markus tigerte dann mit ihr – sie in den Armen wiegend und Lieder singend – in der Wohnung herum, bis sie gegen 22.00 Uhr einschlief. Nach dem dritten Monat konnte Markus Lena stattdessen in ihr Bettchen legen, wo sie dann – Papas Zeigefinger in der Hand und einem Schlaflied lauschend – friedlich einschlief. All dies sind Rituale, die Lenas Tag von klein auf strukturierten. Wie der Speichelfluss bei Pawlows Hunden mit der Glocke verbunden war, bestehen in Lenas Kopf eindeutige Beziehungen zwischen »Papa legt mich in den Kinderwagen und fährt mich spazieren«, »Papa legt mich ins Bettchen und singt mir was vor« und problem-

losem Einschlafen. Diese Rituale sind für Lena schon so selbstverständlich, dass es erheblich schwieriger mit dem Einschlafen ist, wenn Lenas Mutter ausnahmsweise mal Markus' Stelle einnimmt.

Das alles sind prächtige Voraussetzungen dafür, Lenas Einschlafzeit am Abend von 22.00 auf 20.30 Uhr vorzuverlegen. Da die wichtigsten Einschlafrituale alle mit Markus verbunden sind, müssen Lenas Eltern lediglich die morgendliche und nachmittägliche Schlafzeit Schritt für Schritt durch Aufwecken verkürzen, so dass Markus jeweils entsprechend früher das abendliche Einschlafritual starten kann.

»Die Gewohnheit ist der große Führer im Menschenleben.«
David Hume (1711–1776)

Nicht jeder Vater kann so großzügig mit seiner Zeit umgehen wie Markus. Doch jeder Vater wird Zeiten finden, in denen er regelmäßig etwas mit seinem Kind machen kann, sprich Rituale einbauen kann. Wichtig dabei ist die Regelmäßigkeit – möglichst zu bestimmten Tageszeiten – und dass es sich um erkennbar gleiche oder ähnliche Tätigkeiten handelt. Wenn Sie am einen Abend das Baden des Kindes übernehmen, am nächsten zur gleichen Zeit mit ihm spazieren gehen und am dritten mit ihm auf dem Sofa kuscheln, so ist das sehr schön und begrüßenswert. Ein Ritual aber wird es so nicht, weil die Tätigkeiten zu unterschiedlich sind. Auch wenn

Vater-Kind-Rituale schaffen eine ganz besondere Beziehung und schenken dem Kind Ruhe, Sicherheit und Geborgenheit.

Sie so viele Dinge wie möglich mit Ihrem Kind machen möchten – beschränken Sie sich besser auf wenige, intensive Rituale, gerade dann, wenn die Zeit mit Ihrem Kind begrenzt ist und Sie vielleicht nur ein oder zwei gemeinsame Stunden am Abend haben. Rituale sind absolute Qualitätszeit, für Sie und für Ihr Kind.

Kann ich mein Kind vor dem plötzlichen Kindstod schützen?

Im Jahr 1990 starben in Deutschland 6385 scheinbar völlig gesunde Babys im ersten Lebensjahr, 1283 – also jedes fünfte – am plötzlichen Kindstod, dem »Sudden infant death syndrome«, kurz SIDS genannt. Von den im Jahr 2006 im ersten Lebensjahr verstorbenen 2579 Babys starben noch 259 an SIDS, »nur« noch etwa jedes zehnte Kind. Dieser Rückgang ist auch auf den allgemeinen Rückgang der Säuglingssterblichkeit zurückzuführen: Während 1990 noch 705 von 100 000 Lebendgeborenen im ersten Lebensjahr starben, waren es 2004 nur noch 414 von 100 000. Das allein aber kann den Rückgang der SIDS-Todesfälle von 1,4 pro 1000 Lebendgeborene in 1990 auf 0,5 pro 1000 in 2004 nicht erklären. Experten führen den Rückgang vor allem auf Aufklärungsmaßnahmen für Eltern zurück, die in den Niederlanden zu einer Senkung um 90 Prozent auf 0,1 Fälle je 1000 Babys geführt haben.

Viele Faktoren, die für das Auftreten des plötzlichen Kindstods verantwortlich sind, konnten mittlerweile ausfindig gemacht werden. Einen Teil davon können wir nicht beeinflussen, handelt es sich doch um Risikofaktoren, die in unserem Erbgut festgeschrieben sind, etwa wie unser Körper bestimmte Nervenbotenstoffe herstellt. Ob diese aber zu SIDS führen, hängt vor allem von Umweltfaktoren ab, die wir als Eltern steuern können. Der bedeutsamste Faktor ist vielen Studien zufolge die Lage des Kindes beim Schlafen. Schläft das Kind in Bauchlage, ist das geschätzte Risiko neunmal so hoch wie in Rückenlage. Auch das Schlafen in Seitenlage erhöht das SIDS-Risiko (auf das 1,8fache), vermutlich weil Kinder aus der Seitenlage leicht in die Bauchlage fallen.

Risikofaktor Nummer zwei beginnt schon vor der Geburt: Raucht die Mutter täglich unter zehn Zigaretten, steigt das Risiko auf das 4,7fache, raucht sie mehr als 20 Zigaretten, sogar auf das 7,8fache. Raucht der Vater allein (mehr als 20 Zigaretten), beträgt das Risiko gegenüber einem Nichtraucherkind das 3,5fache, rauchen beide Eltern, steigt es auf das 8,4fache.

Aus diesen und den Ergebnissen weiterer Studien lassen sich folgende Empfehlungen ableiten:

▮ Lassen Sie Ihr Kind vom ersten Tag an – auch tagsüber – auf dem Rücken schlafen.
▮ Geben Sie Ihrem Kind die Chance, rauchfrei aufzuwachsen.
▮ Nach Möglichkeit sollte Ihr Baby mindestens sechs Monate lang gestillt werden. Dies hat eine Vielzahl positiver Effekte, unter anderem auf das Immunsystem, aber auch als Schutzfaktor vor SIDS.
▮ Im ersten Jahr sollte Ihr Baby im eigenen Bett im Elternschlafzimmer schlafen.
▮ Geben Sie dem Kind keine Decken oder Kissen ins Bett, sondern legen Sie es im Babyschlafsack zur Ruhe.
▮ Sorgen Sie dafür, dass die Schlafzimmertemperatur auch im Winter nicht über 18 °C steigt. Wenn das Baby im Nackenbereich schwitzt, ist ihm zu warm.
▮ Ist Ihr Kind bereits an einen Schnuller gewöhnt, sollten Sie ihm den Schnuller nachts lassen. Denn einige Studien

haben ergeben, dass das SIDS-Risiko steigt, wenn man an Schnuller gewöhnten Säuglingen den Schnuller vor dem ersten Geburtstag entzieht. Ist Ihr Kind aber nicht daran gewöhnt, erhöht sich das Risiko ohne Schnuller nicht.

Heute schon gespielt?

Werden Kinder erst dann für Väter interessant, wenn sie sicher laufen und mit ihnen herumtoben können? Wer das behauptet, der hat noch nie ernsthaft den Versuch unternommen, die Welt seines Babys zu erkunden und sich auf seine Spiele einzulassen. Zunächst besteht das Spielen mit dem Kind natürlich »nur« darin, ihm beim Erkunden der Welt zu helfen – ihm Spielzeuge oder potenzielle Spielzeuge wie eine Zahnpastatube oder einen Topfdeckel zu reichen und ihm vorzumachen, was man damit alles anstellen kann. Bis etwa zum achten Monat wird Ihr Kind ein neues Spielzeug vermutlich als Erstes in den Mund stecken (Vorsicht: Keine verschluckbaren oder potenziell giftigen Gegenstände geben!). Dieses »Mundeln« ist nicht etwa der Versuch, die Essbarkeit des Spielzeugs zu testen. Es ist vielmehr ein Erkunden des Gegenstands in Bezug auf Größe, Form, Konsistenz, Oberflächenbeschaffenheit und natürlich auch auf Geruch und Geschmack. Untersuchungen haben gezeigt, dass neun Monate alte Kinder Formen mit den Augen wiedererkennen können, die sie zuvor ausschließlich mittels Mundeln erkundet hatten. Es wäre deshalb grundverkehrt, Ihr Kind am Mundeln zu hindern – außer der Gegenstand birgt eine Gefahr.

Gemeinsam die Welt entdecken

Es ist nicht einfach zu erklären, worin die Faszination des Spiels mit dem nicht einmal ein Jahr alten Kind besteht. Zum Teil liegt sie gewiss darin, mit dem Kind gemeinsam die Welt zu entdecken, gewissermaßen noch mal »von vorn anzufangen«. Man kann dabei erahnen, wie sich im Kopf des Kindes Puzzlesteine zusammenfügen, die es ihm plötzlich ermöglichen, Ursache und Wirkung zu begreifen, das Fallenlassen des Löffels mit dem »Klong« in Verbindung zu bringen. Ein Heidenspaß für das Kind – und Schwerstarbeit für Papas Rücken!

Richtig spannend wird's, wenn Ihr Kind zu verstehen beginnt, dass der Spielzeughund sich nicht in Luft auflöst, wenn Sie ihn hinter die Sessellehne halten. Dieser Schritt im Kopf, den der Schweizer Entwicklungspsychologe Jean Piaget als Begreifen der »Objektpermanenz« bezeichnet hat, vollzieht sich laut Piaget etwa ab dem neunten Lebensmonat, während andere Forscher ihn früher datieren, ab dem dritten oder vierten Lebensmonat oder gar noch früher, mit zweieinhalb Monaten. Sie können ja mal darauf achten, wann es bei Ihrem Kind so weit ist. Von dem Zeitpunkt an können Sie jedenfalls prima das »Gegenstand-weg-und-wieder-da-Juchuu!-Spiel« spielen. Experimentieren Sie mit Ihrem Kind, und versuchen Sie, sich gleichzeitig in sein Erleben hineinzuversetzen. Sie brauchen kein Labor dafür, nur Ihr Zuhause, ein wenig Zeit und Neugier. Es lohnt sich, nicht nur für Ihr Kind! Und nehmen Sie Ihr gemeinsames Spielen doch ab und zu auf Video auf – Sie werden sich später beide freuen.

Welches Spielzeug kann ich meinem Kind schenken?

Chemiebaukasten, Barbie, Ritterburg oder das Rauswerfspiel mit den vielen Namen – einst bekannt als »Mensch ärgere dich nicht!« – sind im ersten Jahr gewiss nicht das Richtige. Worauf sollten Sie aber achten, wenn Sie Ihrem Kind eine Freude machen und es fördern möchten? Grundsätzlich darf Spielzeug im ersten Jahr:

- nicht so klein sein, dass das Kind es ganz in den Mund nehmen kann.
- keine scharfen Kanten und Spitzen haben.
- nicht zerbrechlich sein.
- keine giftigen Farben abgeben oder giftige Substanzen ausdünsten.

Doch das sind natürlich nur die – allerdings sehr wichtigen – Negativkriterien. Positiv gedacht, sollten Sie Ihrem Kind so viele sinnliche Erfahrungen bieten wie nur möglich (natürlich ohne es mit Reizen zu überfluten!). Sie werden vielleicht überrascht sein, wie interessant ein Stück Holz, Plastik, Papier oder Stoff sein kann, wie lange Ihr Baby sich mit einem Schwamm, einem Wollknäuel oder einem Stück Leder beschäftigen kann. Ab etwa acht Monaten können Sie Ihrem Kind beispielsweise mit einem Tier auf Rollen zum Hinterherziehen, einem Stehaufmännchen oder einer Motorikschleife eine Riesenfreude machen. Etwas später können Sie den Magier geben, indem Sie vor den Augen Ihres Kindes etwas verschwinden lassen, um es wenig später mit großem Trara wieder hervorzuholen.

Der Renner ab etwa neun Monaten sind auch Musikinstrumente wie (robuste) Glockenspiele, Glocken, Rasseln oder auch Topfdeckel. Es taugt eigentlich alles, an dem Ihr Kind Ursache und Wirkung – auf ungefährliche Weise – austesten kann, auch Bauklötze, die Papa kunstvoll aufbauen darf, damit Tochter oder Sohn sie unter großem Juchzen wieder zum Einsturz bringen kann.

Und wie sieht es mit Sandspielzeug aus? Wenn das Wetter es zulässt, spricht nichts dagegen, Ihr Kind in der Sandkiste mit Förmchen & Co. spielen zu lassen und gemeinsam eindrucksvolle Sandburgen zu bauen. Da Ihr Kind gewiss noch das eine oder andere Mal den Mund zum Erkunden gebrauchen wird, sollte die Sandkiste allerdings frei von Tierkot sein, da dieser Krankheitserreger enthalten kann. Sand und Erde an sich sind kein Problem: Das Immunsystem braucht sogar diese Auseinandersetzung – so meinen zumindest viele Allergieexperten –, weil es sonst eher zu allergischen Reaktionen wie Heuschnupfen oder Asthma neigt.

»Der wichtigste Rat in Sachen Spielzeug: Seien Sie erfinderisch! Prinzipiell alles, was Ihrem Kind nicht schaden kann, ist ein gutes Spielzeug.«

Bernd Neumann

Wann kleine Kinder den Raum erobern

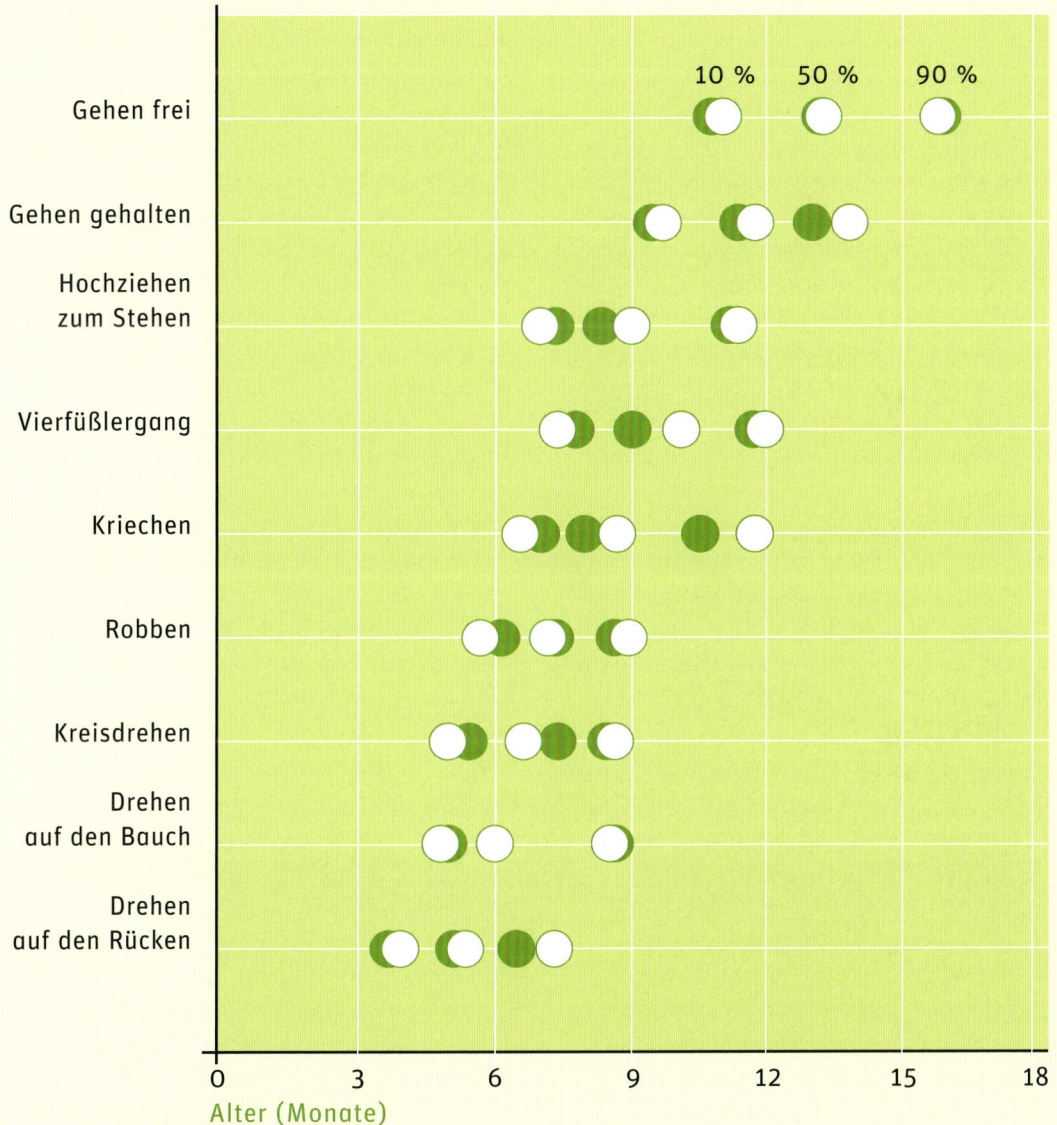

In diesem Alter entwickeln sich die verschiedenen Bewegungsformen bei Jungen und Mädchen. ○ Mädchen ● Jungen

Sondermeldung: Mein Kind macht die ersten Schritte!

Eine der aufregendsten Entwicklungen, die Ihr Kind im ersten Lebensjahr durchmacht, ist das Erlernen der verschiedenen Bewegungsformen – sich zu drehen, zu rutschen, sich aufzusetzen, zu robben, zu kriechen und schließlich aufzustehen und zu gehen. Etwa 50 Prozent der Kinder können sich mit fünf Monaten vom Bauch auf den Rücken drehen, einen Monat später umgekehrt (siehe Abbildung auf Seite 47). Am Ende der Entwicklung stehen die ersten freien Schritte, die immerhin zehn Prozent der Kinder schon vor dem ersten Geburtstag machen. Vielleicht denken Sie, Ihr Kind werde sich zuerst drehen, dann aufsetzen, auf allen vieren krabbeln und schließlich aufstehen und herumlaufen. Die Wahrscheinlichkeit, dass es so kommen wird, ist tatsächlich groß: Bei immerhin 87 Prozent aller Kinder verläuft die Entwicklung so. Manche Kinder (sechs Prozent) überspringen den Vierfüßlerstand, etwa drei Prozent wollen gar nicht mehr in die Horizontale und bewegen sich auf dem Po rutschend fort, so lange, bis sie sich entschließen aufzustehen. Und jeweils unter einem Prozent der Kinder hält weder etwas vom Sitzen noch vom Krabbeln und stellt sich gleich hin. Sie können die verschiedenen Techniken, mit denen Kinder das Laufen lernen, auf der Abbildung rechts erkennen. Auch hier gilt: Es gibt nicht »die richtige Methode«, nur der Erfolg zählt. Und egal, für welches »Verfahren« sich Ihr Kind »entscheidet«: Sie sollten sich bemühen, dabei zu sein, wenn es die ersten Schritte macht. Und halten Sie die Kamera bereit!

Viele Eltern stellen die Frage, ob sie diesen Prozess der motorischen Entwicklung durch gezieltes Üben irgendwie beschleunigen können und ob dies überhaupt sinnvoll ist. Wissenschaftliche Studien haben gezeigt, dass es sich beim Laufenlernen um einen automatischen Reifungsprozess handelt, der sich so gut wie gar nicht beeinflussen lässt. Kinder beispielsweise, die aus medizinischen Gründen die ersten 10 bis 15 Lebensmonate in einem Gipsbett verbringen müssen, lernen binnen kürzester Zeit das Laufen, wobei sie die davorliegenden Schritte einfach überspringen. Genauso wenig Einfluss hat es, wenn Sie Ihr Kind zum Laufen animieren wollen.

TIPP: Bitte keine übertriebene Vorsicht!

Es gibt immer wieder Eltern, die sofort panisch hinlaufen, wenn ihr Sprössling mal hingefallen ist, und ihr Kind am liebsten in Watte einpacken würden. Achten Sie mal darauf: Kinder fangen oft erst dann an zu weinen, wenn ihre Bezugspersonen offenkundig davon ausgehen, dass sie sich wehgetan haben (könnten). Wird der »kleine Unfall« hingegen gar nicht beachtet, bleibt das Geheule oft aus. Machen Sie nicht den gleichen Fehler, seien Sie zur Stelle, wenn Ihrem Kind echte Gefahr droht oder es sich wirklich weh getan hat, lassen Sie es aber ansonsten ruhig seine eigenen Erfahrungen machen.

Laufenlernen: Am Ende steht immer das Gehen

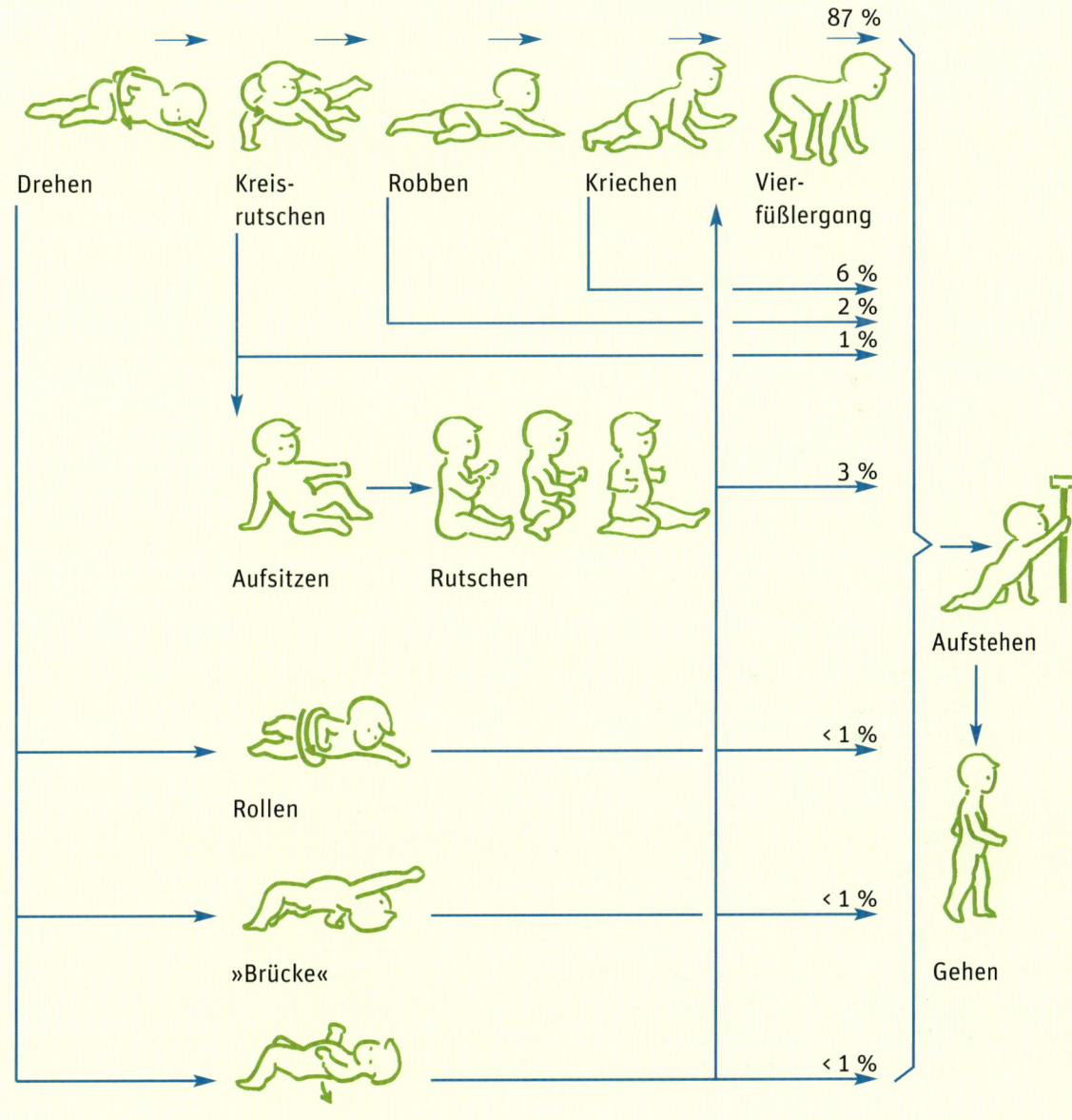

Alle gesunden Kinder lernen laufen, doch nicht alle über die gleichen Zwischenschritte. Manche überspringen den Vierfüßlergang, andere verzichten aufs Kriechen und manche halten das Robben für überflüssig.

Info: Die wichtigsten Entwicklungsschritte im 1. Jahr

Im Folgenden finden Sie eine Übersicht der offenkundigsten Meilensteine in der Entwicklung Ihres Kindes im ersten Lebensjahr. Zeitangaben sind jedoch stets mit Vorsicht zu genießen. Kinder entwickeln sich unterschiedlich schnell, und fast immer sind vermeintliche Verzögerungen noch im Normalbereich. Wenn Sie aber das Gefühl haben sollten, dass Ihr Kind in dem einen oder anderen Bereich deutlich hinterherhinkt, so sollten Sie dies mit Ihrer Partnerin und im nächsten Schritt auch mit dem Kinderarzt besprechen.

0–3 Monate:

Damit Sie seine lebenswichtigen Bedürfnisse – Hunger und Durst, Schutz vor Kälte, Körpernähe und Körperpflege – erfüllen, macht das Baby sich durch Schreien bemerkbar. Dass Säuglinge nach der Geburt zunächst an Gewicht verlieren, ist völlig normal. Es dauert ein paar Tage, bis die Umstellung auf die neue Ernährungsform richtig gut funktioniert.

Das Interesse an Gesichtern und menschlichen Stimmen ist Babys angeboren, und wenige Wochen nach der Geburt erkennen sie Mutter und Vater bereits am Geruch. Die anfangs noch wie im Mutterleib ungerichteten Bewegungen von Armen und Beinen, Rumpf, Kopf und Fingern gehen etwa ab der zwölften Lebenswoche in zielgerichtete und bewusste Bewegungen – zunächst der Arme und Hände – über. Wenn Sie Ihr Baby aufmerksam beobachten, werden Sie feststellen, wie es mit Mimik, Blicken, Lauten und Bewegungen mit Ihnen zu kommunizieren versucht. Ganz instinktiv passen sich Eltern diesen eingeschränkten Kommunikationsmitteln an, übertreiben ihre Mimik und wiederholen Laute mehrfach. Sie ahmen das Kind nach und spiegeln dem Kind so sein eigenes Verhalten. Umgekehrt kann das Kind Ihre Mundbewegungen oft erstaunlich präzise nachahmen, etwa das Herausstrecken der Zunge. Mit sechs bis acht Wochen beginnt das Baby, alle Gesichter anzulächeln, später nur noch vertraute und schließlich nur noch freundliche, vertraute Gesichter.

4–6 Monate:

Das Kind erkundet die Umgebung jetzt verstärkt auch mit den Augen und kann alle Farben wahrnehmen, die wir auch als Erwachsene sehen. Was es zum näheren Erkunden nicht in den Mund stecken kann, ertastet es jetzt vermehrt auch mit beiden Händen. Nicht mehr lange, und Ihr Baby wird mobil: Zunächst lernt es, sich aus der Rücken- oder Bauchlage in die Seitenlage zu drehen, bis es schließlich eine komplette Drehung schafft. Auch das Kommunikationsvermögen nimmt zu. Das Kind ahmt lallend vorgesprochene Vokale nach, experimentiert mit verschiedenen Betonungen und Tonhöhen und reagiert unterschiedlich auf freundliche und ärgerliche Stimmen. In seiner Mimik drücken sich jetzt deutlich Freude, Traurigkeit und Überraschung aus.

Wenn Ihr Kind Sie begrüßen will, beginnt es zu strampeln und zu zappeln und drückt seine Freude durch lautes Lachen und Quietschen aus.

7–9 Monate:

Ihr Kind kann sich jetzt aller Wahrscheinlichkeit nach bereits durch Rollen, Kreisrutschen und eventuell Robben oft erstaunlich schnell im Raum umherbewegen. Es kann

Was Babys lächeln lässt

Unter 4 Wochen   6 Wochen   10 Wochen

13 Wochen   20 Wochen   24 Wochen

Versuche haben gezeigt, dass immer mehr Merkmale nötig sind, um bei einem Baby ein Lächeln auszulösen.

Ihrer Blickrichtung folgen und beginnt, die Zusammenhänge zwischen Ursache und Wirkung zu begreifen. Wenn Sie Spielzeug vor ihm verbergen, sucht es jetzt aktiv danach, und es fängt an, Werkzeuge »richtig« zu benutzen, beispielsweise einen Löffel. Das Kind reagiert auf seinen Namen, beginnt Doppelsilben zu brabbeln – etwa »dada« oder »baba« – und versteht ein klar und deutlich formuliertes »Nein«. Während sich die emotionale Beziehung zu den Bezugspersonen mehr und mehr festigt, werden ihm Fremde suspekt: Ihr Kind beginnt zu »fremdeln«. In ungewohnten Situationen schaut es zu Ihnen, um aus Ihrer Reaktion herauszulesen, wie es reagieren soll.

10–12 Monate:

Ihr Kind kann jetzt genauso gut (oder besser) sehen wie Sie, schaut sich Bilder konzentriert an und weist mit dem Finger auf Gegenstände. Es kennt bereits die Namen mancher Dinge. »Mama«, »Papa« oder auch »Auto« kann Ihr Kind jetzt sagen und beginnt immer klarer zu artikulieren und schließlich auch vorgesprochene Wörter nachzuahmen oder sogar von selbst zu produzieren. Ihr Kind liebt Versteckspiele – »Wo ist das Auto?«, »Da ist das Auto!« –, wird aber deutlich protestieren, wenn Sie ihm dafür sein Lieblingsspielzeug wegnehmen. Neue Verhaltensweisen lernt es jetzt spielend durch Nachahmung und zeigt Ihnen ganz bewusst seine Zuneigung.

Ist mein Kind zu klein, zu groß, gerade richtig?

In den zwölf Monaten seit seiner Geburt ist Ihr Kind deutlich gewachsen, in den ersten drei Lebensmonaten um mehr als einen Millimeter am Tag. Danach hat sich das Wachstum verlangsamt, auf etwa zwei Zentimeter pro Monat vom vierten bis sechsten Lebensmonat, um anschließend noch weiter abzunehmen, auf rund einen Zentimeter pro Monat. Doch während die grundsätzliche Wachstumsdynamik für alle gesunden Kinder gilt, wachsen manche in einem Monat vielleicht nur einen Zentimeter, im nächsten oder übernächsten dafür stärker. Abweichungen sind hier durchaus normal (vgl. Abbildung rechts). Die obere Linie gibt das maximale Wachstum pro Lebensmonat an, die untere das minimale. Die 50-Prozent-Linie hingegen entspricht dem Wachstumsverlauf, den die Hälfte aller Kinder nimmt.
Nach Ablauf des ersten Lebensjahres wird Ihr Kind aller Wahrscheinlichkeit nach zwischen 69 und 79 cm (Mädchen) bzw. 71 und 80 cm (Jungen) messen. Sie können anhand der Abbildungen auf Seite 55 herausfinden, ob das Längenwachstum Ihres Kindes der Norm entspricht. Entsprechend dem Lebensalter Ihres Kindes in Monaten, müssen Sie lediglich die Senkrechte mit dem Finger hinaufwandern. Die grüne bzw. blaue Linie entspricht dem Wert, den 50 Prozent aller Kinder in dem jeweiligen Alter aufweisen. Liegt der Wert Ihres Kindes oberhalb oder unterhalb, so wäre das nicht ungewöhnlich: Die Vererbung spielt in Bezug auf die Körpergröße eine gewaltige Rolle. War Ihr Kind schon kurz nach der Geburt eher im unteren oder oberen Bereich der Kurven (97., 85. bzw. 15. oder 3. Perzentile), so wird es aller Wahrscheinlichkeit nach auch im Verlauf des ersten Jahres in diesem Bereich bleiben. Bei auffälligen Veränderungen nach oben oder unten wird der Kinderarzt es genau im Auge behalten. Das Gleiche gilt für das Körpergewicht, dessen Standardwerte Sie aus den Abbildungen für Mädchen und Jungen auf Seite 54 ablesen können.

Woran erkenne ich, ob mein Kind Übergewicht hat?

Es gibt durchaus auch in diesem Alter Kinder, die deutlich übergewichtig sind. Der häufigste Grund: Das Kind nimmt mehr Kalorien zu sich, als es durch Wachstum und Bewegung verbraucht. Da bereits in der Kindheit die Grundlage für das spätere Ess- und Bewegungsverhalten gelegt wird und obendrein immer mehr Kinder unter Übergewicht und seinen Folgen zu leiden haben, sollte man hier frühzeitig eingreifen. Abgesehen vom Augenschein lässt sich mögliches Übergewicht einfach anhand eines Vergleichs der Längen- und Gewichtskurven feststellen. Bei Normalgewicht verlaufen die Kurven parallel im selben Bereich. Ein Beispiel: Miriams Längenkurve liegt bei 90 Prozent, ihre Gewichtskurve ebenfalls. Toms Längenkurve hingegen bewegt sich um 50 Prozent, während seine Gewichtskurve nahe der Max-Linie verläuft. Bei Freya ist das Verhältnis genau umkehrt: Längenkurve nahe der Max-Linie, Gewicht bei der zehn Prozent-Linie. Miriam wäre in unserem Beispiel normalgewichtig, Tom übergewichtig und Freya untergewichtig.

Entwicklung von Wachstum und Gewicht

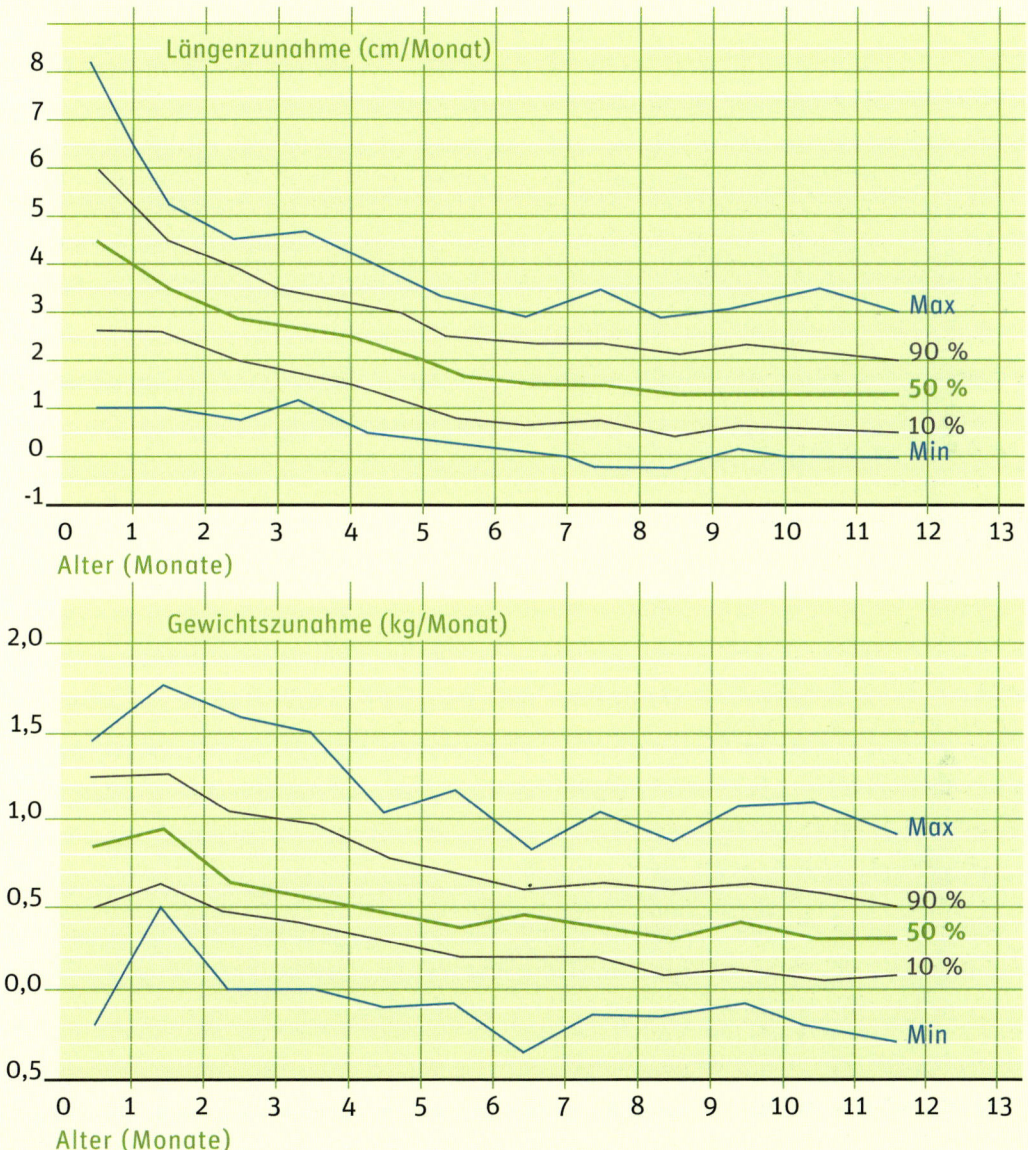

Hier sehen Sie die Streubreite des Längen- und Gewichtszuwachses während des ersten Lebensjahres. Die dickere Kurve entspricht dem Wert, der von der Hälfte der Kinder erreicht wird. Die mit »Max« gekennzeichnete Linie gibt den höchsten gemessenen Längen- bzw. Gewichtszuwachs an, die mit »Min« gekennzeichnete entsprechend den niedrigsten.

Gewichtszunahme bei Jungen von der Geburt bis zum 2. Lebensjahr

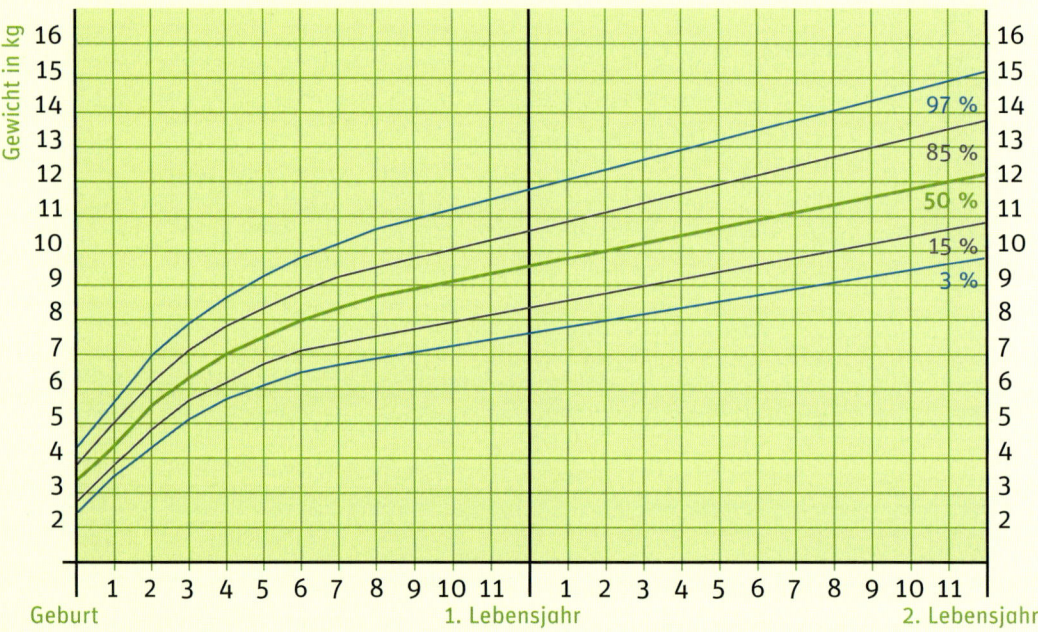

Gewichtszunahme bei Mädchen von der Geburt bis zum 2. Lebensjahr

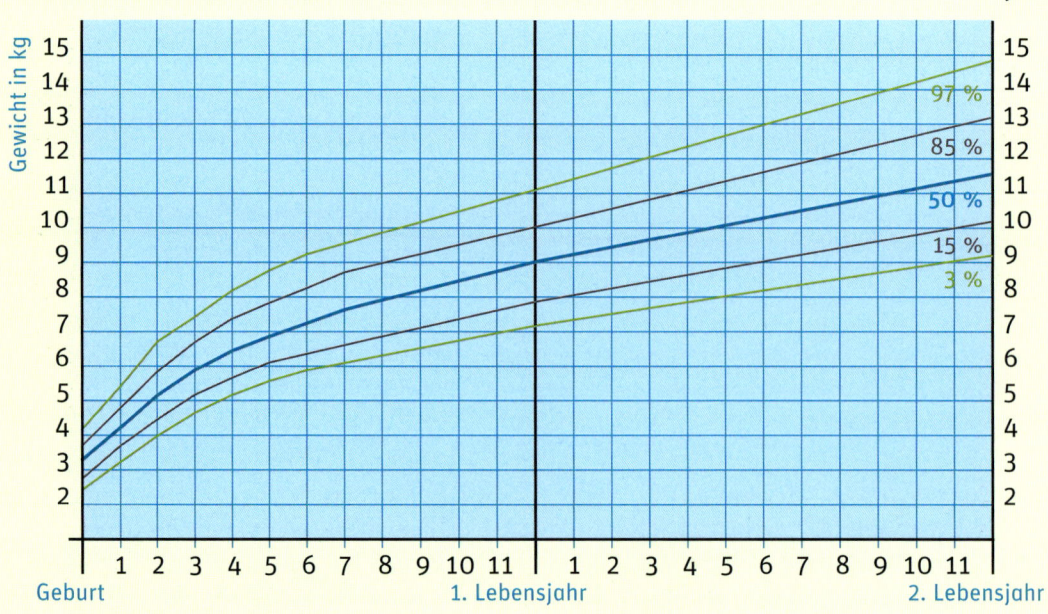

Wachstum bei Jungen von der Geburt bis zum 2. Lebensjahr

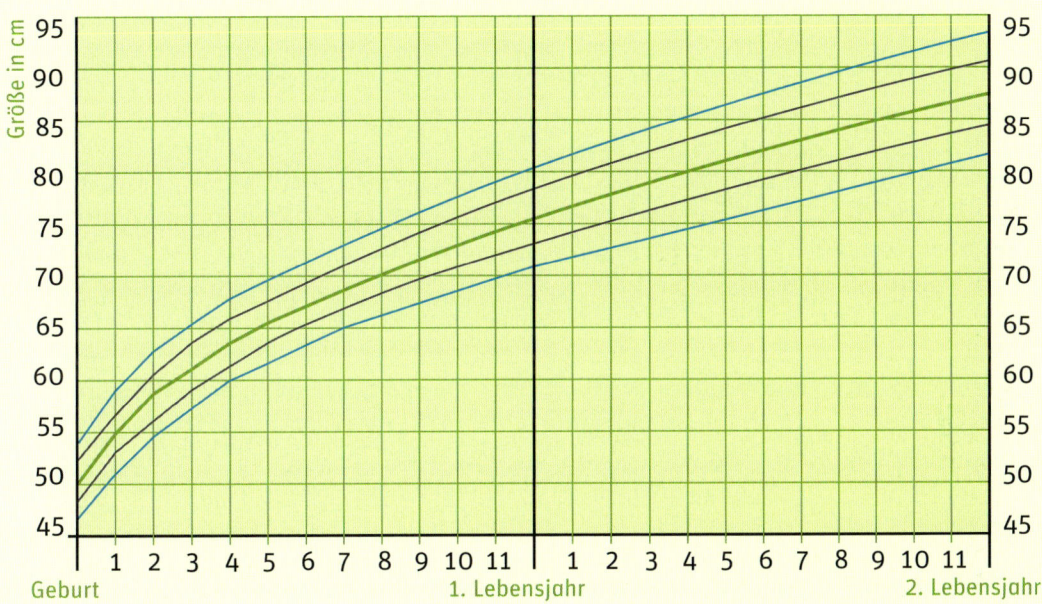

Wachstum bei Mädchen von der Geburt bis zum 2. Lebensjahr

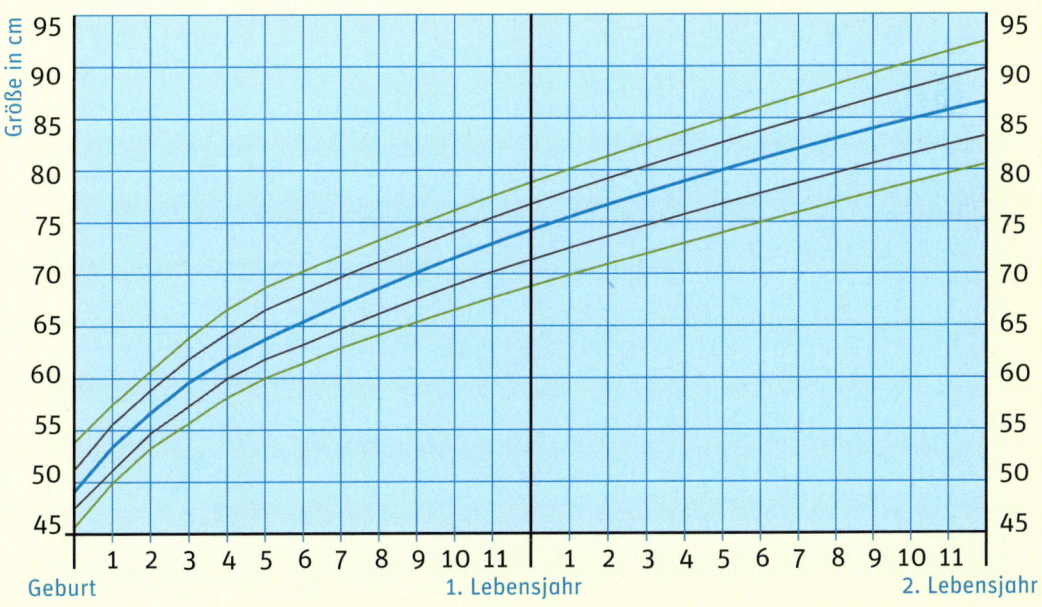

Anhand der auf den Abbildungen dargestellten aktuellen Normtabellen der Weltgesundheitsorganisation (WHO) können Sie herausfinden, ob sich Ihr Kind in Bezug auf Körpergröße und Gewicht altergemäß entwickelt.

Von 1 bis 3: Läuft – und will schon Dreirad fahren!

Auch wenn Ihr Kind zu jenen 50 Prozent gehört, die mit 13 Monaten die ersten Schritte frei gehen (siehe Abbildung auf Seite 47), gibt es in den zwei Jahren bis zu seinem dritten Geburtstag doch noch eine ganze Menge an der Technik zu perfektionieren. Wenn Sie Ihr Kind nicht daran hindern, sondern es im Gegenteil fördern, wird es das ganz automatisch auch von selbst tun. Vor allem ab etwa dem 24. Monat haben Kinder einen stetig wachsenden Bewegungsdrang, der für das Kind wichtig ist und keineswegs krankhaft. Machen Sie mit, bewegen Sie sich mit ihm, spielen Sie mit ihm Ball, und toben Sie mit ihm herum. Etwas Besseres können Sie gar nicht für die motorische Entwicklung Ihres Kindes tun. Und wenn Sie merken, dass Ihr Kind motorisch fit ist, spricht nichts dagegen, wenn es mit etwa zwei Jahren sein erstes Fahrzeug bekommt – ein Laufrad. Und glauben Sie ja nicht, das wäre nur etwas für Jungs. Mädchen können mindestens ebenso gut Laufrad fahren! Ganz nebenbei: Auch die meisten Erwachsenen könnten mehr Bewegung vertragen, machen die meisten von uns täglich doch nur etwa 2500 Schritte – 10 000 sollten es sein.

INFO: Warum Mädchen in der Sprachentwicklung die Nase vorn haben

Es ist nicht etwa Faulheit, wenn Jungen in der Sprachentwicklung meist deutlich hinter Mädchen herhinken: Ihr Gehirn entwickelt sich einfach anders. Studien haben gezeigt, dass Teile im Gehirn, die für die Koordination von Bewegungen zuständig sind, bei Mädchen etwa ein Jahr früher reifen als bei Jungen. Auch der berühmte Balken (Corpus callosum), der die beiden Gehirnhälften verbindet, entwickelt sich unterschiedlich rasch – bei Mädchen zwischen 6 und 17 Jahren mit einer konstanten Wachstumsgeschwindigkeit, bei Jungen eher sprunghaft mit größeren Schritten erst zwischen 10 und 14 Jahren.

Aktuelle Forschungen in den USA belegen anhand eines speziellen bildgebenden Verfahrens, bei dem sich die Gehirnaktivität live, in 3-D und Farbe, verfolgen lässt (funktionelle Magnetresonanztomographie/fMRI), dass Mädchengehirne Sprache abstrakter verarbeiten als Jungengehirne, die gelesene und gesprochene Sprache an unterschiedlichen Orten verarbeiten. Mädchen scheinen deshalb schneller in der Sprachentwicklung zu sein, weil in ihrem Gehirn ein Netzwerk arbeitet, das Sprache unabhängig vom Sinneskanal übergeordnet verarbeitet.

Ausbildung der Selbstwahrnehmung

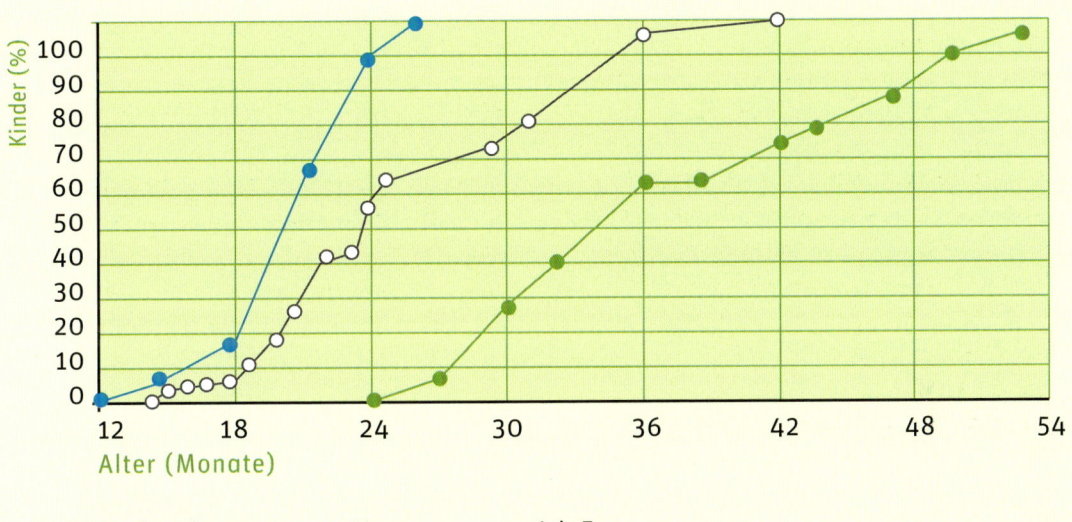

Der Gebrauch des eigenen Vornamens sowie der Ich-Form im sprachlichen Ausdruck sind zeitlich sehr eng an die Selbstwahrnehmung – das »Bestehen« des Rouge-Tests – gekoppelt.

Wer bin ich?

Wenn Sie Ihrem Kind im Alter von einem Jahr unbemerkt einen roten Tupfen ins Gesicht malen und es vor einen Spiegel setzen, wird es sein Gegenüber vermutlich freundlich anlächeln, mit ihm schäkern und es zu berühren versuchen. Etwa ein halbes Jahr später versucht das Kind, hinter den Spiegel zu schauen, und wundert sich, dass dort niemand ist. Etwa weitere sechs Monate später wird Ihr Kind sein Spiegelbild irritiert anschauen und schließlich den roten Fleck in seinem Gesicht lokalisieren. Diesen sogenannten Rouge-Test »bestehen« 20 Prozent der Kinder schon mit 18 Monaten, 90 Prozent mit zwei Jahren und alle Kinder im Alter von 27 Monaten.

Interessanterweise spiegelt sich das Wahrnehmen der eigenen Person in einem relativ festen zeitlichen Abstand dazu auch in der Sprache des Kindes. So beginnt das Kind etwa fünf Monate später den eigenen Namen zu verwenden und weitere zehn Monate später die Ich-Form (siehe Abbildung oben). Was sich hierin widerspiegelt: Das Denken geht dem sprachlichen Verständnis voraus. Die meisten von uns würden vermutlich sagen, dass sie sich Denken ohne Sprache nicht vorstellen können. Und doch ist es eben andersherum – schon vor der Sprache haben wir ein sehr detailliertes Verständnis für Dinge und Tätigkeiten.

So lernt Ihr Kind sprechen

Apropos Sprache: Im ersten Lebensjahr dürfte Ihr Kind nur dann über »Mama« und »Papa« hinauskommen, wenn es zum einen ein Mädchen und/oder zum anderen sehr sprachbegabt ist.

Vom ersten bis zum dritten Geburtstag aber wird sich auch in dieser Beziehung eine Menge tun. Ihr Kind wird noch im zweiten Lebensjahr weitere Wörter gebrauchen lernen, wird einfachen Auffor-

derungen Folge leisten können, Zwei-Wort-Sätze bilden wie »Lena trinken« (unter anderem für: »Ich habe Durst«), eventuell sogar schon die Mehrzahl benutzen (z. B. Ente – Enten) und Ihnen auf einfache, aber verständliche Weise mitteilen, was ihm gerade widerfahren ist. Im zweiten und dritten Lebensjahr wächst der Wortschatz Ihres Kindes geradezu explosiv von wenigen Wörtern auf knapp 2000 an. Gewisse Probleme haben Kinder mit dem korrekten Verständnis von Präpositionen

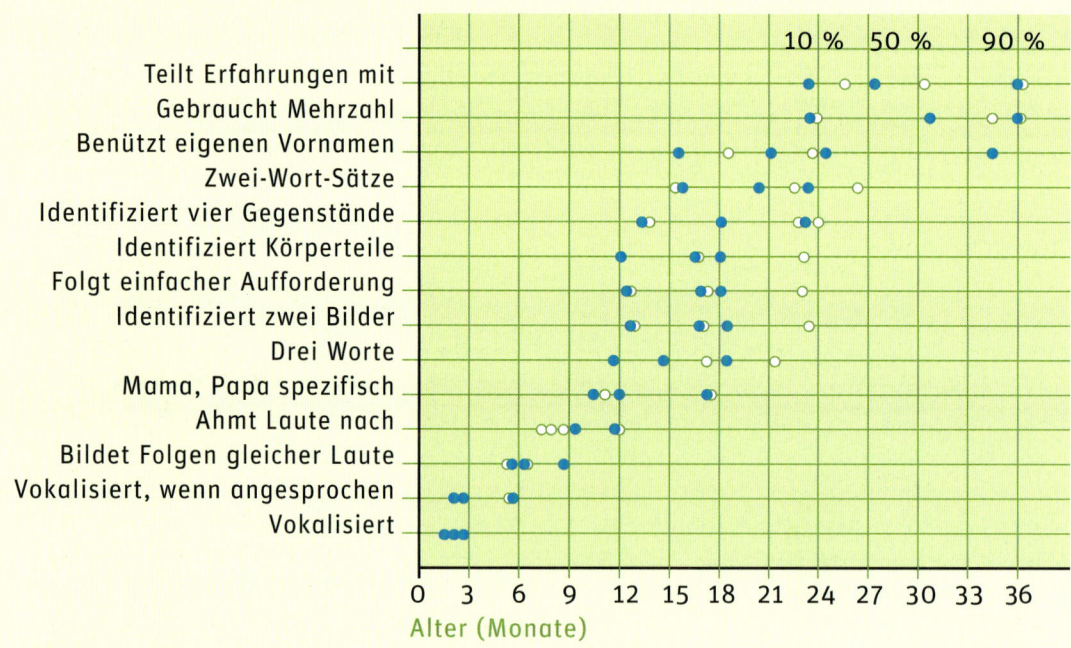

Expressive Sprachentwicklung bei Mädchen und Jungen

Hier erkennen Sie die wesentlichen Schritte der Sprachentwicklung bei Jungen und Mädchen in den ersten 36 Monaten.

● Mädchen   ○ Jungen

INFO: Zweisprachigkeit

Noch ein kleiner Hinweis für zweisprachige Familien: Es ist ganz wunderbar, wenn Ihr Kind mit zwei Sprachen aufwächst. Wichtig dabei ist, dass Mutter oder Vater in den ersten Jahren nach Möglichkeit nur eine Sprache mit dem Kind sprechen, während die andere erwachsene Bezugsperson die Landessprache Deutsch mit dem Kind spricht. In einem solchen Fall wird das Kind zwar möglicherweise bis ins Schulalter hinein geringe Defizite aufweisen (etwa im Wortschatz), die es aber bald wieder aufholen wird. So rasch wie im Kleinkindalter wird Ihr Kind niemals wieder eine Fremdsprache erlernen!

(räumlichen Verhältniswörtern). Während die meisten Kinder die Präpositionen »in« und »auf« bereits im zweiten Lebensjahr richtig verstehen, ist dies für »unter«, »hinter« und »vor« erst gegen Ende des dritten Lebensjahres der Fall.

»Baden« Sie Ihr Kind in Sprache

Wie Sie Ihr Kind in sprachlicher Hinsicht am besten fördern können? Reden Sie mit ihm, auch wenn Sie wissen, dass es nur einen Bruchteil oder gar nichts davon versteht. Betrachten Sie mit ihm gemeinsam Bilderbücher, und benennen Sie die Dinge auf den Bildern, während Sie daraufzeigen. Wenn Ihr Kind in der Lage ist, kurzen Texten zu folgen, sollten Sie ihm bildlastige Bücher vorlesen und nach und nach die Textmenge steigern. Nur Sprache macht sprachlich fit! Studien haben gezeigt, dass ältere Kinder umso mehr Interesse an Büchern haben, je mehr ihre Väter ihnen im Alter zwischen ein und zwei Jahren vorgelesen haben. Besonders für uns Väter interessant sind die Erkenntnisse der Psychologie-Professorin Lynne Vernon-Feagans aus dem Jahr 2006. Ihre Studien ergaben unter anderem, dass jene Kinder mit drei Jahren in Sprachtests am besten abschnitten, deren Väter das differenzierteste Vokabular verwendeten. In Bezug auf die Sprache der Mütter zeigte sich dieser Zusammenhang nicht – und das, obwohl die Väter im Durchschnitt deutlich weniger mit ihren Kindern sprachen als die Mütter.[7] In allen Kulturen reden Erwachsene mit kleinen Kindern anders als mit Erwachsenen – sie benutzen Babysprache, auch »Ammensprache« genannt. Babysprache ist melodischer als normale Umgangssprache zwischen Erwachsenen, benutzt einen einfacheren Satzbau und einfachere Wörter. Das ist völlig in Ordnung und erleichtert dem Kind das Sprechenlernen. Da das Kind Sprache aber durch Nachahmung lernt, ist es nicht okay, wenn man seine falsche Aussprache nachahmt und etwa »Luller« statt »Schnuller« sagt oder Ähnliches.

Essen lernen

Aller Anfang ist schwer und erfordert gute Nerven. Doch mit etwa sechs Monaten kann jedes zweite Kind bereits seine Trinkflasche halten und einen Keks vermümmeln. Mit einem Jahr spielt jedes zweite Kind mit dem Löffel, als würde es seinen Brei löffeln. Das ist für die meisten Eltern das Zeichen, den Ernstfall zu proben. Ein halbes Jahr später ist es dann soweit: Das Kind kann selbstständig mit dem Löffel essen, und noch vor dem dritten Geburtstag beherrscht es schon das Essen mit der Gabel (siehe Abbildung unten). Es versteht sich von selbst, dass anfangs längst nicht jede Löffel- oder Gabelfüllung den Mund erreicht – und Übung macht ja bekanntermaßen den Meister. Sie tun Ihrem Kind viel Gutes, wenn Sie es von klein auf an den Familienmahlzeiten teilnehmen lassen – dabei lernt es übrigens auch gute »Manieren«.

Das Spielverhalten – spannend und lehrreich

Was mit einem Jahr oder sogar schon früher begonnen hat, erreicht im Alter von etwa 15 Monaten seinen Höhepunkt: Ihr Kind liebt es, Behälter ein- und auszuräumen. Eine Holzkiste mit Bauklötzen ist natürlich ideal dafür. Allerdings wird Ihr Kind es sich vermutlich auch nicht nehmen lassen, die Töpfe unter der Spüle auszuräumen (seltener einzuräumen), die Schubladen mit den tausend Kleinigkeiten, das CD- oder DVD-Regal, die Kleiderkommode und vieles mehr. Diese Erfah-

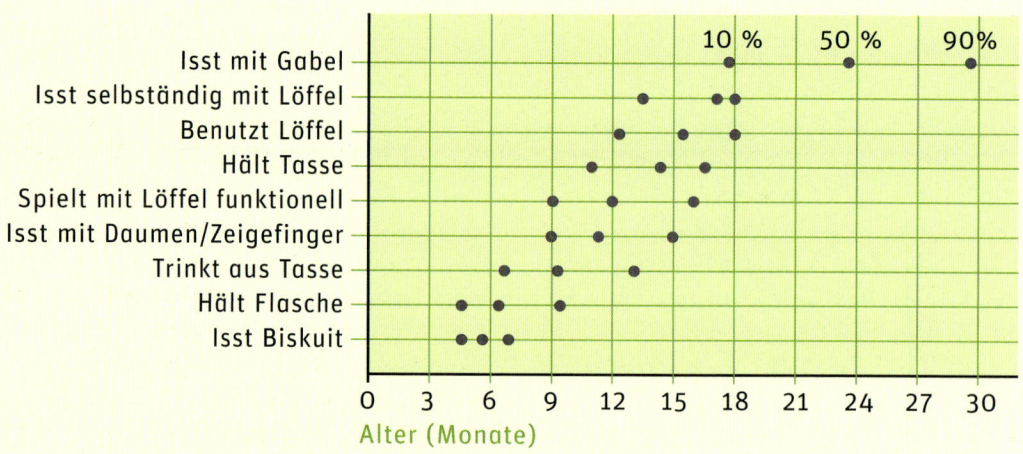

Entwicklung des Trink- und Essverhaltens bei Mädchen und Jungen

Die zeitliche Entwicklung des kindlichen Essverhaltens bis zum 30. Lebensmonat zeigt, dass Ihr Kind nach und nach selber essen lernen wird.

rung ist wichtig für Ihr Kind. Allerdings muss es nicht unbedingt die CD-Sammlung sein, oder? Was Ihnen wichtig ist – und was für Ihr Kind gefährlich werden könnte – sollten Sie sichern.

Während es Ihrem Kind ganz sicher schon im ersten Lebensjahr Freude bereitet hat, von Ihnen errichtete Bauklotztürme kraftvoll zum Einsturz zu bringen, wird es erst mit etwa 18 Monaten selbst beginnen, Türme zu bauen. Übrigens nicht nur aus Bauklötzen. Man kann schließlich auch Schuhe stapeln, Bücher, Kissen und vieles mehr. Mit dem zweiten Geburtstag erlahmt dieses Interesse ein wenig. Jetzt ist das Bauen in der Horizontalen angesagt: die Mauern eines Hauses, Züge, die Gleise der Spielzeugeisenbahn. Erst gegen Ende des dritten Lebensjahrs bekommt Ihr Kind Spaß daran, sowohl in der Vertikalen als auch in der Horizontalen zu bauen, Treppen etwa, Häuser und Burgen.

Durch Nachahmung lernen

Wenn Sie erleben möchten, wie Ihr Kind durch Nachahmung lernt und daraus schließlich sehr komplexe Handlungsabläufe zusammenbaut, sollten Sie darauf achten, wie es Gegenstände benutzt. Mit etwa 15 Monaten besteht das nachahmende Spiel darin, dass es Gegenstände auf seinen eigenen Körper anwendet. Wie Sie auch, hält es den Telefonhörer ans Ohr und unterhält sich oder kämmt sich wie Sie den vermutlich noch lichten Kopf. Im nächsten Schritt, nur wenige Monate später, überträgt das Kind diese Tätigkeit auf jemand anderen, hält Ihnen oder einer Puppe den Telefonhörer ans Ohr, kämmt Ihr Haar

oder das der Puppe und Ähnliches. Noch ein paar Monate später lässt es die Puppe selber essen oder telefonieren, indem es ihr den Löffel oder Telefonhörer in der Hand festhält. Gegen Ende des dritten Lebensjahres kommen zwei Spielformen hinzu, die wir als sequenzielles Spiel und Symbolspiel bezeichnen. Beim sequenziellen Spiel reiht das Kind verschiedene Handlungen aneinander, die es so immer wieder erlebt: Es kocht am Puppenherd, deckt den Tisch, setzt Puppen oder Spielzeugtiere an den Tisch, lässt sie essen und deckt ab, wenn alle aufgegessen haben. Beim Symbolspiel stellt Ihr Kind sich vor, ein bestimmter Gegenstand sei etwas anderes. Hintereinander aufgestellte Stühle beispielsweise ergeben einen prima Autobus oder ein Zugabteil. Ein Kissen kann so zum Flugzeug werden, der Topflöffel zur Geige usw. Und keine Angst, es schadet nicht, wenn Sie die eine oder andere Idee beisteuern!

Von 3 bis 6: Das Kindergartenkind wird flügge

Für viele Kinder beginnt mit drei Jahren schon rein äußerlich ein neuer Abschnitt im Leben. Denn während von den Zwei- bis unter Dreijährigen nur etwa jedes fünfte Kind eine Kindertageseinrichtung (Kita) besucht, ist es mehr als jeder Zweite der Drei- bis Vierjährigen. Hinzu kommt der ganz normale Abnabelungsprozess des Kindes, der weder für das Kind noch für seine Eltern ganz einfach ist. Denn einerseits will Ihr Kind jetzt jede Menge neuer Erfahrungen innerhalb wie außerhalb des Familienkreises sammeln, andererseits aber auch nicht die innige Beziehung zu Ihnen riskieren. Das kann zu einer Verunsicherung Ihres Kindes führen, die umso geringer ausfallen wird, je stärker sein Vertrauen in die Eltern und andere wichtige Bezugspersonen ist. Das Kind benötigt für seine »Ausflüge« in die Außenwelt – sei es in eine Kita, zu Nachbarskindern, Verwandten und Freunden oder auch nur auf den Spielplatz – die Sicherheit, dass Sie im Ernstfall für es da sind.

»Kinder sind Gäste, die nach dem Weg fragen.«

Maria Montessori
(1870–1952)

Die Zeit von drei bis sechs erfordert viel Verständnis und Geduld, aber auch Konsequenz. Verständnis ist jetzt vor allem deshalb gefragt, weil Ihr Kind in dieser Zeit einen eigenen Willen entwickelt und diesen auch bereit ist durchzusetzen. Sie sollten die Wünsche Ihres Kindes respektieren und es möglichst oft mitentscheiden lassen. So können Sie es schaffen, dass Ihr Kind seine Entscheidungen ebenfalls gemeinsam mit Ihnen treffen will, statt einfach seinen eigenen Willen durchzusetzen.

Geduld und Konsequenz – zwei wichtige Tugenden

Geduld werden Sie deshalb häufig gut gebrauchen können, weil wir als Erwachsene dazu neigen, Zeit zu sparen und dem Kind beispielsweise lieber beim An- und Ausziehen zu helfen, als »stundenlang« darauf zu warten, dass es fertig wird. Sie tun damit langfristig aber weder sich selbst noch Ihrem Kind einen Gefallen. Ihr Kind kann Selbstständigkeit und Selbstbewusstsein nur entwickeln, indem es Dinge selbst ausprobiert – auch dann, wenn es uns Erwachsenen furchtbar umständlich und langwierig vorkommt.

Wo Ihre Hilfestellung unbedingt nötig ist, sollten Sie sie dem Kind natürlich nicht verweigern. Doch auch Kinder können manchmal ganz schön bequem sein – womit wir beim Thema »Konsequenz« angekommen wären. Wenn Sie mit Ihrem Kind vereinbart haben, dass es sich künftig immer selbst auszieht, so heißt das natürlich nicht, dass es nicht auch einmal eine Ausnahme geben dürfte. Grundsätzlich ist es aber nicht sinnvoll, mal so und mal so zu handeln. Falls Sie Ihrem Kind das so vorleben: Wie soll es lernen, dass es Vereinbarungen einzuhalten gilt? Sie sind es, an dessen Beispiel sich Ihr Kind orientiert und eigenes Verhalten lernt. Mit einem guten Schuss Konsequenz erleichtern Sie ihm so den Umgang mit anderen und machen es auch sich selbst auf Dauer einfacher.

Das bedeutet allerdings auch, dass Sie Ihrem Kind konsequentes Handeln in Bezug auf sich selbst demonstrieren sollten. Um ein typisches Beispiel zu geben: Sie predigen Ihrem Kind immer wieder, es solle doch bitte sein Spielzeug wieder zurückräumen, wenn es mit dem Spielen fertig ist. Machen Sie es mit Ihrem Werkzeug auch so, wenn Sie das Fahrrad repariert haben, oder mit den Zeitschriften, die Sie gerade gemütlich gelesen haben? Wie heißt es doch so schön: Man sollte zunächst vor seiner eigenen Haustür kehren!

Spielverhalten mit Symbolcharakter

Alter in Monaten	9	12	15	18	21	24	30

Funktionelles Spiel
Der Gegenstand wird seiner Funktion entsprechend auf dem eigenen Körper verwendet (das Kind führt den Löffel zum Mund).

Repräsentatives Spiel I
Der Gegenstand wird funktionell an der Puppe gebraucht (das Kind gibt der Puppe mit dem Löffel zu essen).

Repräsentatives Spiel II
Die Puppe, geführt durch das Kind, benutzt einen Gegenstand funktionell (das Kind legt der Puppe den Löffel in die Arme, sich vorstellend, die Puppe esse selber).

Sequenzielles Spiel
Handlungen mit einer gemeinsamen Thematik werden nachgespielt. Das Kind spielt »Mahlzeit« (kocht, setzt Puppen an den Tisch, verteilt das Essen und lässt die Puppen essen).

Symbolspiel
Einem Gegenstand wird die Bedeutung eines anderen Gegenstands verliehen, oder das Kind stellt sich einen Gegenstand vor (es setzt Puppen hintereinander, als würden sie Bus fahren).

Aus Nachahmung lernt Ihr Kind und formt seine eigenen Spiele.

Was Gedankenlesen, Witze und Lügen miteinander zu tun haben

Wussten Sie schon, dass Sie Gedanken lesen können, Ihr zweijähriges Kind jedoch aller Wahrscheinlichkeit nach noch nicht? Wir wollen hier nicht etwa über Esoterik, mystische Erlebnisse oder den nächsten »Löffelverbieger« reden, sondern vor allem über die Fähigkeiten bestimmter Nervenzellen im Gehirn, der sogenannten »Spiegelneuronen« (siehe Seite 66). Den Erkenntnissen der vergangenen zehn Jahre zufolge ermöglichen diese Spiegelneuronen Ihrem Kind nicht nur das unbewusste Nachahmen bereits im Säuglingsalter, sondern auch das Mitfühlen mit anderen. Wenn Ihr Kind mit drei oder auch vier Jahren einem anderen wehtut und ganz offenkundig keinerlei Schuldbewusstsein zeigt, so muss das keineswegs heißen, dass es verroht und ein potenzieller Schwerverbrecher ist. Sein Gehirn, oder genauer die Spiegelneuronen in seinem Gehirn, sind vermutlich noch nicht so weit entwickelt, dass es den Schmerz, den es einem anderen zufügt, »am eigenen Leib« spüren kann. Bei manchen Kindern ist diese sogenannte Empathiefähigkeit – also das Mitfühlen mit anderen – bereits im Alter von zwei Jahren voll entwickelt, bei anderen erst mit drei, vier oder auch erst sechs Jahren. Sie werden Ihrem Kind natürlich sagen, dass es mit seinen Handlungen jemandem wehtut und das lassen soll. Verstehen kann es dies jedoch erst, wenn es den Schmerz dank der Fähigkeit seiner Spiegelneuronen mitempfinden kann.

Dieses Wissen lässt uns vielleicht in der einen oder anderen Situation etwas gelassener bleiben, wenn ein anderes Kind unserem eigenen wehtut – es kann möglicherweise wirklich nichts dafür.

Das Geheimnis der Spiegelneuronen

Die Spiegelneuronen sind aber auch an weiteren Entwicklungsschritten Ihres Kindes beteiligt, die, ebenso wie die Empathie, unter dem auch hierzulande verbreiteten englischen Begriff »Theory of Mind« (ToM), auf Deutsch auch »Theorie des Geistes«, zusammengefasst werden. Gemeint ist damit jedenfalls die Fähigkeit des Menschen, sich in andere Menschen hineinzuversetzen.

> **»Ohne Mitleiden** ist kein Mitfreuen.«
>
> Franz von Baader (1765–1841)

Ein Beispiel: Wenn Markus mit Lena kurz nach ihrem dritten Geburtstag verstecken spielen wollte, hielt sie sich einfach die Augen zu. Sie war sich sicher, dass sie damit für ihren Papa nicht zu sehen war. Lena sah zu diesem Zeitpunkt noch alles aus ihren Augen – im wörtlichen Sinne. Es dauerte etwa ein halbes Jahr, bis Lena wusste, dass sie beim Versteckspiel »durch die Augen« ihres Papas schauen musste, um wirklich nicht von ihm gesehen zu werden. Auch das war so noch nicht perfekt, denn eine über den Kopf geworfene Decke reichte nun einmal nicht, ihren Vater hinters Licht zu führen. Doch nur wenige Monate später konnte Lena sich vorstellen, was ihr Vater sehen würde. Nun war es so weit: Markus musste manchmal ganz schön lange suchen, bis er seine Tochter im Küchenschrank oder in der Badewanne fand.

Doch auch an diesem Punkt ist die Entwicklung der Theory of Mind im Gehirn Ihres Kindes noch lange nicht beendet. Vor dem vierten Lebensjahr können sich die meisten Kinder noch nicht vorstellen, dass ein anderer sich irren kann. Um ein bestimmtes Level der Theory of Mind zu testen, wird gern ein klassischer Versuch geschildert: In einer Bildergeschichte legt Person A einen begehrten Gegenstand, z. B. eine Tafel Schokolade, auf den Tisch. Dann verlässt Person A den Raum. Person B betritt den Raum, nimmt die Tafel Schokolade vom Tisch, legt sie in den Schrank und verlässt den Raum. Nun kommt Person A herein. Die Frage lautet nun: Wo wird sie nach der Tafel Schokolade suchen?

Bis etwa zum vollendeten dritten Lebensjahr meinen die meisten Kinder, sie würde die Schokolade sofort im Schrank suchen, ohne zuvor auf dem Tisch nachzuschauen. Etwa im Alter von dreieinhalb bis vier Jahren erkennen Kinder, dass Person B nicht wissen kann, dass die Schokolade in den Schrank gelegt wurde, und von daher fälschlich davon ausgehen muss, sie befände sich noch auf dem Tisch.

Dies zu verstehen, sich in den anderen so hineinzuversetzen, dass man dessen Absichten und Vorstellungen nachvollziehen und in seine eigenen Überlegungen einbeziehen kann, ist ein ganz wichtiger Baustein sowohl der Theory of Mind als auch der Persönlichkeitsentwicklung insgesamt. Und nicht nur das: Ohne diese Fähigkeit könnten wir weder lügen und Lügen erkennen noch Witze verstehen. Gewissermaßen die hohe Schule der Theory of Mind ist etwas, das Psychologen als Intentionalität fünfter Ordnung bezeichnen: »Ich nehme an (1), du glaubst (2), ich wolle (3), dass du denkst (4), ich hätte vor (5) ...« Das Spiel lässt sich natürlich noch fortführen, wird jedoch schnell so unübersichtlich, dass man leicht den sicheren Hafen der geistigen Gesundheit aus dem Auge verliert.

So fördern Sie die Persönlichkeitsbildung Ihres Kindes

Ob Sie etwas für die Ausbildung der Theory of Mind bei Ihrem Kind tun können? Das können Sie tatsächlich, indem Sie die Sprachentwicklung Ihres Kindes fördern. Denn Untersuchungen legen nahe, dass sich Sprachentwicklung und Ausbildung der Theory of Mind gegenseitig beeinflussen. Und falls Ihr Kind irgendwann anfangen sollte, mit einem imaginären Freund zu spielen, so ist das keineswegs Zeichen einer beginnenden Persönlichkeitsstörung, sondern zum einen recht häufig – 65 Prozent der Kinder bis zum Alter von sieben Jahren hatten irgendwann in ihrem Leben einen unsichtbaren Spielkameraden – und zum anderen der Entwicklung durchaus förderlich. Untersuchungen haben ergeben, dass Kinder, die mit einem imaginären Freund spielen, sich sowohl sprachlich als auch in Bezug auf die Theory of Mind schneller entwickeln als andere Kinder. Im Alter von acht oder neun ist der »Spuk« ohnehin meist vorbei.

Spiegelneuronen – Motor der Sozialisation

In den frühen 1990er-Jahren entdeckten italienische Wissenschaftler der Universität Parma in der Hirnrinde von Affen eine Klasse von Nervenzellen, die immer dann »feuerten« (also Signale aussandten), wenn die Tiere mit der Hand beispielsweise nach einer Frucht griffen. Die Forscher waren völlig verblüfft, als sie zufällig feststellten, dass die gleichen Nervenzellen auch dann aktiv wurden, wenn einer der Experimentatoren nach einer Frucht griff. Weitere Versuche bestätigten, dass diese von den Wissenschaftlern später »Spiegelneuronen« getauften Zellen auch bei uns Menschen immer dann aktiv werden, wenn wir eine Handlung selbst vollziehen oder anderen bei dieser Handlung zusehen.

Seit ihrer Entdeckung haben die Spiegelneuronen zu einem völlig neuen Verständnis vieler Hirnfunktionen sowie der Psychologie des Menschen geführt. Spiegelneuronen sind es, denen Neugeborene die Fähigkeit zur unmittelbaren Nachahmung verdanken – etwa wenn sie sofort die Zunge herausstrecken, nachdem ihnen dies vorgemacht wurde. Spiegelneuronen sind es, die es dem Kleinkind mit etwa zwei Jahren ermöglichen, sich seiner selbst bewusst zu werden, und die das drei- bis vierjährige Kind dazu befähigen, Schmerzen und Gefühle bei anderen mitzuempfinden. Sie sind für die Ansteckungsgefahr des Lachens verantwortlich und für die Fähigkeit, Handlungen unseres Gegenübers vorauszusehen, für das Lernen durch Zuschauen und vermutlich sogar das Sprachenlernen, für unseren Sinn für Ironie, für das Lügen und das Erkennen von Unwahrheiten. Und wenn unsere Spiegelneuronen nicht richtig funktionieren, führt dies aller Wahrscheinlichkeit nach zu Autismus, einer Krankheit, die unter anderem durch den Hollywood-Streifen »Rainman« mit Dustin Hoffman und Tom Cruise (USA, 1988) bekannt wurde und die sich vor allem durch soziale Isolation, das Vermeiden von Blickkontakten, geringe Sprachkompetenz und fehlendes Einfühlungsvermögen sowie Probleme beim Verstehen von Metaphern und dem Nachahmen von Handlungen auszeichnet. Es ist zu vermuten, dass wir über die Spiegelneuronen in den kommenden Jahren noch einiges hören werden und dass sich das Wissen um sie künftig auch therapeutisch nutzen lassen wird.

Schnell wie der Wind

Das Bewegungsbedürfnis von Kindern zwischen drei und sechs Jahren ist so gewaltig wie vermutlich im ganzen weiteren Leben nicht wieder. Mindestens ebenso groß ist die Bereitschaft der Kinder, neue Formen der Bewegung auszuprobieren und zu erlernen. Ist dies bei einem einzelnen Kind so gar nicht der Fall, sollte man die Ursachen dafür zu ergründen suchen. Schließlich kann auch eine ernst zu nehmende Erkrankung dahinterstecken, wenn das Kind sich nur ungern bewegt. Meist aber sind es andere, naheliegende Gründe: Fernsehgerät, Computerspiele und/oder Übergewicht.

Mit etwa drei Jahren sind die meisten Kinder von ihren koordinativen Fähigkeiten her in der Lage, ein Laufrad zu beherrschen. Danach geht es Schlag auf Schlag:

Das Kind lernt, auf der Schaukel durch koordinierte Verlagerung des Körperschwerpunktes selbst Schwung zu holen und auf dem Roller Tempo zu machen. Mit etwa vier Jahren können Kinder auf das Fahrrad umsteigen, zunächst meist noch mit Hilfe von Stützrädern. Die nächsten Herausforderungen sind Skier – wo es sich anbietet –, Skateboard, Rollschuhe oder Inlineskates. Glücklicherweise stellt die Industrie heutzutage so gute Schutzbekleidung her, dass aufgeschürfte Knie, Ellbogen und Hände weitgehend der Vergangenheit angehören.

An dieser Stelle ein kurzer Appell an die väterliche Vernunft: Nutzen Sie Ihre Vorbildfunktion, und tragen Sie selbst konsequent Schutzkleidung, beim Fahrradfahren beispielsweise einen Fahrradhelm. Wie soll Ihr Kind Schutzkleidung gut und »cool« finden, wenn Sie es anscheinend nicht tun?

Und manche lieben es eher gemütlich ...

Nicht alle Kinder besitzen einen gleich starken Bewegungsdrang. Das ist zum einen eine Frage der Gene: Wie war es bei Ihnen selbst, der Mutter des Kindes, seinen Großeltern? Zum anderen hat auch das Geschlecht einen gewissen Einfluss, wobei Jungen im Allgemeinen mehr motorische Aktivität zeigen als Mädchen. Das gilt jedoch nur für den Durchschnitt – es gibt genauso Mädchen mit sehr starkem Bewegungsdrang wie Jungen mit geringem. Es ist nicht immer ganz einfach, Kindern den nötigen Freiraum zu verschaffen, damit sie sich ihrem individuellen Bedürfnis entsprechend bewegen können. Weil dies aber von zentraler Bedeutung für das körperliche wie seelische Wohlbefinden Ihres Kindes ist, sollten Sie sich alle Mühe geben, dies zu gewährleisten.

Dreirad und andere Fortbewegungsmittel

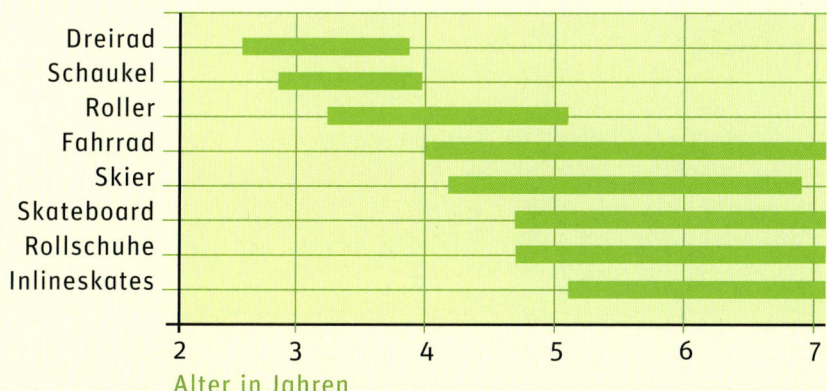

Aus dieser Abbildung können Sie ersehen, ab wann Kinder Dreirad, Roller & Co. benutzen.

Du schon wieder?

Falls Sie nachts manchmal wach werden, weil sich Ihr Kind mal wieder unter Ihre Bettdecke geschlichen hat, so befinden Sie sich in guter Gesellschaft: Im Alter von vier Jahren suchen etwa vier von zehn Kindern mindestens einmal pro Woche nachts das elterliche Bett auf, und gut eines von zehn Kindern dieses Alters sucht die Geborgenheit der Eltern sogar jede Nacht. Wenn Sie sich die Abbildung unten anschauen, fällt sofort ins Auge, dass die Zahl der nächtlichen Besucher unter den Zwei- bis Sechsjährigen am größten ist. Woran liegt das?

Im Zuge der raschen Entwicklungsschritte, die Ihr Kind in diesen Jahren macht, kommt es häufig zu dem bereits angesprochenen Spannungsverhältnis zwischen dem Wunsch nach Selbstständigkeit und dem Wunsch nach Geborgenheit. Wacht das Kind dann nachts auf, so überwiegt beim Kind in der Dunkelheit, leicht der Wunsch nach Geborgenheit, und es kriecht lieber zu den Eltern unter die Decke.

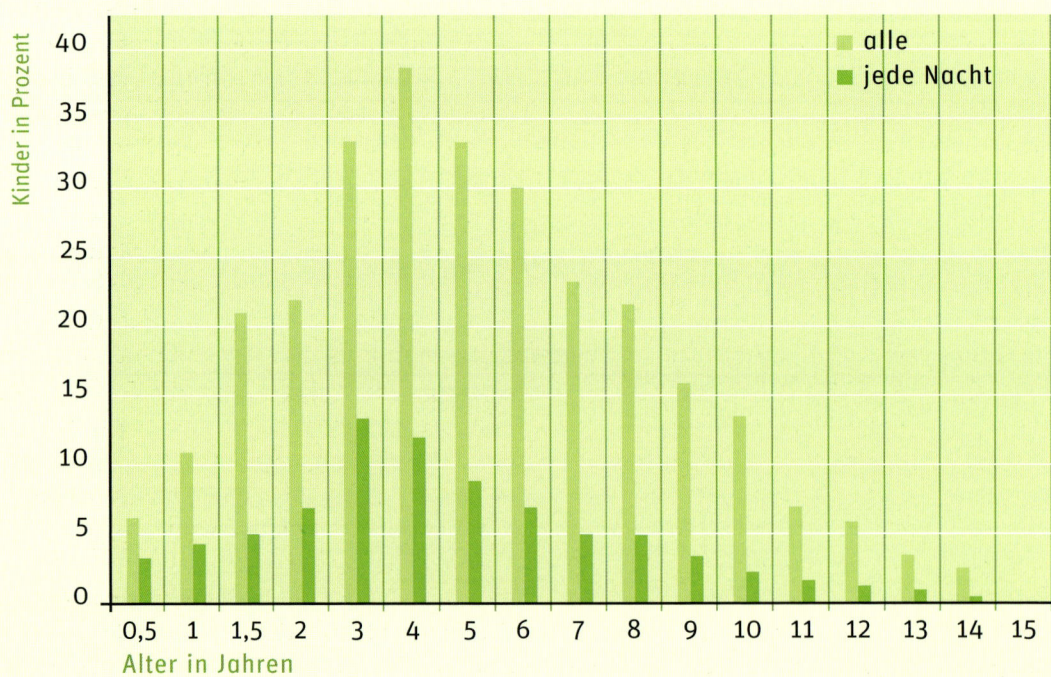

Kinder im Elternbett

Anzahl der Kinder (in Prozent), die zwischen einem und 14 Jahren nachts das Elternbett aufsuchen. ■ alle Kinder ■ davon jene Kinder, die dies jede Nacht tun

Gespenster der Nacht ...

Können Sie sich noch an die Zeit Ihrer Kindheit erinnern, als der vom Wind bewegte Schatten des Baums vor Ihrem Fenster wie ein böser schwarzer Mann erschien? Als Sie in Ihrem offenstehenden Schrank ganz deutlich zwei rotglühende Augen und ein unheimliches Knacken sehen und hören konnten? Als die Welt noch voller unvorstellbarer, magischer Dinge war? Die Zeit der Kindheit ab etwa zwei Jahren ist die Zeit der Schreckgespenster – eine Tatsache, an die Horrorautoren wie der US-amerikanische Schriftsteller Stephen King ebenso bewusst wie erfolgreich anknüpfen. Diese erschreckenden Phantasievorstellungen sind ein ganz natürlicher Vorgang, der mit dem Reifen des Vorstellungsvermögens (siehe auch »Theory of Mind«, Seite 64 f.) zusammenhängt. Alles in allem sind das gute Gründe, die Sicherheit des elterlichen Betts aufzusuchen, finden Sie nicht? Das Gleiche gilt natürlich für Albträume, von denen Kinder dieser Altersstufe im letzten Drittel der Nacht häufiger heimgesucht werden. Sie können ein Anlass für das Kind sein, die elterliche Zweisamkeit zu stören. Auch wenn Ihr Kind nicht genau schildern kann, warum es Angst hat, so sollten Sie das unbedingt ernst nehmen. Schließlich werden auch Sie sich vermutlich nicht an jeden Albtraum detailliert erinnern – aber immerhin genau wissen, dass es »nur« ein Traum war.

Die Frage, die sich an dieser Stelle zwangsläufig ergibt: Was tun? Um diese zu beantworten, müssen wir uns zunächst klarmachen, dass die »Erfindung«, Kinder in eigenen Zimmern zum Schlaf zu betten, auch bei uns erst etwa 150 bis 200 Jahre alt ist. Zuvor war es auch hierzulande – wie heute noch in vielen Kulturen – üblich, dass die Kinder zumindest im selben Raum schliefen wie die Eltern, oft auch im selben Bett. Das nächtliche Bedürfnis von Kindern nach Nähe ist keinesfalls krankhaft, sondern sogar natürlicher als die Ausgrenzung aus dem elterlichen Schlafzimmer. Wer damit keine Probleme hat, sollte sein Kind deshalb am besten einfach gewähren lassen.

Selbständigkeit macht stark

Dennoch ist es absolut verständlich, wenn Eltern nicht jede Nacht gestört werden wollen. Doch auch in diesem Fall lässt sich etwas tun. Zum einen ist es ganz wichtig, dass Ihr Kind sich tagsüber geborgen fühlt. Vielleicht können Sie dafür noch mehr tun? Der zweite wichtige Punkt: je selbstständiger Ihr Kind, desto geringer die Wahrscheinlichkeit, dass es noch in Ihr Bett will. Fördern Sie die Selbstständigkeit Ihres Kindes, indem Sie es an Entscheidungen beteiligen und seine Meinung insgesamt ernst nehmen. Eine weitere Möglichkeit ist eine eigene Matratze für Ihr Kind neben Ihrem Bett. Sie sollten sich ohnehin vor Augen halten, dass es nicht allzu lange dauern wird, bis Sie das Schlafzimmer wieder für sich haben.

Noch ein Tipp, falls Sie mehr als ein Kind haben: Wenn Kinder zusammen in einem Zimmer schlafen, stören sie einander keineswegs. Im Gegenteil, sie schlafen wesentlich besser, weil sie z. B. den Atem des anderen hören und sich so nicht so allein fühlen.

Du bist ja ein kleiner Künstler!

Nicht nur die Grobmotorik Ihres Kindes macht beim Dreirad- und Rollerfahren, beim Schaukeln und Inlineskaten gewaltige Fortschritte. Sie werden Ähnliches in Bezug auf die Feinmotorik feststellen, wenn Ihr Kind beim Basteln immer geschickter wird, ebenso bei Steckspielen wie dem Bauen mit Legoklötzchen, und wenn beim Zeichnen nun Kopffüßler von echten Strichmännchen mit Fingern, Füßen, Ohren und Bauch abgelöst werden. Lassen Sie sich überraschen, und schaffen Sie Ihrem Kind ausreichend Gelegenheiten zum Basteln, Bauen, Zeichnen und Malen. Sie erleichtern ihm damit auch das Schreibenlernen.

Ein kleiner Tipp: Eine sehr praktische und ökonomische Möglichkeit, Ihrem kleinen Künstler das Zeichnen zu ermöglichen, ist die Anschaffung einer »Zaubertafel«, bei der sich das Bild im Handumdrehen bzw. durch Herausziehen und erneutes Hineinschieben der Zeichenfläche beseitigen lässt. Variante 2: Eine gewöhnliche Tafel mit Tafelkreiden macht Kindern großen Spaß. Die Zaubertafel eignet sich übrigens auch prima als Unterhaltung auf längeren Autofahrten.

Vom Kritzeln zur Mannzeichnung

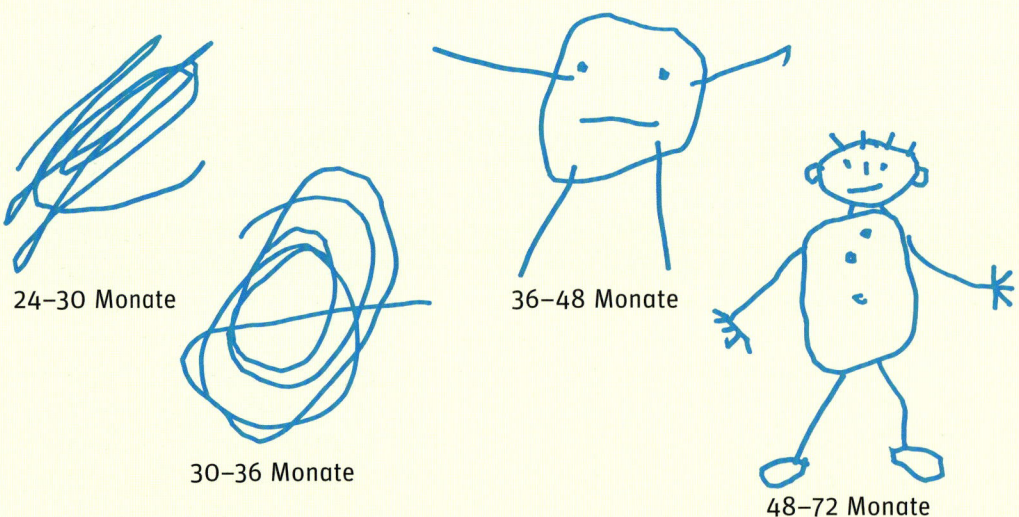

24–30 Monate

30–36 Monate

36–48 Monate

48–72 Monate

Von zwei bis sechs Jahren entwickelt sich das Zeichnen von abstraktem Gekritzel zu erkennbaren Motiven.

Von 6 bis 10: neue Herausforderungen in der Grundschule

Manche Kinder werden schon vor ihrem sechsten Geburtstag eingeschult – sogenannte »Kann-Kinder« –, manche erst mit sieben Jahren. Welches Kind wann schulreif ist, sollte man davon abhängig machen, ob es bestimmte Entwicklungsschritte bereits gemacht hat oder nicht. Da der Einschulung stets eine amtsärztliche Untersuchung vorausgeht, stehen wir bei der Entscheidung, ob unser Kind schon zur Schule sollte oder besser noch nicht, immerhin nicht ganz alleine da. Doch »wie weit« sollte unser Kind sein, wenn es in die Schule kommt?

Über die körperlichen und gesundheitlichen Anforderungen hinaus – die andere meist besser beurteilen können als wir selbst – sind vor allem psychische Faktoren wichtig. Einer der wichtigsten Faktoren ist sicher, dass Ihr Kind Trennungsängste allein und ohne Schmusepuppe/-tier/-tuch bewältigen kann. Hat Ihr Kind zuvor bereits eine Kindertagesstätte besucht, ist dies anzunehmen.

Ebenfalls wichtig ist, dass Ihr Kind nicht mehr in der sogenannten »magischen Phase« gefangen ist, sondern offen für andere Erklärungen ist. In der magischen Phase versucht sich das Kind die Welt selbst zu erklären, was oftmals zu Vorstellungen führt, die mit der eines Erwachsenen nicht allzu kompatibel sind. In seinem Buch »Die ersten fünf Jahre im Leben eines Kindes« führt Prof. Richard Michaelis ein Beispiel der 1981 verstorbenen Kinder-Psychoanalytikerin Selma Fraiberg an: Um ihre dreijährige Tochter schneller aus der heißgeliebten Badewanne zu bekommen, zog die Mutter eines Abends den Stöpsel, was das Kind zunächst wenig beeindruckte. Als das Kind aber bemerkte, wie immer mehr Wasser kreiselnd im Abfluss verschwand, hatte das Mädchen es plötzlich sehr eilig, aus dem Wasser herauszukommen. Der Grund war eine Fehleinschätzung seiner eigenen Körpergröße – es hatte Angst, mit dem Wasser im Abfluss zu verschwinden.

Auf ähnliche Weise »neben der Realität« sind in der magischen Phase viele Vorstellungen. Da nehmen Kinder Aussagen wörtlich (»Wenn XY zu Besuch kommt, frisst er uns die Haare vom Kopf«) oder bekommen Angst vor Gegenständen, die ja zum Leben erwachen könnten (z. B. eine Hexenmaske oder ein Nussknacker). Ihr Kind könnte sich furchtbar schuldig fühlen, weil sich die Nachbarin das Bein gebrochen hat, kurz nachdem es auf diese wütend war und ihr etwas Böses gewünscht hatte – kann es doch annehmen, sein Wünschen habe das Unglück ausgelöst.

Dieses magische Denken kann durchaus auch in der Schulzeit noch auftreten – und wenn man es genau nimmt, gibt es auch viele Erwachsene, die dem magischen Denken huldigen –, sollte sich dann aber durch vernünftige Erklärungen ins rechte Licht rücken lassen. In der magischen Phase zwischen etwa zwei und fünf Jahren ist das Kind aber kaum davon zu überzeugen, dass seine Sicht falsch ist, mögen unsere Erklärungen noch so logisch oder zumindest plausibel sein.

Ein weiterer wichtiger Faktor für die Schulreife ist ein ausreichend entwickeltes Ich-Bewusstsein. Das Kind sollte in der Lage sein, sich im Rahmen eines einfachen

Wertesystems in unterschiedliche Gemeinschaften einzugliedern, ohne seine Eigenständigkeit aufzugeben. Stichworte sind dabei Teamfähigkeit und Selbstbewusstsein. Es sollte sich Herausforderungen stellen können und bei Frustrationen nicht gleich aufgeben, und es sollte akzeptieren können, dass fremde Erwachsene, die Uhrzeit und andere Notwendigkeiten künftig den Alltag bestimmen.

Wenn Ihr Kind all das mitbringt und keine Konzentrations- oder Lernschwierigkeiten bestehen, steht dem Beginn des Schullebens eigentlich nichts im Wege. Bei der Diskussion, ob ein Kind möglicherweise früher eingeschult werden sollte oder noch ein Jahr zurückgestellt, ist sowohl die Sicht der Mutter als auch die des Vaters wichtig. Oft ergeben erst die Beobachtungen beider Eltern ein vollständiges Bild, das zu einer gut begründbaren und sinnvollen Entscheidung führt. Da diese Entscheidung sehr weitreichende Auswirkungen bis ins Erwachsenenleben Ihres Kindes haben kann – beispielsweise wenn es in der Schule intellektuell über- oder unterfordert ist –, sollten Sie diese Diskussion sehr ernst nehmen.

Der Lehrer wird zum großen Vorbild

Wenngleich die Erfahrungen von Grundschülern der ersten vier Klassenstufen an unterschiedlichen Schulformen (Regelschulen oder alternative Schulen wie Montessori-Schulen oder Waldorfschulen) sehr verschieden sind, geht es doch überall um die Vermittlung von Fähigkeiten und Fertigkeiten, die Lernbereitschaft und ein gewisses Maß an Kommunikations- und Konzentrationsfähigkeit voraussetzen. Natürlich muss das Kind eine Weile still sitzen können, bereit sein, seine Leistungen mit denen anderer zu vergleichen – und vergleichen zu lassen –, und anderen Gesetzmäßigkeiten als zu Hause oder auch in der Kita folgen. Doch das Kind bekommt dafür etwas, das ihm das Lernen erst ermöglicht: Lehrer bzw. Lehrerinnen. Für uns Erwachsene sind diese vor allem Wissensvermittler, die ihren Job mehr oder weniger gut oder schlecht machen. Für Kinder sind sie in der Grundschule echte Vorbilder, die in der Wertschätzung gleich nach den Eltern oder in manchen Belangen sogar vor ihnen rangieren. Vielleicht wird es auch Ihnen einmal passieren, dass Sie nicht der gleichen Meinung sind wie der Lehrer Ihres Kindes, Ihr Kind Ihnen aber mit den Worten »Mein Lehrer hat das gesagt, und der wird es ja wohl besser wissen als du« kontert – auch dann, wenn Sie eigentlich recht haben. Nehmen Sie's gelassen: Ihr Kind liebt Sie dennoch und würde Sie keinesfalls gegen den Lehrer eintauschen!

Freunde werden immer wichtiger

Zu Beginn ist Freundschaft nichts anderes als das gemeinsame Verbringen gespielter Zeit. Jüngere Kinder haben jede Menge »Freunde«, auch Tiere und Erwachsene, die nett zu ihnen sind. Ab etwa acht Jahren bezeichnen Kinder einen Freund als ihren »besten Freund«. Zu diesem Zeitpunkt ist Freundschaft für sie dennoch einseitig und zweckorientiert: »Peter ist mein bester Freund, weil ich mit ihm am besten Lego

Die Grundschulzeit bringt eine enorme Erweiterung der Welt eines Kindes und viele neue Kontakte mit sich.

bauen kann.« Ab etwa zehn Jahren wird Freundschaft zu einem wechselseitigen Geben und Nehmen, das gemeinsame Aktivitäten einschließt, aber auch gegenseitige Hilfestellung und Unterstützung, etwa bei Problemen mit den Eltern oder in der Schule. Auch anhand der Vorbildfunktion der Eltern und anderer Erwachsener wie der Lehrer trainieren Kinder im Zusammensein mit Freunden soziale Kompetenz und Verhaltensweisen für das ganze Leben. Die Beziehung zu Freunden und anderen Gleichaltrigen wird zunehmend wichtiger, bis sie während der Pubertät alle anderen Beziehungen in den Schatten stellt.

Wie viel Fernsehen und Computer sind gesund?

Einer aktuellen US-amerikanischen Studie zufolge schauen bereits vier von zehn drei Monate alten Babys regelmäßig fern, im Alter von zwei Jahren bereits neun von zehn. Die durchschnittliche Fernsehdauer beträgt dabei bei den unter Einjährigen eine Stunde am Tag, bei den Zweijährigen hingegen schon 1,5 Stunden.

Falls Sie glauben, in Deutschland sei die Situation völlig anders, bedenken Sie bitte folgende Zahlen einer Umfrage des Kriminologischen Forschungsinstituts Niedersachsen zum Bildschirmverhalten von Schülern der vierten Klasse (zitiert nach einer Pressemitteilung der Stiftung Kindergesundheit München vom 4. Juli 2006): »Von 5529 befragten Schülern der vierten Klasse haben 36,1 Prozent einen Fernseher im Kinderzimmer, 36 Prozent einen eigenen PC, 26,8 Prozent eine Spielkonsole und 22,4 Prozent ein Videogerät. Schüler, die einen eigenen Fernseher haben, sehen durchschnittlich zwei Stunden 17 Minuten

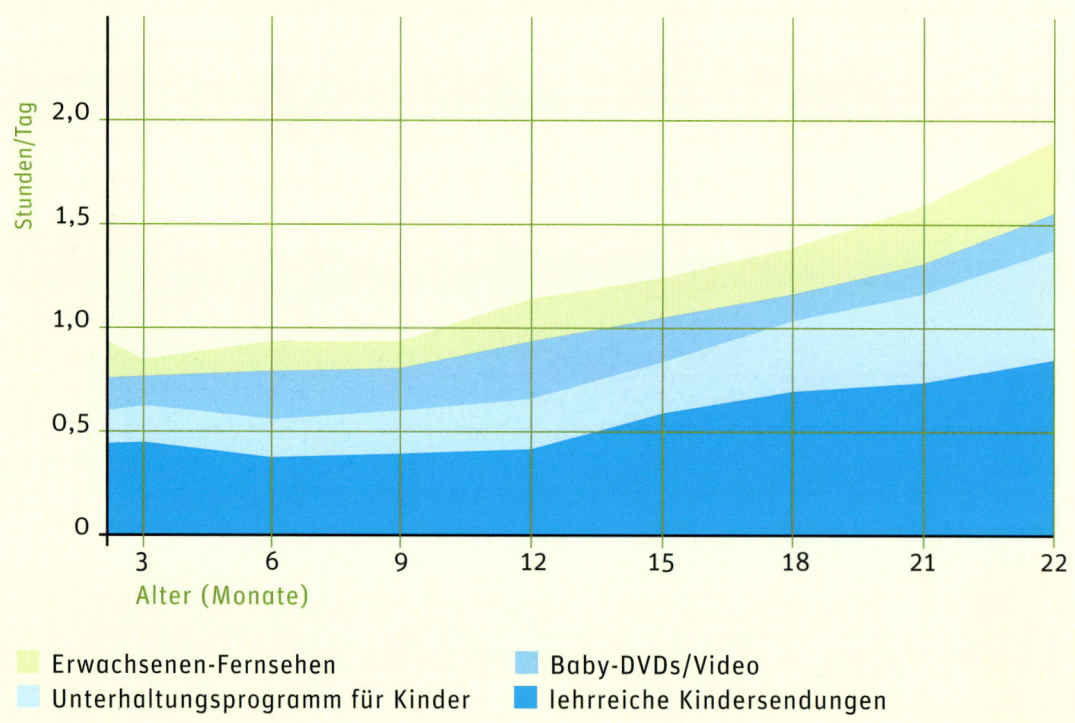

Fernsehkonsum bei den Kleinsten

- Erwachsenen-Fernsehen
- Unterhaltungsprogramm für Kinder
- Baby-DVDs/Video
- lehrreiche Kindersendungen

Die Statistik zeigt: Schon die Kleinsten schauen regelmäßig viel fern.

an Schultagen fern, an freien Tagen bereits drei Stunden 24 Minuten. Schüler ohne eigenen Fernseher im Kinderzimmer sehen dagegen mit einer Stunde 23 Minuten an Schultagen und zwei Stunden zehn Minuten an freien Tagen deutlich weniger fern. Schüler, die einen eigenen PC oder ein eigenes Videogerät in ihrem Zimmer haben, sind täglich mehr als doppelt so lange vor den Bildschirmen zu finden als Kinder ohne ein eigenes Gerät im Kinderzimmer.«

Zu viel Fernsehen macht krank

Wir haben bereits kurz angesprochen, wie wichtig Bewegung insbesondere für Kinder ist. Bekommen sie zu wenig davon, werden sie krank, spätestens als Erwachsene. Und wer so viel auf die Mattscheibe schaut wie viele Kinder, hat nun einmal – neben Schule, Hausaufgaben und anderen bewegungsarmen Tätigkeiten – schlicht zu wenig Zeit, sich zu bewegen. Auf beeindruckende Weise konnte eine neuseeländische Langzeitstudie über 26 Jahre den Zusammenhang zwischen hohem Fernsehkonsum bereits in der Kindheit und unzureichender Gesundheitslage im Erwachsenenalter belegen. Kurz zusammengefasst lautet das Resultat: je mehr Fernsehen, umso dicker, umso schlechtere Blutfettwerte, umso mehr Raucher und umso schlechtere Fitness bei Erwachsenen.[8]
Es gibt eine ganze Reihe weiterer Untersuchungen, die übermäßigem Fernsehkonsum gefährliche, nicht körperliche Wirkungen bei Kindern bescheinigen: schlechtere Leistungen im Rahmen von Schuleingangsuntersuchungen, schlechtere Schulabschlüsse, Verhaltensauffälligkeiten, Leseschwäche und eine insgesamt verzögerte mentale Entwicklung.
Wir wollen an dieser Stelle nicht päpstlicher als der Papst erscheinen. Fernsehen und Computer sind wichtige Medien, mit denen unsere Kinder in jedem Fall konfrontiert werden und die auch viele Vorteile bieten. Doch weder Fernseher noch Computer können einen Freund ersetzen, der Mausklick nicht das Toben auf dem Spielplatz und selbst der beste Film nicht das Lesen eines Buches. In diesem Sinne plädieren auch wir für die von Fachleuten als unbedenklich eingestuften »Grenzwerte«: 30 Minuten am Tag für Vorschulkinder, 60 Minuten für Grundschulkinder.

Gemeinsam schauen

Gleichgültig, ob es sich um lehrreiche Kindersendungen oder reine Unterhaltungsprogramme handelt: Es sollte immer ein Erwachsener mit vor dem Fernseher sitzen. Einer der Gründe dafür ist, dass Ihr Kind dann schon während des Fernsehens bei Ihnen nachfragen kann, wenn es etwas nicht verstanden hat oder geängstigt wird. Man kann von Kindern einerseits nicht verlangen, dass sie Fragen bis zum Ende der Sendung im Kopf behalten, andererseits verliert das Medium damit ein wenig des reinen Konsumcharakters. Dies sollten Sie zusätzlich unterstützen, indem Sie mit dem Kind anschließend über das Gesehene sprechen. Zudem können Sie beim Selbstschauen die Qualität des Programms beurteilen und im Zweifelsfall ausschalten. Nicht vergessen: Sie entscheiden, was gesehen werden darf. Deshalb gehören Fernsehgeräte auch nicht ins Kinderzimmer.

Jungen-Papa, Mädchen-Papa?

Stehen Sie auf dem Standpunkt, Sie müssten sich einer Tochter gegenüber genauso verhalten wie einem Sohn? Möglicherweise sind Sie aber auch der Meinung, dass man eine Tochter ganz automatisch anders behandelt als einen Sohn? Nun, wir wissen nicht, wie Sie ganz persönlich sich verhalten. Doch auch wenn es zu diesem Fragenkomplex noch eine ganze Menge Forschungsbedarf gibt, so ist die Tendenz doch recht deutlich.

Es gibt Studien, die keine Unterschiede im Verhalten von Vätern zu ihren sehr jungen Töchtern bzw. Söhnen festgestellt haben. Dennoch herrscht innerhalb der Forschergemeinschaft weitgehende Übereinstimmung, dass es hier sehr wohl Unterschiede gibt und dass die Unterschiede mit zunehmendem Alter des Kindes deutlicher werden. So verbringen Väter mit ihren Söhnen mehr Zeit als mit ihren Töchtern und gehen mit ihnen eher geschlechtsspezifischen Tätigkeiten nach. Sie gehen mit Söhnen »wilder« um und behandeln sie autoritärer als Töchter.

Während die Beziehung zu Söhnen nach Ansicht der Mainzer Psychologin Prof. Inge Seiffge-Krenke eher durch die »Gegenpole Liebe und Aggression, Nähe und Distanz« und die »Spiegelfunktion« des Sohnes für den Vater – der Vater erkennt sich selbst in seinem Sohn – gekennzeichnet ist, basiert das Verhältnis zu Töchtern mehr auf Verschiedenheit und Zärtlichkeit.[9]

Söhne bekommen durch den Vater Zugang zur eigenen Männlichkeit, lernen von ihm das richtige Streiten, Konkurrieren und Rivalisieren. Väterliche Präsenz und ein emotionales Vorbild sind dafür unerlässlich. Ein Vorbild, dem Söhne nacheifern, das sie aber ebenso heftig auch ablehnen können.

> **»Wer will, dass sein Sohn Respekt vor ihm und seinen Anweisungen hat,** muss selbst große Achtung vor seinem Sohn haben.«
>
> John Locke (1632–1704)

Auch wenn Väter selbstverständlich wichtig sind für die Entwicklung ihrer Söhne – auch im Hinblick darauf, dass sie selbst einmal Vater sein werden –, so zeichnet sich in der Forschung doch ab, dass Art und Weise sowie Ausmaß des väterlichen Engagements für ihre Töchter diese mindestens ebenso stark beeinflussen wie die Söhne. Ablesen lässt sich dies z. B. daran, dass es erwachsenen Frauen umso besser geht, je stärker der Vater in ihrer Kindheit präsent war. Als Vater sind Sie der erste Mann im Leben Ihrer Tochter, der erste Kontakt zur Männerwelt. Dieser erste Kontakt bestimmt mit, wie sich Ihre Tochter als erwachsene Frau in der Männerwelt einrichten wird. Wie sich Ihre Tochter von Ihnen bestätigt sieht, der stolze Blick auf die Tochter – all dies trägt viel zum Selbstwertgefühl der später erwachsenen Frau bei.

Jungen und Mädchen sind verschieden

Noch vor etwa 30 Jahren galt es als Sakrileg, zu behaupten, Frauen und Männer seien von Geburt an unterschiedlich. Heute wissen wir, dass sie es sind. Es käme heute auch niemand auf die Idee zu fordern, man solle Jungen und Mädchen geschlechtsneutral erziehen. Wir wissen, dass dies gar nicht funktionieren würde. Es ist heute erlaubt und ausdrücklich erwünscht, dass sowohl Jungen als auch Mädchen – jeder in seiner besonderen Art – zu selbstbewussten, emotional und sozial kompetenten, intelligenten Menschen erzogen werden. Damit dies bei beiden Geschlechtern optimal funktioniert, sind auch wir Väter wichtig.

So unterstützen Sie Ihre Tochter – so unterstützen Sie Ihren Sohn

Das Wichtigste für Töchter wie für Söhne sind natürlich Ihre Liebe, Aufmerksamkeit und Zuwendung. Doch darüber hinaus können Sie einiges tun, um die geschlechtsspezifische Sozialisation zu unterstützen. Die besten Tipps ...

Ihrer Tochter zuliebe:
- Zeigen Sie Ihrer Tochter, dass Gefühl und Vernunft, Intuition und Rationalität einander keinesfalls ausschließen müssen – indem Sie selbst auf beides vertrauen. Unsere hochtechnisierte Welt neigt dazu, alles rational zu begründen und zu erklären. Dabei sind viele Zusammenhänge viel zu komplex, um sie in jedem Detail zu analysieren. Wir

Menschen verfügen deshalb über die besondere Fähigkeit, solche Zusammenhänge intuitiv zu erfassen und richtig zu entscheiden. Um in der »Männerwelt« für voll genommen zu werden, verzichten viele Frauen oft schon als Mädchen auf diese Fähigkeit. Lassen Sie das bei Ihrer Tochter nicht zu.
- Stellen Sie sich nicht die typische Frage: Ist meine Tochter ein »echtes« Mädchen mit mädchenhaften Interessen? Gehen Sie davon aus, dass Ihre Tochter Interesse an allem findet und sich ihre wahren Begabungen von ganz allein offenbaren werden.
- Stärken Sie Ihrer Tochter den Rücken, wenn sie mit Vorurteilen, wie »Mädchen müssen nicht gut in Mathe und Physik sein«, konfrontiert wird.
- Widmen Sie Ihrer Tochter ab und zu ganz exklusiv Ihre Zeit – z. B. in Form eines Zelt-Wochenendes oder einer Radtour.
- Bringen Sie Ihrer Tochter bei, wie man mit Geld umgeht – in der Schule lernt sie es normalerweise nicht. Das Gleiche gilt für viele weitere praktische Fähigkeiten wie z. B. Amtsgänge oder das Verhalten bei Reklamationen oder Reparaturaufträgen. Jungen werden in diese Situationen einfach hineingeschubst, um sie mehr schlecht oder mehr recht zu bestehen. Mädchen werden meist nicht an so etwas herangeführt und scheuen später als Erwachsene oft davor zurück. Geben Sie Ihrer Tochter eine Einführung in »praktischer Lebensführung«.
- Seien Sie Ihrer Tochter ein väterlicher Mentor, der ihr hilft, sie selbst zu sein, und der sie kritisiert, wo es nötig ist.

77

▌ Wenn Ihre Tochter Hilfe braucht, seien Sie zur Stelle. Aber geben Sie ihr Gelegenheit, Risiken einzugehen und Furcht zu überwinden.

▌ In der Zeit ihrer Pubertät werden Sie Ihre Tochter manchmal nicht wiedererkennen. Entziehen Sie ihr dennoch niemals Ihre Liebe. Machen Sie ihr klar, dass Sie für sie da sind, egal was geschieht.

▌ Seien Sie authentisch, indem Sie Handeln und Tun deckungsgleich halten.

Ihrem Sohn zuliebe:

▌ Lassen Sie Vorurteile, wie »Jungen dürfen nicht weinen«, hinter sich – Ihr Sohn sollte frei davon aufwachsen.

▌ Zeigen Sie Ihrem Sohn Zuneigung nicht nur mit ermutigenden Worten, sondern auch durch körperliche Gesten wie Umarmungen. Auch wenn Sie selbst wenig körperliche Zuneigung von Ihrem Vater erfahren haben, sollten Sie diese Haltung nicht an die nächste Generation weiterreichen.

▌ Sorgen Sie dafür, dass die Qualität Ihrer Vater-Sohn-Beziehung gut ist. Die Quantität ist weniger wichtig.

▌ Lehren Sie Ihren Sohn die Einhaltung von Regeln, z. B. indem Sie Spiele konsequent abbrechen, sobald die Regeln nicht eingehalten werden. Sie täten Ihrem Sohn keinen Gefallen, wenn Sie ihn machen ließen, was er will. Kinder müssen unterscheiden lernen, wo es sinnvoll ist, Grenzen einzuhalten, und wo sie dazu da sind, überschritten zu werden.

▌ Sprechen Sie mit anderen Vätern von Söhnen, und fragen Sie um Rat und Unterstützung – Sie müssen nicht alles wissen und können.

▌ Leben Sie Ihrem Sohn Gefühle vor: Nur wenn Sie vor Ihrem Sohn Gefühle zeigen, wird auch er zu seinen eigenen stehen können.

▌ Zeigen Sie allen Familienmitgliedern gegenüber Respekt, der auch das Akzeptieren von Grenzen einschließt. Das ist die Grundvoraussetzung, damit Ihr Sohn sich anderen gegenüber sozial verhalten kann.

▌ Wenn es um disziplinarische Maßnahmen geht – Einschüchterungen und Schläge sind tabu! –, so sind Sie gemeinsam mit Ihrer Partnerin dafür verantwortlich. Wichtig ist, dass Sie beide an einem Strang ziehen. Wenn Ihr Sohn erkennt, dass Sie und Ihre Partnerin unterschiedliche Maßstäbe anlegen, wird er beginnen zu taktieren. Die disziplinarischen Maßnahmen verlören so ihren Effekt. Obendrein ist unterschiedliches Vorgehen in diesem Punkt ein häufiger Grund für Streit zwischen Eltern.

▌ Bringen Sie Ihrem Sohn ein respektvolles Verhalten Mädchen gegenüber bei – mit Worten und Taten. Nur wenn Sie ihm keine akzeptable Rolle zum Identifizieren bieten, wird Ihr Sohn sich anderweitig orientieren. Und ob der Ersatz von außen (z. B. aus Filmen) für Sie akzeptabel wäre, steht in den Sternen. Ab etwa zehn Jahren sollten Sie ein paar positive Ratschläge zum Thema Sexualität geben.

▌ Verbringen Sie Zeit mit Ihrem Sohn allein, und erklären Sie ihm die Welt.

▌ Halten Sie ihn dazu an, Bedürfnisse verbal auszudrücken und Probleme anzusprechen.

▌ Machen Sie ihm klar, dass er immer auf Sie zählen kann.

Checkliste: Worauf sollte ich als Vater speziell achten?

Sie haben in diesem Kapitel eine ganze Menge über die Entwicklung Ihres Kindes erfahren. Mit dieser Checkliste wollen wir die wichtigsten Punkte noch einmal zusammenfassen, die ganz besonders Sie als Vater im Hinterkopf behalten sollten.

▌ Die Beziehung zu Ihrem Kind beginnt bereits vor der Geburt. Schon sehr früh können Sie Ihrem Kind Gutes tun, indem Sie dafür sorgen, dass es seiner Mutter gut geht. Und nach ein paar Monaten kann es schon Ihre Stimme wahrnehmen. Also bitte nicht schreien.

▌ Nach Möglichkeit sollten Sie bei der Geburt dabei sein. Das Geburtserlebnis kann die Beziehung zwischen Ihnen und Ihrer Partnerin ebenso vertiefen wie eine gute Grundlage für Ihr Verhältnis zu Ihrem Kind schaffen.

▌ Sowohl die Mutter als auch Sie als Vater können die wichtigste Bezugsperson Ihres Kindes sein. Das Einzige, was Sie nicht können, ist, das Kind zu stillen. Wickeln, Waschen und all die anderen Pflegetätigkeiten sind keine angeboren weiblichen Fähigkeiten. Wenn Sie es wollen, können Sie es genauso gut. Manches anders vielleicht, aber keineswegs schlechter!

▌ Väter haben eine andere Art, mit ihrem Kind umzugehen – aktionsbetonter und manchmal fordernder – als Mütter. Solange Sie liebevoll mit dem Kind umgehen, sollten Sie Ihre spezielle Art leben und nicht versuchen, es genauso wie die Mutter zu machen. Ihr Kind kann von dem kleinen Unterschied nur profitieren.

▌ Versuchen Sie mit Ihrer Partnerin eine Regelung zu finden, die Ihnen beiden ausreichend Schlaf gestattet. Es ist niemandem damit gedient, wenn beide völlig ausgepowert sind.

▌ Führen Sie schon früh Rituale ein, die sich zwar künftig ändern werden, aber stets ein wichtiges Band zwischen Ihnen und Ihrem Kind bilden werden.

▌ Passen Sie Ihre Spiele dem Alter des Kindes an, und seien Sie dabei kreativ. Ihr Kind kann an allem wachsen, aber auch an allem verzweifeln. Seien Sie einfühlsam!

▌ Achten Sie mit darauf, ob sich Ihr Kind altersgemäß entwickelt. Vier Augen sehen mehr als zwei!

▌ Sprache ist wesentlich für die Entwicklung Ihres Kindes. Reden Sie mit Ihrem Kind, lesen Sie ihm vor.

▌ Unterstützen Sie den Bewegungsdrang Ihres Kindes. Es gibt keine bessere Förderung einer gesunden Entwicklung.

▌ Achten Sie darauf, dass Ihr Kind nicht in eine klischeehafte Männer- oder Frauenrolle gedrängt wird. Über diesen Punkt sollten Sie sich auch mit Ihrer Partnerin austauschen, da sie als Frau natürlich andere Erfahrungen gemacht hat als Sie.

BERUFLICH ERFOLGREICH, FINANZIELL ABGESICHERT

Deutschland und andere Industriestaaten werden den Geburtenrückgang nicht in den Griff bekommen, wenn sich die Rahmenbedingungen sowohl für Mutter- wie für Vaterschaft nicht ändern. Mit dem Elterngeld und dem geplanten Ausbau der Kinderbetreuung vor allem im Vorschulalter sind wir auf dem richtigen Weg. Davon profitieren auch insbesondere wir Väter.

Für eine kinder-, väter-, elternfreundliche Gesellschaft

Das alte Modell vom Mann hat ausgedient.

Das neue Modell muss mehr können, und das auch noch besser.

Kein Problem, wenn man weiß, wie's geht.

Seit Mitte des letzten Jahrhunderts sinken die Geburtenziffern weltweit in allen Industrieländern. Deutschland allerdings steht in dieser Beziehung besonders »schlecht« da: Im Vergleich mit den übrigen 29 Staaten der Organisation für wirtschaftliche Zusammenarbeit und Entwicklung (OECD) hat Deutschland mit 1,34 Kindern die achtniedrigste Geburtenziffer. Schlusslicht Korea kommt mit 1,08 Geburten je Frau gerade mal auf die Hälfte des Spitzenreiters Mexiko (2,20) oder der USA (2,05) (siehe Abbildung auf Seite 85). Wie andere EU-Staaten mit niedriger Geburtenrate hat sich auch Deutschland zwischen 1,2 und 1,4 eingependelt.

Über die Folgen gesunkener Geburtsziffern und gleichzeitig steigender Lebenserwartung wurde und wird viel geredet und geschrieben. Denn ändert sich daran nichts, so wird die Gesamtbevölkerung Deutschlands nach den aktuellen Vorausberechnungen des Statistischen Bundesamtes von heute 82,5 Millionen auf 74 bis knapp 69 Millionen – je nach Berech-

nungsszenario – im Jahr 2050 abnehmen. Die Zahl der Alten jenseits des Erwerbsalters wird drastisch ansteigen, während immer weniger Erwerbstätige das Einkommen sichern und noch weniger Kinder und Jugendliche nachwachsen, die diesen Job einmal übernehmen können. Dass diese Umkehr dessen, was einst »Alterspyramide« (siehe Abbildung auf Seite 86) getauft wurde, weitreichende ökonomische und soziale Folgen haben wird, steht außer Frage, und nicht umsonst gehören Renten, Lebensarbeitszeit, Immigration, Familienförderung und ähnliche Themen zu den politischen Dauerbrennern.

Wer will denn noch Kinder?

Ein weiterer Blick in die Statistik verrät uns, dass der Trend zur kinderlosen Familie zumindest bis 2006 seit zehn Jahren ungebrochen ist. Gab es in Deutschland 1996 noch 9,4 Millionen Familien (Ehepaare, Lebensgemeinschaften sowie Alleiner-

INFO: Finanzielle Leistungen für Familien

Mutterschaftsgeld zahlen die gesetzlichen Krankenkassen Müttern, die bei ihnen freiwillig oder pflichtversichert sind und in einem Arbeitsverhältnis stehen. Dabei richtet sich die Höhe nach dem Arbeitsentgelt der letzten drei vollständig abgerechneten Kalendermonate oder bei wöchentlicher Abrechnung der letzten 13 Wochen vor Beginn des Mutterschutzes. Arbeitnehmerinnen, die nicht selbst Mitglied einer gesetzlichen Krankenkasse sind, erhalten Mutterschaftsgeld in Höhe von maximal 210 Euro von der Mutterschaftsgeldstelle des Bundesversicherungsamtes in Bonn.

Kindergeld wird unabhängig vom Einkommen und nach der Zahl der Kinder gestaffelt gezahlt. Für das erste, zweite und dritte Kind zahlt die Bundesagentur für Arbeit monatlich je 154 Euro, für das vierte und jedes weitere Kind 179 Euro. Kindergeld wird für alle Kinder bis zum 18. Lebensjahr gezahlt, für arbeitslose Kinder bis zum 21. Lebensjahr und während der Ausbildung – je nach Geburtsjahrgang – unterschiedlich lange.

Elterngeld hat mit Beginn des Jahres 2007 das Ende 2006 ausgelaufene Erziehungsgeld abgelöst. Das Elterngeld »beträgt 67 Prozent des durchschnittlich nach Abzug von Steuern, Sozialabgaben und Werbungskosten vor der Geburt monatlich verfügbaren laufenden Erwerbseinkommens, höchstens jedoch 1800 Euro und mindestens 300 Euro. Nicht erwerbstätige Elternteile erhalten den Mindestbetrag zusätzlich zum bisherigen Familieneinkommen. Das Elterngeld wird an Vater und Mutter für maximal 14 Monate gezahlt; beide können den Zeitraum frei untereinander aufteilen. Ein Elternteil kann dabei höchstens zwölf Monate für sich in Anspruch nehmen, zwei weitere Monate gibt es, wenn in dieser Zeit Erwerbseinkommen wegfällt und sich der Partner an der Betreuung des Kindes beteiligt. Alleinerziehende, die das Elterngeld zum Ausgleich wegfallenden Erwerbseinkommens beziehen, können aufgrund des fehlenden Partners die vollen 14 Monate Elterngeld in Anspruch nehmen.«[11]

Kinderzuschlag bekommen Eltern mit Kindern unter 25, deren Einkommen zwar für sie selbst ausreicht, nicht aber für ihre Kinder. Durch den Kinderzuschlag in Höhe von 140 Euro je Kind soll die materielle Armut von Kindern vermindert werden.

Unterhaltsvorschuss erhalten Alleinerziehende, wenn das Kind nicht zumindest den üblichen Regelunterhalt vom anderen Elternteil bekommt oder dieser nicht regelmäßig gezahlt wird. Der Unterhaltsvorschuss beträgt nach Abzug des Kindergeldes für ein erstes Kind 125 Euro im Monat für Kinder unter sechs Jahren und 168 Euro/Monat für Kinder von sechs bis unter zwölf.

Weitere indirekte Leistungen sind beispielsweise Kinderfreibeträge sowie Freibeträge für die Betreuung und Erziehung oder Ausbildung und die Berücksichtigung von Kinderbetreuungskosten bei der Einkommensteuer.
Stand: Mai 2008

ziehende), so waren es 2006 nur noch 8,8 Millionen, was einem Minus von 6,4 Prozent entspricht. Und wenn wir uns anschauen, wie viele Kinder in Familien leben, erkennen wir den gleichen Trend: Seit 1996 ist die Zahl der Familien mit einem Kind um rund 100 000 zurückgegangen. Die Anzahl der Familien mit zwei Kindern ist um nahezu die Hälfte gesunken, und die der Familien mit drei oder mehr Kindern um etwa ein Drittel.[10] Und was wir hier in kalten Zahlen ausgedrückt finden, können wir alle deutschlandweit im eigenen Umfeld selbst beobachten: Die Jugend Deutschlands wird zunehmend von Zuwanderern gestellt. Dagegen ist natürlich absolut nichts einzuwenden. Doch auch durch sie lässt sich das Auf-den-Kopf-Stellen der Bevölkerungspyramide kaum verhindern, sondern lediglich verlangsamen.

Doch wo liegen die Ursachen? Können wir keine Kinder mehr bekommen? Oder wollen wir es einfach nicht?

Dass die Spermaqualität in manchen Ländern wie Dänemark, Großbritannien und Deutschland möglicherweise durch Umweltschadstoffe im Laufe der vergangenen Jahrzehnte tatsächlich abgenommen hat, ist mittlerweile durch mehrere Studien gut belegt. Um den Geburtenrückgang in Deutschland zu erklären, reicht es jedoch völlig aus, sich den Kinderwunsch der Deutschen anzuschauen. Denn was internationale Studien belegen, wird durch mehrere Untersuchungen wie die Shell-Jugendstudien oder den Familiensurvey des Deutschen Jugendinstituts bestätigt: Viele Männer – und Frauen – in Deutschland wollen einfach keine bzw. wenige Kinder. Warum ist das so?

»**Ist die eigene Person in Ordnung,** so kommt die Familie in Ordnung; ist die Familie in Ordnung, so kommt der Staat in Ordnung; ist der Staat in Ordnung, so kommt die Welt in Ordnung.«

Lü Buwei (ca. 300–235 v. Chr.), chinesischer Kaufmann, Politiker und Philosoph

Es liegt nicht am Geld allein

Experten schätzen, dass wir bis zur wirtschaftlichen Selbstständigkeit unserer Kinder abhängig vom Ausbildungstyp, zwischen 180 000 und 350 000 Euro investieren. Es liegt deshalb nahe, zu fragen, ob sich Paare in Deutschland aus finanziellen Gründen so oft gegen Kinder entscheiden. Und weil diese Überlegung so naheliegend ist, wird hierzulande seit vielen Jahren versucht, Paare durch finanzielle Versprechungen zum Kinderkriegen zu animieren. Das Ganze nennt sich »Familienleistungsausgleich« (früher »Familienlastenausgleich«) und besteht vornehmlich aus dem Kindergeld, verschiedenen Steuervergünstigungen (z. B. Kinderfreibeträge, Entlastungsbetrag für Alleinerziehende) und bis Ende 2006 dem Erzie-

83

hungsgeld, seit Januar 2007 auch dem Elterngeld. Eine Übersicht der wichtigsten aktuellen finanziellen Leistungen für Familien finden Sie auf Seite 82.

Angesichts von staatlichen Gesamtausgaben für den Familienleistungsausgleich in Höhe von jährlich fast 40 Milliarden Euro stellt sich eine wesentliche Frage: Hat es etwas gebracht? Jahrelang nicht viel. Doch dann konnte Bundesfamilienministerin Ursula von der Leyen im Februar 2008 plötzlich vermelden, dass die Geburtenrate im Jahr 2007 auf über 1,4 Kinder im Jahr angestiegen war, in der Tat ein spürbares Plus gegenüber den 1,33 Kindern in 2006. Die Ministerin führt dies auf ein insgesamt kinderfreundlicheres Klima in Deutschland, das neue Elterngeld und Initiativen für eine bessere Kinderbetreuung außerhalb der Familie zurück. Das dürfte stimmen, denn umfangreiche Vergleichsanalysen der Organisation für wirtschaftliche Zusammenarbeit und Entwicklung (OECD) haben ergeben, dass jene staatlichen Maßnahmen am besten geeignet sind, die Geburtenrate anzuheben, mit denen sich Arbeitsleben und Familienleben am besten verbinden lassen. In Kurzform lauten die Empfehlungen der OECD folgendermaßen:

Der Staat sollte:

▌ beiden Eltern gleich starke finanzielle Anreize bieten zu arbeiten.
▌ es Alleinerziehenden ermöglichen, so bald wie möglich wieder zu arbeiten.
▌ bezahlte Auszeiten nach der Geburt (in Deutschland Elternzeit in Verbindung mit Elterngeld) auf idealerweise vier bis fünf Monate begrenzen. Um dem Kind während der ersten sechs bis zwölf Monate die volle elterliche Betreuung zukommen zu lassen, empfiehlt die OECD Regelungen, die es Vater und Mutter erlauben, nacheinander eine bezahlte Auszeit zu nehmen, damit keiner von beiden zu lange aus seiner Tätigkeit aussteigen muss.

▌ Väter ermutigen, öfter von solchen bezahlten Auszeiten Gebrauch zu machen.
▌ die Möglichkeiten für externe Kinderbetreuung im Vorschulalter und in der schulfreien Zeit sowohl von der Quantität als auch der Qualität so gestalten, dass sie kein Hindernis für eine Berufstätigkeit von Müttern und Vätern darstellt.
▌ Firmen ermutigen und/oder gesetzlich verpflichten, ihre Arbeitsplätze familienfreundlich zu gestalten (z. B. durch Teilzeitangebote, flexible Arbeitszeiten).

Die Untersuchungen der OECD belegen auch, dass eine höhere Geburtenrate nicht zum Nulltarif zu haben ist, im Gegenteil sogar eine Menge Geld kostet. Doch darüber hinaus offenbaren sie, dass nur der kluge Einsatz von Geldmitteln an den richtigen Stellen den gewünschten Erfolg bringt. Denn die Geburtenrate ist umso höher,

▌ je geringer die Differenz in der Erwerbsbeteiligung von Männern und Frauen ist,
▌ je »moderner« die Geschlechterverhältnisse und
▌ je besser ausgebaut die öffentlichen Dienstleistungen für Kinder, sprich Kinderkrippe, Kindergarten und nachschulische Betreuung, sind.

Geburtenziffern in den OECD-Ländern

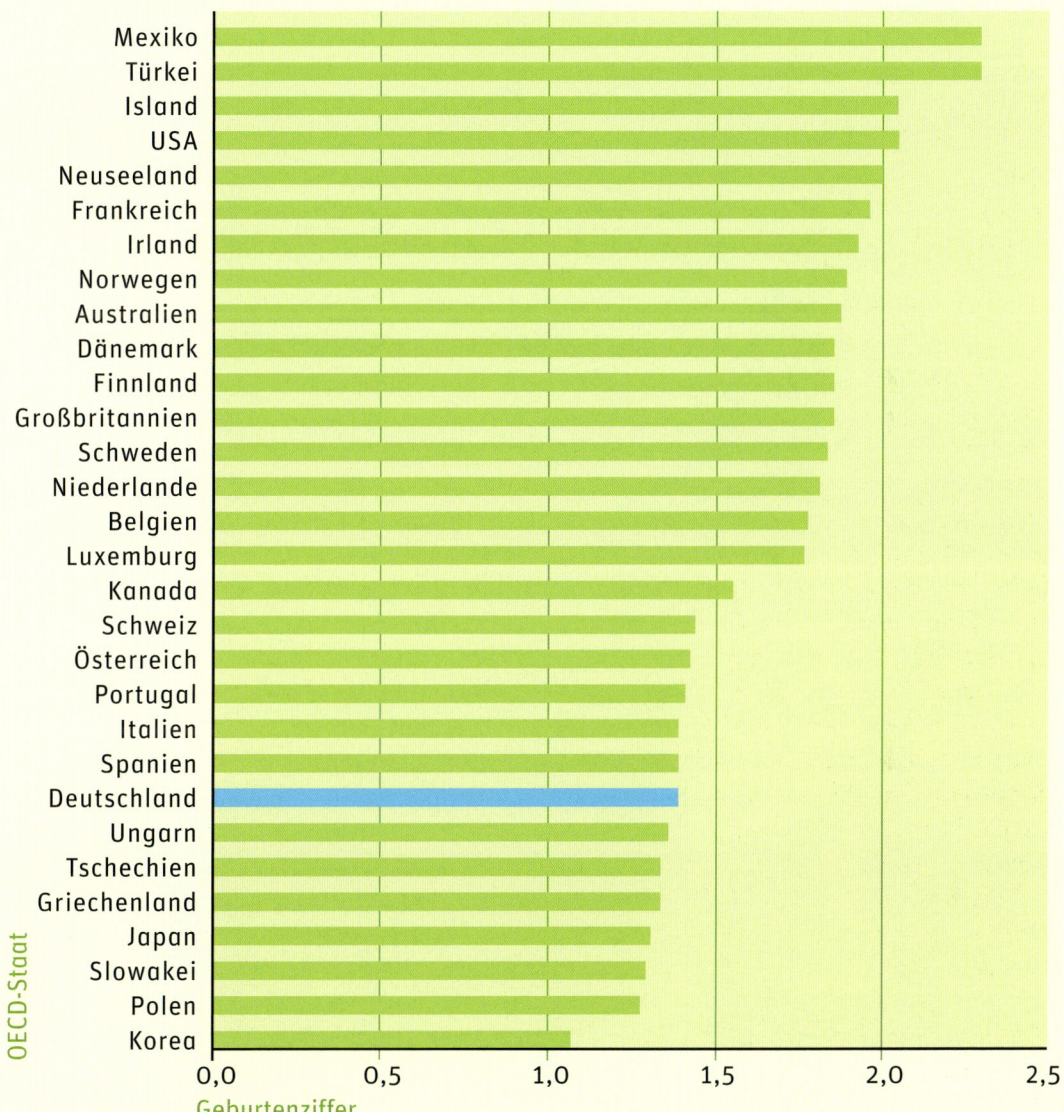

Im Vergleich zu den übrigen OECD-Staaten hat Deutschland die achtniedrigste Geburtenziffer.

Altersaufbau 1910–2050: Die »Alterspyramide«

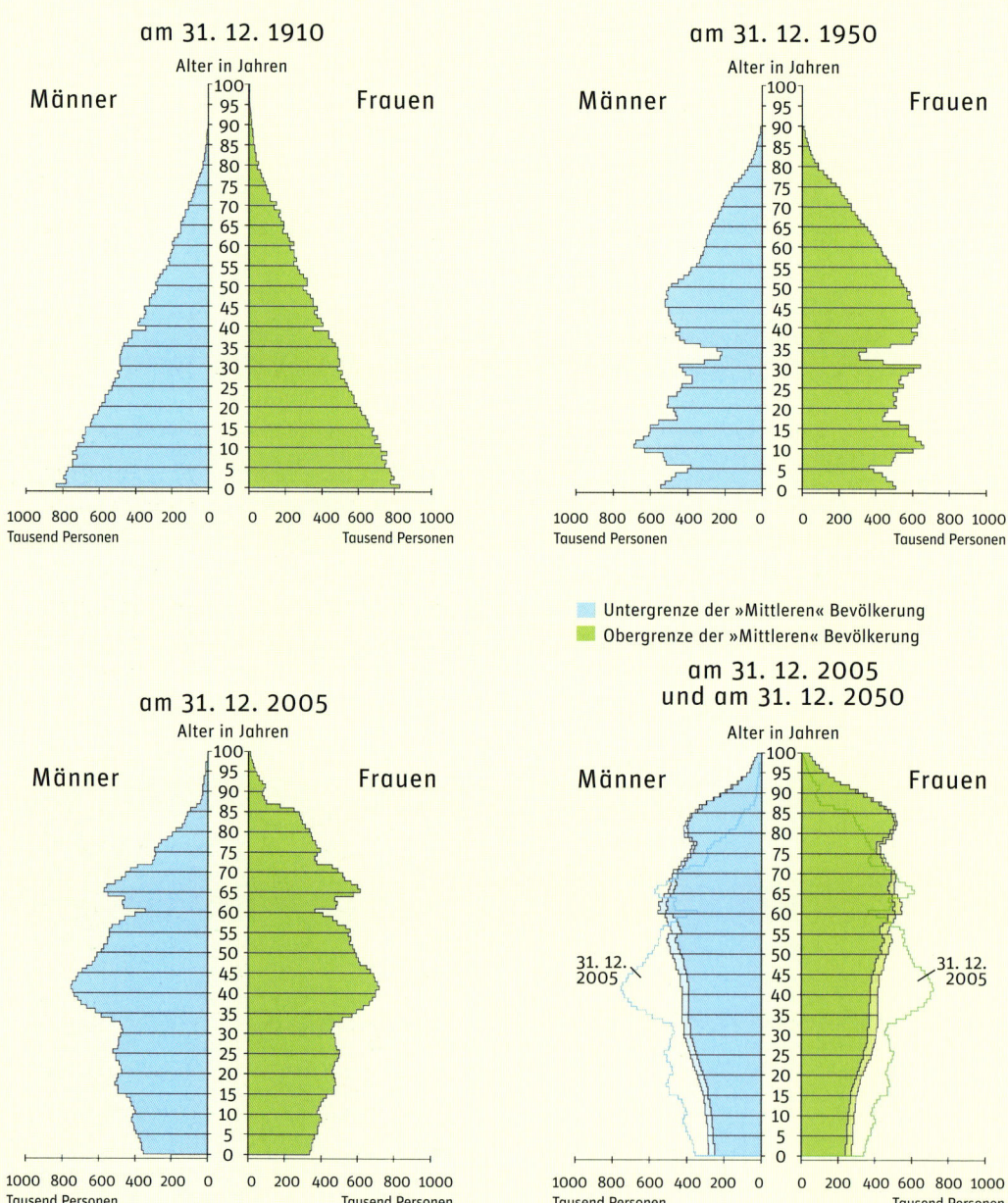

am 31. 12. 1910

Alter in Jahren

Männer   Frauen

100 95 90 85 80 75 70 65 60 55 50 45 40 35 30 25 20 15 10 5 0

1000 800 600 400 200 0   0 200 400 600 800 1000
Tausend Personen   Tausend Personen

am 31. 12. 1950

Alter in Jahren

Männer   Frauen

100 95 90 85 80 75 70 65 60 55 50 45 40 35 30 25 20 15 10 5 0

1000 800 600 400 200 0   0 200 400 600 800 1000
Tausend Personen   Tausend Personen

Untergrenze der »Mittleren« Bevölkerung
Obergrenze der »Mittleren« Bevölkerung

am 31. 12. 2005

Alter in Jahren

Männer   Frauen

100 95 90 85 80 75 70 65 60 55 50 45 40 35 30 25 20 15 10 5 0

1000 800 600 400 200 0   0 200 400 600 800 1000
Tausend Personen   Tausend Personen

**am 31. 12. 2005
und am 31. 12. 2050**

Alter in Jahren

Männer   Frauen

100 95 90 85 80 75 70 65 60 55 50 45 40 35 30 25 20 15 10 5 0

31. 12.
2005

31. 12.
2005

1000 800 600 400 200 0   0 200 400 600 800 1000
Tausend Personen   Tausend Personen

Nach und nach kehrt sich die Alterspyramide um – mit einschneidenden Folgen.

Die Erwerbsbeteiligung der 15- bis 64-jährigen Frauen liegt in Deutschland bei rund 66 Prozent, die der Männer gleichen Alters bei etwa 80 Prozent. Das klingt schon deutlich besser als 1991, als das Verhältnis noch bei 62 zu 82 Prozent lag. Dennoch zeigt sich, dass sich in Deutschland weit mehr Mütter aus dem Erwerbsleben zurückziehen als in anderen OECD-Staaten und größere Schwierigkeiten haben, wieder in den Arbeitsmarkt zurückzukehren (siehe Abbildung auf Seite 11). Was wir an diesen und anderen Zahlen ablesen können und in der täglichen Arbeit immer wieder bestätigt sehen, sind zwei Dinge:

1. Wir sind in Deutschland auf dem richtigen Wege zu »moderneren« Geschlechterverhältnissen, was vor allem eine allgemeine Akzeptanz dafür voraussetzt, dass Väter ebenso wie Mütter eine gesunde Balance zwischen Familie und Erwerbsleben herzustellen versuchen und nicht nahezu vollständig auf Freizeit verzichten, um Familie und Beruf gerecht zu werden.

2. Mütter ebenso wie Väter können nur dann Beruf und Familie in Harmonie leben, wenn sie ihre Kinder gut aufgehoben wissen. Das aber erfordert ein quantitativ und qualitativ besseres Angebot an Kinderbetreuung vor allem im vorschulischen Bereich, aber auch für schulpflichtige Kinder am Nachmittag.

An der einen oder anderen Stelle des bisher in diesem Kapitel Gesagten werden Sie vermutlich sich und/oder Ihr Umfeld wiedererkannt haben. Die Tatsache, dass Sie dieses Buch lesen, deutet darauf hin, dass Sie bereits Kinder haben, bald haben werden oder möglicherweise haben wollen. Im Folgenden finden Sie eine Reihe von Möglichkeiten, wie sich die Entscheidung, Kinder haben zu wollen, besser mit dem Beruf und den finanziellen Erfordernissen einer Familie vereinbaren lässt. Es hat sich in den letzten Jahren viel getan. Betrachtet man diese Veränderungen etwas genauer, so lässt sich feststellen, dass hier zwei Entwicklungen parallel verlaufen. Da ist zum einen ein Umdenken einer zunehmenden Zahl von Männern, die sich nicht mehr nur durch ihren Job definieren wollen, um am Ende geschieden an einem frühen Herzinfarkt zu sterben. In den Köpfen dieser Männer gewinnen Lebensqualität und damit auch soziale Beziehungen an Gewicht. Die andere Entwicklung betrifft das politische Handeln: Nachdem erkannt wurde, dass nur gezielte Maßnahmen die Lebensfähigkeit des Systems Deutschland erhalten können, gehen finanzielle Förderung und das öffentliche Werben für ein gesellschaftliches Umdenken Hand in Hand.

TIPP: Suchen Sie Beispiele

Natürlich lernen wir am besten durch eigene Erfahrung. Doch manche Fehler muss nicht jeder Vater machen. Gibt es in Ihrer Umgebung Väter, die sich bemühen, Beruf und Familie unter einen Hut zu bringen? Oder die aus dem Job ausgestiegen sind, um sich um die Kinder zu kümmern? Nehmen Sie Kontakt zu ihnen auf, und erfragen Sie deren Erfahrungen.

»Lange Arbeitszeiten sind nicht väterfreundlich«

ein Gespräch mit Dr. Thomas Gesterkamp

Dr. Thomas Gesterkamp, Journalist und Buchautor in Köln, ist Vater einer Tochter und Mitbegründer des Väter-Experten-Netzes Deutschland. In zahlreichen Büchern, Artikeln und Aufsätzen hat er über Väter berichtet. Mit Vorträgen und Moderationen bereist er den gesamten deutschsprachigen Raum. Sein aktuelles Buch zum Thema »Die neuen Väter zwischen Kind und Karriere – So kann die Balance gelingen« ist 2007 bei Herder erschienen.

Herr Gesterkamp, Sie forschen seit langem über das Thema der Vereinbarkeit von Familie und Beruf aus Vätersicht. Was sind die wichtigsten Erkenntnisse der letzten Jahre?

Als ich Mitte der neunziger Jahre mein erstes Buch über »Männer zwischen Beruf und Familie« schrieb, war das kein öffentlich diskutiertes Thema. »Vereinbarkeitsprobleme« schienen nur Frauen zu haben, Männer gingen Geld verdienen und damit basta! Schritt für Schritt sind die Väter ins Blickfeld gerückt.

Woran lässt sich der Wandel der Vaterrolle im Dienstleistungszeitalter am besten festmachen?

Immer mehr Männer arbeiten in den Informations- und Pflegeberufen, in denen soziale Kompetenz gefragt ist. Im beruflichen Alltag der Väter wächst damit die Schnittmenge zu den Anforderungen, die ihr Privatleben stellt. Zudem schafft die digital gestützte Wirtschaft neue Handlungsoptionen für Männer, Stichwort Telearbeit.

Gibt es Indikatoren für ein väterfreundliches Unternehmen?

In vielen Firmen wird »Familienfreundlichkeit« leider nach wie vor einseitig als »Mütterfreundlichkeit« betrachtet: Frauen dürfen in Elternzeit gehen und danach in Teilzeit arbeiten. Von Männern wird hingegen erwartet, dass sie beliebig und 130-prozentig zur Verfügung stehen. Von einer familienbewussten Personalpolitik, die die Väter einbezieht, sind wir, abgesehen von ein paar Pionierbetrieben, noch weit entfernt.

Was müsste sich in Unternehmen verändern, und sind solche Veränderungen auf breiter Basis erkennbar?

Die deutlich steigende Nutzung der Elternzeit durch Männer wird mittelfristig zweifellos auch die Betriebe verändern. Ich halte dabei das Thema Arbeitszeit für entscheidend. Es geht darum, den Kern der männlichen Anwesenheitskultur in Frage zu stellen. Leider gibt es in vielen Unternehmen einen Trend zu längeren Arbeitszeiten, und das ist nicht väterfreundlich.

Mehr Zeit fürs Glück: eine Frage der Balance

Statistiken zeigen, dass berufstätige Väter in Paarhaushalten mit Kindern unter sechs Jahren auf die ganze Woche gerechnet im Durchschnitt etwas mehr als eine Stunde am Tag mit der Betreuung ihrer Kinder zu tun haben – inklusive etwaigen Fahrdiensten. Verglichen mit erwerbstätigen Müttern, die es laut Statistik auf das Doppelte bringen, scheint das nicht viel zu sein. Doch diese scheinbare »Ungerechtigkeit« verflüchtigt sich, wenn man die Zeit mit ins Kalkül zieht, die Mütter und Väter für ihre Erwerbstätigkeit aufbringen, liegt diese bei Männern doch deutlich über der von Frauen, sowohl bei erwerbstätigen Paaren mit Kindern als auch ohne.

> **»Der müde Leib** findet ein Schlafkissen überall, doch wenn der Geist müde ist, wo soll er ruhen?«
>
> Georg Büchner (1813–1837),
> Leonce und Lena

Wir können und wollen uns hier nicht auf eine tiefgehende Analyse der Gründe dafür einlassen. Fest steht jedoch,

▪ dass drei von zehn Männern wie Frauen den Begriff »Rabenvater« passend finden, wenn Väter die Kinderbetreuung ausschließlich der Mutter überlassen,

▪ dass fast neun von zehn Vätern (87 Prozent) mit minderjährigen Kindern einer Vollzeitbeschäftigung nachgehen,

▪ dass Väter mit kleinen Kindern pro Tag 20 Minuten weniger ruhen und/oder schlafen als Väter mit ausschließlich volljährigen Kindern,

▪ dass 56 Prozent der Väter der Meinung sind, sie müssten sich mehr Zeit für ihre Kinder nehmen,

▪ dass laut einer Umfrage des Online-portals »Managementwissen online« 90 Prozent der Väter das Gefühl der Überforderung durch Beruf und Familie kennen und 50 Prozent dieses sogar permanent erleben und

▪ dass sich etwa ein Drittel der Väter ein Jahr nach der Geburt ihres Kindes völlig ausgebrannt fühlt.

Was wir aus diesen und weiteren Untersuchungen mit ähnlichen Ergebnissen schlussfolgern müssen, ist Folgendes: Das neue Rollenverständnis vieler Männer zwingt sie zu einem Spagat zwischen Beruf und Familie, bei dem oft sie selbst auf der Strecke bleiben. Wer von ihnen in jedem Bereich sein Bestes geben will, kann dies nur auf Kosten seines eigenen Wohlbefindens und seiner Gesundheit. Wer hingegen im Beruf nachlässig wird, gefährdet die Existenz seiner Familie, und wer in puncto Familie nur halbherzig dabei ist, wird nicht nur seinen eigenen Ansprüchen nicht gerecht, sondern auch nicht denen der Gesellschaft und oft denen der Partnerin. Doch wie können wir als Väter dieser Falle entkommen? Wie können wir das Beste aus der jetzigen Situation machen? Lassen Sie uns überlegen, welche Rechte und Möglichkeiten der Gestaltung wir haben.

Entlastungsstrategien für Väter

Jede Lebenssituation sieht anders aus. Eine Art Kochrezept können wir Ihnen deshalb nicht bieten. Wir werden Ihnen jedoch die wichtigsten Zutaten nennen – in welchen Anteilen Sie diese selbst nutzen können und wollen und ob Sie möglicherweise ganz auf das eine oder andere verzichten und es vielleicht durch etwas anderes ersetzen, das bleibt Ihnen überlassen. Hauptsache, Sie haben am Ende als aktiver Vater mehr Zeit für Ihre Familie und finanziell stets mindestens »eine Handbreit Wasser unter dem Kiel«. Dafür bieten sich vier Bausteine an, die wir im Folgenden besprechen wollen:

▮ die Elternzeit,
▮ flexibleres Arbeiten,
▮ gesicherte Kinderbetreuung und
▮ einen sinnvolleren Umgang mit Zeit.

Elternzeit und Elterngeld: Geteilte Freude ist doppelte Freude

Was bis zum 31. Dezember 2006 »Bundeserziehungsgeldgesetz« hieß und bis zu diesem Zeitpunkt das Recht auf Erziehungsgeld, Elternzeit und Elternteilzeit regelte (BErzGG), wurde mit Wirkung vom 1. Januar 2007 durch das Bundeselterngeld- und Elternzeitgesetz (BEEG) abgelöst. Hier ist wichtig zu wissen, dass die neuen Regelungen zur Elternzeit auch für Eltern gelten, deren Kinder vor dem 1. Januar 2007 geboren wurden oder die sich zu diesem Zeitpunkt bereits in Elternzeit befanden. Die Regelungen bezüglich des Elterngeldes hingegen kommen nur Eltern

zugute, deren Kinder nach dem 1. Januar 2007 auf die Welt kamen.

Das Gesetz soll Vätern wie Müttern finanzielle und berufliche Sicherheit bieten, damit sie – und gemeint sind ganz besonders wir Väter – ohne Sorgen mehr Zeit mit den Kindern verbringen können. Das Gesetz scheint tatsächlich zu funktionieren, hat sich der Anteil der bewilligten Anträge von Vätern doch von 3,5 Prozent in 2006 auf 19 Prozent im ersten Quartal 2008 stetig erhöht. Was unzweifelhaft auch als Erfolg des Elterngeldgesetzes zu werten ist: Von den in 2007 insgesamt 60 000 bewilligten Anträgen von Vätern sind immerhin knapp vier von zehn auf eine Dauer ab drei Monaten angelegt. Lassen Sie uns einmal nachschauen, was Elternzeit und Elterngeld uns Vätern bringen und was wir dabei beachten müssen.

Was genau ist die Elternzeit?

Bei der Elternzeit handelt es sich um einen Rechtsanspruch des Arbeitnehmers oder der Arbeitnehmerin gegenüber dem Arbeitgeber auf unbezahlte Freistellung bis zur Vollendung des dritten Lebensjahrs des im selben Haushalt lebenden Kindes. Hier finden Sie die wichtigsten Fakten zur Elternzeit:

▮ Sie müssen die Anmeldung beim Arbeitgeber spätestens sieben Wochen vor Beginn der Elternzeit einreichen (per Einschreiben oder schriftliche Bestätigung geben lassen).
▮ Von diesem Zeitpunkt an – frühestens jedoch acht Wochen vor Beginn der Elternzeit – besteht Kündigungsschutz.

- Sie und Ihre Partnerin können die Elternzeit anteilig, allein, ganz oder zeitweise in Anspruch nehmen. Sie oder Ihre Partnerin können die Elternzeit auch nur im Rahmen der sogenannten Partnermonate nehmen (siehe Elterngeld in der Spalte rechts).
- Mit Zustimmung des Arbeitgebers ist eine Übertragung von bis zu zwölf Monaten der Elternzeit auf die Zeit zwischen dem dritten und achten Geburtstag des Kindes möglich.
- Um für den Arbeitgeber eine gewisse Planungssicherheit zu gewährleisten, müssen Sie sich für die kommenden zwei Jahre ab Beginn der Elternzeit zeitlich festlegen. Dies hat für den Antragsteller den Vorteil, dass sich das dritte Jahr flexibel gestalten lässt.
- Während der Elternzeit dürfen Sie wöchentlich bis zu 30 Stunden arbeiten. Wenn Sie und Ihre Partnerin gleichzeitig in Elternzeit sind, kommen Sie so auf immerhin 60 Wochenstunden und können so – über das Elterngeld hinaus – Ihr Einkommen sichern.
- Wenn Ihr Arbeitgeber mehr als 15 Personen beschäftigt und keine dringenden betrieblichen Gründe dagegensprechen, haben Sie sogar Anspruch auf eine Verringerung der Arbeitszeit in der Elternzeit im Rahmen von 15 bis 30 Wochenstunden.
- Im Anschluss an die Elternzeit haben Sie einen Anspruch auf Ihren ursprünglichen Arbeitsplatz bzw. auf einen, der dem vorherigen gleichwertig ist. Im Falle einer im Rahmen der Elternzeit verkürzten Arbeitszeit besteht ein Anspruch auf Rückkehr zur vorherigen Arbeitszeit.

Elterngeld: Darf's auch etwas mehr sein?

Das Elterngeld wird an Vater und Mutter zusammen für maximal 14 Monate gezahlt, wobei sie sich den Zeitraum frei aufteilen können, ein Elternteil aber Anspruch auf maximal zwölf Monate Elterngeld hat. Schöpft ein Elternteil diese zwölf Monate voll aus, kann der Partner noch zwei Monate Elterngeld beziehen, die sogenannten »Partnermonate«. Alleinerziehenden steht das Elterngeld für 14 Monate zu.
Das Elterngeld beträgt bei Erwerbstätigen laut BmFSFJ »67 Prozent des durchschnittlich nach Abzug von Steuern, Sozialabgaben und Werbungskosten vor der Geburt monatlich verfügbaren laufenden Erwerbseinkommens, höchstens jedoch 1800 Euro und mindestens 300 Euro. Nicht erwerbstätige Elternteile erhalten den Mindestbetrag zusätzlich zum bisherigen Familieneinkommen.«[12] Bei Geringverdienern mit einem bereinigten Monatsnetto von unter 1000 Euro wird das Elterngeld in kleinen Schritten von 67 Prozent sogar auf bis zu 100 Prozent erhöht. Familien mit mehreren Kindern bekommen noch einen Zuschlag von zehn Prozent – mindestens aber 75 Euro. Bei Mehrlingen kommen für das zweite und jedes weitere Kind je 300 Euro hinzu. Während des Elterngeldbezugs können Sie bis zu 30 Wochenstunden weiterarbeiten, wobei das Einkommen aus der Teilzeitarbeit in die Berechnung des Elterngeldes mit einbezogen wird. Sie erhalten dann 67 Prozent der Differenz zwischen dem vor und dem nach der Geburt zu berücksichtigenden Einkommen, mindestens jedoch 300 Euro.

Den Antrag auf Elterngeld müssen Sie und Ihre Partnerin – jeder für sich – schriftlich bei der für Sie zuständigen Elterngeldstelle stellen. Es ist allerdings nicht unbedingt nötig, den Antrag sofort nach der Geburt zu stellen, da Elterngeld auch rückwirkend für die letzten drei Monate vor Beginn des Monats gezahlt wird, in dem der Antrag eingeht.

Alles klar, oder haben Sie noch Fragen? Wie erwähnt, können Sie sich natürlich beraten lassen, etwa bei einer der Elterngeldstellen. Doch vielleicht finden Sie die Antwort auch bereits in den häufigsten Fragen von Vätern an den Hamburger Vaeter e.V. bzw. natürlich in den dazugehörigen Antworten.

Die häufigsten Fragen zum Elterngeld

Der besseren Übersichtlichkeit halber haben wir die Fragen in folgende Bereiche gegliedert:

- Anspruchsvoraussetzungen
- Verteilung der Bezugszeit
- Teilzeit
- Antragstellung
- Höhe des Elterngeldes
- Urlaubsregelungen

1. Anspruchsvoraussetzungen

Bekommen Hartz-IV-Empfänger Elterngeld?
Ja, auch nicht erwerbstätige Eltern erhalten Elterngeld. Der Mindestbetrag ist 300 Euro pro Monat.

Haben Eltern finanzielle Ansprüche, wenn nach 14 Monaten Vollbezug des Elterngeldes von der Kommune keine Krippenbetreuung zur Verfügung gestellt wird und die Mutter daher nicht wieder ihre volle Tätigkeit aufnehmen kann?
Nein, in diesem Fall gibt es keinerlei finanzielle Ansprüche.

Habe ich Anspruch auf meinen alten Arbeitsplatz, wenn ich aus der Elternzeit zurückkehre?
Nein, einen Anspruch gibt es nicht. Wenn möglich, sollte man das mit dem Arbeitgeber vorher schriftlich vereinbaren. Ist der Arbeitgeber zu einer solchen Vereinbarung nicht bereit, sollte man das Thema auf jeden Fall vor der Elternzeit ansprechen und über Alternativen reden. Eine Umsetzung darf jedoch in jedem Fall nur auf einen gleichwertigen Arbeitsplatz erfolgen.

Gibt es Fälle, in denen eine Mutter trotz Lebenspartner alleine 14 Monate Elterngeld beziehen kann?
Sofern der Lebenspartner nicht der leibliche Vater des Kindes ist, ist er auch nicht elterngeldberechtigt. Dazu müsste der sorgeberechtigte Elternteil seine Zustimmung geben. Ansonsten greift § 4 (3) Nr. 1 BEEG. Wenn mit der Betreuung durch den anderen Elternteil eine Gefährdung des Kindeswohles i. S. d. § 1666 Abs. 1 und 2 BGB verbunden wäre oder eine Betreuung durch den anderen Elternteil unmöglich ist, insbesondere wegen einer schweren Krankheit oder Schwerbehinderung, und so das Kind durch diesen Elternteil nicht betreut werden kann, kann ein Elternteil seinen Anspruch von 14 Monaten geltend machen.

Was ist zu beachten, wenn der Vater – verheiratet oder in Lebensgemeinschaft – selbständig ist? Kann auch er Vatermonate nehmen?

Auch selbständige Väter haben einen Anspruch auf Elterngeld – egal ob sie verheiratet sind oder nicht.

Bekommt die Mutter das Elterngeld auch für das zweite Kind, wenn die Geburt direkt an ihre Erziehungszeit anschließt?

Ja, durch die neuen Regelungen des Elterngeldgesetzes ist kein Personenkreis von den Ansprüchen ausgeschlossen. Lediglich die Höhe des Elterngeldes differiert entsprechend dem Einkommen in den letzten zwölf Monaten. Wenn die Mutter in der Elternzeit des ersten Kindes ihr normales Elterngeld erhalten hat, werden für das zweite Jahr des Elterngeldes die zwölf Monate vor ihrer ersten Elternzeit angerechnet.

2. Verteilung der Bezugszeit

Kann ich das Elterngeld splitten: sechs Monate in Anspruch nehmen, dann ein Jahr arbeiten und danach die restlichen sechs Monate Elterngeld beziehen?

Nein, der Elterngeldanspruch endet mit dem 12. bzw. 14. Lebensmonat des Kindes.

Muss der Vater seine beiden Monate direkt im Anschluss an die »Müttermonate« nehmen?

Nein, der Vater kann auch gleichzeitig mit der Mutter die Partnermonate in Anspruch nehmen. Entscheidend ist die Summe der Monate. Beispiel: Nimmt der Vater die ersten drei Lebensmonate des Kindes Elternzeit und Elterngeld in Anspruch (die

Mutter ist gleichzeitig in Elternzeit), endet die Anspruchsfrist mit dem elften Lebensmonat des Kindes, da die Eltern in der Summe dann 14 Monate Elterngeld bezogen haben.

Müssen die zwei Vaterschaftsmonate bis zur Vollendung des 14. Lebensmonats des Kindes genommen werden, um Elterngeld beanspruchen zu können?

Grundsätzlich heißen die zwei Monate nicht »Vatermonate«, sondern »Partnermonate«, und sie sind bis zum 14. Lebensmonat des Kindes in Anspruch zu nehmen.

Bekomme ich das Elterngeld steuerfrei?

Grundsätzlich ja, allerdings unterliegt das Elterngeld der Progression, das heißt, es wird für die Ermittlung des auf das steuerpflichtige Einkommen anzuwendenden Steuersatzes zum Einkommen hinzugerechnet. Deshalb ist es sinnvoll, für eine erhöhte Steuerzahlung etwas Geld zurückzulegen.

3. Teilzeit

Mein Chef hat mir eine Führungsposition mit der Begründung abgenommen, dass ich sie in Teilzeit nicht mehr ausüben kann. Mein Gehalt blieb allerdings gleich. Aber seit Einführung des Entgelt-Rahmenabkommens (ERA) bekomme ich weniger Geld. Mein Chef begründet das mit ERA. Hat er damit recht?

Es kann durchaus sein, dass die Eingruppierung nach ERA stimmt. Die Frage ist aber, ob der Chef die Führungsposition mit der Begründung Teilzeit überhaupt wegnehmen durfte. Es könnte ein Fall von

Diskriminierung vorliegen. Denn das Teilzeit- und Befristungsgesetz schreibt vor, dass niemand aufgrund von Teilzeit benachteiligt werden darf. Die Begründung, dass eine Führungsposition wegen Teilzeit nicht mehr ausgeübt werden kann, scheint deshalb fragwürdig. Ob man allerdings dagegen klagt, muss jeder selbst entscheiden.

Ich möchte wegen der Kinder beruflich kürzertreten. Habe ich einen Anspruch auf Teilzeit?
Es gibt das Teilzeit- und Befristungsgesetz. Danach hat jeder Arbeitnehmer in einem Betrieb mit mehr als 15 Beschäftigten ein Recht auf Teilzeit. Allerdings macht das Gesetz eine Einschränkung: »... wenn keine betrieblichen Gründe dagegensprechen«. Da diese Ausnahme recht weich formuliert ist, kann es in Einzelfällen Probleme geben, den Anspruch durchzusetzen.

4. Antragstellung

Was ist bei der Antragstellung formal zu beachten? Welche Unterlagen muss ich mitbringen?
Notwendig sind:

▪ Geburtsbescheinigung,
▪ Nachweise zum Erwerbseinkommen,
▪ Arbeitszeitbestätigung durch den Arbeitgeber bei Teilzeitarbeit im Bezugszeitraum bzw. Erklärung über die Arbeitszeit bei selbständiger Arbeit,
▪ Bescheinigung der Krankenkasse über das Mutterschaftsgeld,
▪ Bescheinigung über den Arbeitgeberzuschuss zum Mutterschaftsgeld.

Welche Fristen muss ich beim Elterngeld und bei der Elternzeit beachten?
Das Elterngeld kann höchstens drei Monate rückwirkend gezahlt werden. Deshalb sollte der Antrag spätestens drei Monate nach dem gewünschten Termin bei der zuständigen Stelle vorliegen. Elterngeld und Elternzeit müssen schriftlich beantragt werden, Elternzeit spätestens sieben Wochen vor Beginn.

Ich möchte Elternzeit nehmen. An welchen Ansprechpartner sollte ich mich in meinem Betrieb wenden?
Der Antrag muss beim Vorgesetzten eingereicht werden. Für eine Beratung wenden Sie sich an den Betriebsrat, die Gleichstellungsbeauftragte, die Personalabteilung oder eine externe Beratungsstelle.

5. Höhe des Elterngeldes

Werden bei der Berechnung der Höhe des Elterngeldes andere Leistungen wie z. B. Mutterschaftsgeld oder Kindergeld bzw. eigenes Vermögen mit angerechnet?
Nur das Mutterschaftsgeld wird auf das Elterngeld angerechnet, Kindergeld und eigenes Vermögen nicht.

Welche Einnahmen werden grundsätzlich nicht angerechnet, können also neben dem Elterngeld weiterhin anrechnungsfrei bezogen werden?
Bei ALG II, Sozialhilfe, Unterhalt, Wohngeld und Kinderzuschlag wird das Elterngeld oberhalb des Mindestbetrages von 300 Euro als Einkommen berücksichtigt, bis 300 Euro (Mindestbetrag) ist es also anrechnungsfrei.

Welcher Nettolohn gilt beim zweiten Kind als Basis, wenn die Mutter z. B. vor dessen Geburt vier Monate Teilzeit arbeitet, vor dem ersten Kind allerdings voll arbeitete? Oder konkret: Kehrt sie nach der ersten Elternzeit nur vier Monate an ihren Arbeitsplatz zurück, weil das zweite Kind bereits unterwegs ist, wäre es dann bezüglich der Höhe des Elterngeldes klüger, die vier Monate voll statt nur Teilzeit zu arbeiten?
Es werden grundsätzlich die letzten zwölf Monate vor der Geburt des Kindes betrachtet. Daher wirkt sich ein höheres Einkommen natürlich positiv aus.

Wie errechnet sich der Nettolohn, der als Berechnungsgrundlage herangezogen wird?
Maßgeblich ist der Durchschnitt des Einkommens des Antragstellers in den letzten zwölf Kalendermonaten vor der Geburt des Kindes. Vom Brutto sind bei nicht selbständiger Arbeit zunächst Lohnsteuer und Sozialabgaben abzuziehen, wie sie sich aus der Lohn- oder Gehaltsbescheinigung ergeben. Da sich das Elterngeld am tatsächlich verfügbaren Erwerbseinkommen orientiert, berücksichtigt es darüber hinaus den Wegfall der erwerbsbedingten Aufwendungen nach der Geburt durch einen Abzug. Dieser wird pauschaliert und beträgt knapp 77 Euro monatlich. Das bedeutet, dass vom errechneten Nettolohn 77 Euro abgezogen werden, das ergibt dann die Berechnungsgrundlage.

6. Urlaubsregelungen

Verfällt mein Resturlaub in der Elternzeit?
Wer durch Elternzeit Resturlaub anspart, muss diesen spätestens bis zum Ende des darauffolgenden Jahres abfeiern. Das entschied im Februar 2008 das Landesarbeitsgericht (LAG) Rheinland-Pfalz in Mainz (Az. 10 Sa 500/07). Das gilt auch, wenn sich sofort eine neue Elternzeit anschließt. Das Gericht ließ wegen der grundsätzlichen Bedeutung des Urteils Revision beim Bundesarbeitsgericht in Karlsruhe zu.

Was geschieht mit meinem Resturlaub, wenn das Arbeitsverhältnis während oder mit Ablauf der Elternzeit endet?
In diesem Fall wird der verbleibende Urlaub mit Geld abgegolten.

TIPP: Bin ich in der Elternzeit krankenversichert?

Sowohl eine Pflichtmitgliedschaft als auch eine freiwillige Versicherung in der gesetzlichen Krankenversicherung bestehen, während der Elternzeit fort. Pflichtmitglieder, die außer dem Elterngeld keine weiteren beitragspflichtigen Einnahmen beziehen, sind für die Dauer der Elternzeit beitragsfrei versichert. Freiwillige Mitglieder müssen weiterhin Beiträge zahlen. Privatversicherte bleiben weiterhin privat versichert und können nicht in die beitragsfreie Familienversicherung des Ehegatten aufgenommen werden. Privat versicherte Angestellte müssen weiterhin ihre Prämien selbst tragen und zusätzlich den Anteil, den zuvor der Arbeitgeber übernommen hatte.

Checkliste: Elternzeit

Wenn Sie vorhaben, in Elternzeit zu gehen, so will das gut vorbereitet sein. Nehmen Sie sich dann etwas Zeit und diese Checkliste zur Hand.
Legen Sie zunächst Ihre Ziele fest. Stellen Sie sich dazu nachfolgende Fragen:

▌ Wie lange wollen Sie Elternzeit nehmen?

▌ Wie lange will Ihre Partnerin Elternzeit nehmen?

▌ Wollen Sie sich bei der Elternzeit mit Ihrer Partnerin abwechseln?

▌ Wollen Sie den Kontakt zu Ihrer Firma halten?

▌ Wollen Sie während oder nach der Elternzeit in Teilzeit arbeiten?

Bereiten Sie Ihren Ausstieg vor:

▌ Kennen Sie Väter in der Firma, die Elternzeit genommen haben? Wenn ja, fragen Sie nach deren Erfahrungen. Der Betriebsrat oder die Gleichstellungsbeauftragte kann Ihnen auf der Suche nach »Best-Practice«-Vätern sicher helfen.

▌ Finden Sie über den Betriebsrat oder die Personalabteilung heraus, ob ein Kollege oder eine Kollegin aus der Elternzeit zurückkehrt. Vielleicht kann Ihre Stelle so besetzt werden.

▌ Können Sie jemanden empfehlen, der Ihre Stelle übernimmt?

▌ Kann Ihre Elternzeit mit flexibleren Arbeitszeiten aus Ihrem Team überbrückt werden?

▌ Welche Projekte wollen Sie selbst beenden?

▌ Welche Projekte können bereits übergeben werden?

▌ Sprechen Sie jetzt schon Ihren Wiedereinstieg ab.

Weitere wertvolle Tipps aus unser täglichen Elternzeit-Beratung:

▌ Entwickeln Sie verschiedene Szenarien bzw. Alternativen, damit Sie im Gespräch flexibel reagieren können und Verhandlungsspielraum haben. Während bei Frauen nicht über die Länge der Elternzeit diskutiert wird, verhandeln Vorgesetzte bei Männern schon eher mal.

▌ Stellen Sie Ihr Anliegen als organisatorisches Problem dar, das gut mit Ihrer Mithilfe gelöst werden kann. Halten Sie verschiedene »Best-Practice«-Fälle aus Ihrer Firma oder anderen Unternehmen bereit, um zu zeigen, dass es funktioniert.

▌ Stellen Sie die Vorteile für die Abteilung bzw. die Firma in den Vordergrund, aber vergessen Sie nicht, auf Ihre Beweggründe und Vorteile hinzuweisen. Ein wichtiger Vorteil ist auch der Kompetenztransfer, das heißt, dass Sie Ihre Kompetenz einem neuen Mitarbeiter oder jemandem aus Ihrer Abteilung zur Verfügung stellen und ihn in Ihr Arbeitsgebiet einarbeiten.

Gehen Sie in Elternzeit:

▌ Verabschieden Sie sich von Ihren Kollegen mit einem gemeinsamen Frühstück und einer Runde Kuchen, um allen zu signalisieren, dass Sie in Elternzeit sind. Falls Sie auf Ablehnung stoßen: nicht provozieren lassen.

▌ Begehen Sie für sich persönlich oder mit Freunden den Start der Elternzeit mit einem kleinen Ritual, und sei es ein Frühstück bei Ihnen zu Hause. Wichtig ist, dass Sie den Beginn des neuen Lebensabschnitts bewusst wahrnehmen.

▌ Sprechen Sie einen Zeitraum ab, in dem Sie für Fragen zur Verfügung stehen. Damit schaffen Sie für Ihre Kollegen einen sanften Übergang in die neue Arbeitssituation.

▌ Besuchen Sie mit Ihrem Baby die Firma. Ihre Kollegen werden sofort verstehen, warum Sie gerade jetzt beruflich kürzertreten.

▌ Halten Sie wie geplant Kontakt zu Ihrer Firma.

▌ Überlegen Sie, ob eine Fortbildung jetzt sinnvoll sein könnte.

Bereiten Sie Ihren Wiedereinstieg vor. Oft lässt sich nicht festlegen, mit welchen Aufgaben in der Firma Sie nach der Elternzeit betraut werden. Durch den kontinuierlichen Kontakt zum Arbeitgeber sind Sie auf Veränderungen vorbereitet. Nach Möglichkeit sollten Sie auch zu Kollegen weiterhin Kontakt halten. Nicht nur, weil es Ihnen dann leichterfallen wird, wieder in den Kreis aufgenommen zu werden, sondern auch, weil Sie so möglicherweise wichtige Entwicklungen mitbekommen, die der Arbeitgeber Ihnen nicht mitteilt.

INFO: Wirkt sich die Elternzeit auf den Rentenanspruch aus?

Seit dem Rentenreformgesetz aus dem Jahre 1992 werden für Kinder, die ab 1992 geboren wurden, drei Erziehungsjahre in der gesetzlichen Rentenversicherung angerechnet. Diese drei Jahre werden dem Elternteil zugerechnet, der das Kind erzogen hat, üblicherweise der Mutter. Die Erziehungszeit kann aber auch dem Vater zugeordnet werden, wenn dieser Wechsel rechtzeitig dem zuständigen Rentenversicherungsträger gegenüber für die Zukunft erklärt wird. Die Zuordnung kann rückwirkend nur für höchstens zwei Kalendermonate erfolgen. Informieren Sie sich bei Bedarf bei Ihrem zuständigen Rentenversicherungsträger.

Was sagt mein Arbeitgeber dazu?

Nach dem, was Sie bisher gelesen und gehört haben, passt die Elternzeit Ihnen perfekt ins Konzept? Halten Sie Ihren Arbeitgeber und die Kollegen für so fortschrittlich, dass sie keine Nachteile befürchten? Noch ist das Bild in Deutschland durchaus gemischt, wie auch aus einer jüngst veröffentlichten Untersuchung im Auftrag der »Hessenstiftung – Familie hat Zukunft« hervorgeht. Darin machten 360 Väter zwischen 21 und 66 Jahren (Durchschnittsalter 42 Jahre), vornehmlich aus Hessen, Nordrhein-Westfalen und Baden-Württemberg, Aussagen zu ihren Erfahrungen und Vorstellungen im Spannungsfeld zwischen Beruf und Familie. Es zeigte sich, dass vier von zehn Befragten ihren Betrieb als »sehr« oder »eher väterfreundlich« einschätzen, drei von zehn als »teils, teils«, vier von zehn aber als »eher nicht« oder sogar »gar nicht« väterfreundlich. Dazu passt, dass jeweils vier von zehn befragten Vätern der Ansicht sind, dass Väter mit »negativen Reaktionen des Vorgesetzten« bzw. »fehlendem Verständnis von Kollegen« rechnen müssten, wenn sie familienfreundliche Maßnahmen in Anspruch nehmen wollten. Jeder Zweite meint, das würde »negative Auswirkungen auf die Karriere« haben, 6,6 Prozent halten sogar den Verlust des Arbeitsplatzes für möglich, und nur knapp drei von zehn Befragten befürchten keinerlei negative Folgen.
Befragt, welche Instrumente sie tatsächlich in Anspruch nehmen würden, wenn sie frei und ohne Konsequenzen fürchten zu müssen wählen könnten, entschieden sich die meisten für ein Home Office (66 Prozent), gefolgt von einer Reduktion der wöchentlichen Arbeitszeit (58,9 Prozent), Gleitzeit/Vertrauensarbeitszeit (53,1 Prozent) und Elternzeit (52,9 Prozent) (siehe Abbildung auf Seite 99).
Auch wenn wir Väter es offenbar nicht in allen Firmen einfach haben und noch gegen viele Vorurteile ankämpfen müssen, gibt es doch Anlass zur Hoffnung. Es liegt an uns, Familien- und Väterfreundlichkeit in den Betrieben zu forcieren. Sie kennen doch den Spruch: »Es gibt nichts Gutes, außer man tut es.«

»Arbeit um der Arbeit willen ist gegen die menschliche Natur.«

John Locke (1632–1704)

Falls Sie noch zusätzliche Argumente für Ihren Chef benötigen sollten, so berichten Sie ihm einmal folgendes Ergebnis der Studie: Die allermeisten der befragten Väter sind der Meinung, dass sich »gelebte Familienfreundlichkeit in ihrem beruflichen Umfeld« positiv oder gar nicht – aber niemals negativ – auf ihre Arbeitsleistung, ihre Motivation, ihr Engagement, die Bindung an ihr Unternehmen, die Identifikation mit dem Unternehmen, ihre Kreativität und ihre Zufriedenheit im Job auswirke. Lediglich in Bezug auf ihre Verfügbarkeit sehen knapp 36 Prozent der befragten Väter Einbußen auf den Betrieb zukommen.

Hessenstudie – was Väter sich beruflich wünschen

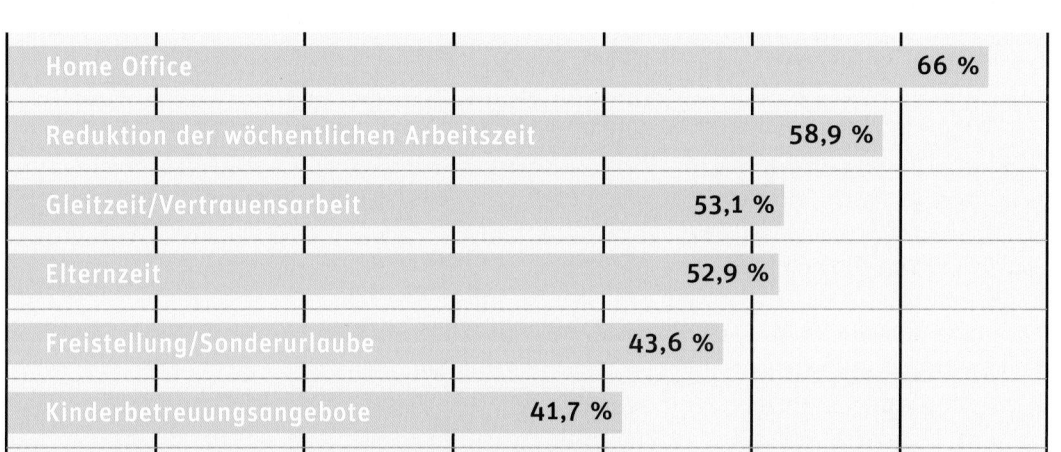

Home Office	66 %
Reduktion der wöchentlichen Arbeitszeit	58,9 %
Gleitzeit/Vertrauensarbeit	53,1 %
Elternzeit	52,9 %
Freistellung/Sonderurlaube	43,6 %
Kinderbetreuungsangebote	41,7 %
Väternetzweke	40,6 %

Prozent der Befragten

An der Spitze der erwünschten familienfreundlichen Maßnahmen stehen für Väter ein Arbeitsplatz zu Hause und eine Reduktion der Wochenarbeitszeit.

Und falls das nicht ausreichen sollte, hier noch ein weiteres Ergebnis der genannten Hessenstudie, das die Ernsthaftigkeit des Wunsches nach mehr Zeit für die Familie besonders deutlich unterstreicht: Zwei von zehn der Befragten würden dafür auf bis zu fünf Prozent ihres Gehalts verzichten, drei von zehn auf bis zu zehn Prozent, jeder Zehnte auf bis zu 15 Prozent und 16 Prozent der Befragten sogar auf mehr als 15 Prozent.

Es gibt also eine ganze Reihe von guten Gründen für Arbeitgeber, die Elternzeit für Männer positiv oder zumindest gelassen zu betrachten. Warum das Bild in der Realität noch ein anderes ist? Zum Teil sicher deshalb, weil bislang die wenigsten Arbeitgeber konkrete Erfahrungen damit sammeln konnten. Das wird sich natürlich ändern, weil immer mehr Väter von der Möglichkeit Gebrauch machen werden und mit der Zeit entsprechend immer mehr Arbeitgeber ihre (guten) Erfahrungen damit sammeln können. Doch solange sich die Vorteile nicht allenthalben herumgesprochen haben, wird es noch etwas mühsam bleiben, sich durchzusetzen. Umso wichtiger ist es auch, dass jeder Einzelne den positiven Kontakt zu seinem Arbeitgeber und seinen Kollegen aufrechterhält, auch dann, wenn es mal Dissonanzen gibt.

INFO: Tipps für die Elternzeit

Elternzeit ist kein Urlaub. Und das gilt nicht erst, seitdem es nicht mehr Erziehungsurlaub heißt. In dieser intensiven und spannenden Zeit können Sie allzu leicht den Kontakt zur Berufswelt verlieren, oder es fällt Ihnen zu Hause auch mal die Decke auf den Kopf. Damit Sie Ihre Elternzeit auch genießen können und der anschließende Wiedereinstieg ins Berufsleben leichterfällt, beachten Sie folgende Punkte:

- Genießen Sie die Zeit mit Ihrem Kind! Dafür ist die Elternzeit (auch) da. Nutzen Sie die Zeit, um eine stabile, langanhaltende und liebevolle Beziehung zu Ihrem Kind aufzubauen.
- Organisieren Sie Ihren Alltag zu Hause so, dass auch im Anschluss an die Elternzeit alles reibungslos klappt.
- Halten Sie Kontakt mit Ihrem Arbeitgeber. Bieten Sie sich für Urlaubsvertretungen oder Kurz-Jobs an. Nehmen Sie an Weiterbildungen teil. Lassen Sie sich über Teambesprechungen informieren.
- Schaffen Sie sich auch eigene Freiräume. Zu tun gibt's in der Elternzeit zu Hause eigentlich immer etwas. Sprechen Sie daher mit Ihrer Partnerin Freiräume ab, in denen Sie ohne Kind machen können, was Sie wollen: Sport treiben, Freunde treffen, Kaffee trinken, Energie auftanken.
- Treffen Sie sich mit anderen Vätern (und Kindern) zum Austausch. Wenn Sie mal einen Hänger in der Elternzeit haben, ist nichts besser als der Austausch mit anderen Elternzeitlern, die die eigene Situation ebenso gut kennen wie Sie.
- Nehmen Sie sich Zeit für Ihre eigene Vision. Ihre Elternzeit schafft Ihnen auch Raum, nachzudenken und Revue passieren zu lassen: Wollen Sie so weiterarbeiten wie bisher? Oder möchten Sie vielleicht etwas anders machen? In so einer Auszeit kommen Sie selbst schnell auf neue Gedanken und Ideen, die Sie nutzen können. Besprechen Sie Ihre Gedanken immer auch mit Ihrer Partnerin. Manchmal wird sie eventuell solche Höhenflüge unsanft beenden, manchmal wird sie vielleicht völlig neue Ideen aufbringen. Immer gut ist es aber, eine weitere Insider-Meinung zu hören.
- Denken Sie an Ihren Wiedereinstieg. Durch den Kontakt mit Ihrer Firma sind Sie gut darüber im Bilde, wo Sie dort beruflich wieder sinnvoll anknüpfen könnten. Kümmern Sie sich rechtzeitig darum, damit der Wechsel zwischen Elternzeit und Job nicht zu abrupt wird.

Flexibleres Arbeiten zahlt sich für alle aus

Nicht nur für Sie kann eines der verschiedenen Modelle für flexibleres Arbeiten Sinn machen – auch für Ihren Arbeitgeber. Versuchen Sie, diese Vorteile für das Unternehmen in der Argumentation immer wieder herauszustreichen. Immer mehr Unternehmen entdecken den Wert solcher Modelle, die ihnen nicht nur motiviertere Mitarbeiter bescheren, sondern sie auch flexibler auf Änderungen der Auftragslage reagieren lassen. Es gibt eine ganze Reihe von Möglichkeiten, die Sie in Erwägung ziehen und – wenn Sie für sich das geeignete Modell gefunden haben – gegebenenfalls mit Ihrem Arbeitgeber besprechen sollten. Sie können auch dem Betriebsrat vorschlagen, in dieser Richtung tätig zu werden, da er solche familienfreundlichen Modelle ebenfalls initiieren kann. Folgende Modelle kommen prinzipiell in Frage:

- Gleitzeit: Beginn und Ende Ihrer Arbeitszeit sind in einem bestimmten Rahmen flexibel. Dazwischen liegt möglicherweise eine Kernzeit mit einer Anwesenheitspflicht.
- Arbeitszeiterfassung mit Zeitkonto: Ihre Arbeitszeit wird kontinuierlich erfasst. Zeiten, in denen Sie mehr arbeiten, führen zu einem Zeitguthaben. In ruhigeren Zeiten kann dieses Zeitguthaben ausgeglichen werden. Zeitguthaben oder Zeitschuld sollten nur bis zu einem bestimmten Limit angesammelt werden.
- Jahresarbeitszeit: Sie funktioniert ähnlich wie das Zeitkonto, mit dem Unterschied, dass Zeitguthaben oder Zeitschuld innerhalb eines Jahres ausgeglichen werden müssen.
- Flexible Pausen: Sie bestimmen Länge und Lage Ihrer Pausen mit. So können Sie Ihre Kinder auch mal zwischendurch in der Pause sehen, sie aus der Kita oder Schule abholen usw.
- Spezielle Urlaubsregelungen: In die jährliche Urlaubsplanung werden die Urlaubszeit Ihrer Partnerin und die Schulferien Ihrer Kinder einbezogen. Aus familiären Gründen können Sie (bezahlten) Zusatzurlaub oder (unbezahlten) Sonderurlaub erhalten.
- Teilzeit: Siehe Thema »Teilzeit« im nächsten Abschnitt.

Teilzeit: Welches Modell darf's denn sein?

Es war einmal ein Arbeitsmarkt, der seinen Arbeitnehmern und Arbeitnehmerinnen nur gering qualifizierte Teilzeitarbeitsplätze anbot. Doch mit der Zeit sprach sich herum, dass Teilzeitkräfte unheimlich motiviert sind, dass sie ausgeglichener und glücklicher wirken. Die Unternehmer erkannten, dass sie mit motivierten und zufriedenen Mitarbeitern mehr Geld verdienen können, und schufen Teilzeitarbeitsplätze mit den unterschiedlichsten Anforderungen. Auch Fach- und Führungskräfte konnten jetzt problemlos in Teilzeit arbeiten. Und wenn sie nicht schon pleitegegangen sind, so schaffen die Unternehmen spätestens heute Teilzeitarbeitsplätze.

Auch wenn's wie im Märchen klingt, stimmt doch die Quintessenz: Es gibt heute eine Vielzahl von Teilzeitmodellen, die den unterschiedlichsten Anforderungen und Qualifikationen gerecht werden – und sie nützen tatsächlich nicht nur Arbeitern und Angestellten, sondern auch den Firmen. Für Sie persönlich springt natürlich vor allem mehr Zeit für Ihre privaten Interessen heraus. Ihre Kinder erfahren es als Normalität, dass sich ihr Vater genauso intensiv um sie kümmert wie die Mutter. Ihr Familienleben entspannt sich, da Sie Zeit haben für intensive Beziehungen. Und da Sie auch Ihren eigenen Interessen mehr Raum geben, steigt die Lebensqualität insgesamt. Dabei werden auch Sie vielleicht feststellen, dass Motivation und Kreativität – die im »Hamsterrad« des Alltags oft auf der Strecke bleiben – in dem Maße

TIPP: Teilzeit auch für Führungskräfte

Sie sind in einer Führungsposition tätig, weshalb Teilzeit für Sie nicht in Frage kommt? Stimmt nicht, wie elf Prozent der Führungskräfte in Deutschland beweisen. Die überwiegende Mehrzahl von ihnen sind zwar weibliche Chefs – 14 Prozent gegenüber zwei Prozent männlicher Chefs. Doch die Barriere sitzt im Kopf, und sie ist bei Männern einfach noch höher. Eine Untersuchung der Helmut-Schmidt-Universität in Hamburg hat gezeigt, dass die meisten Mitarbeiter nicht einmal bemerken, wenn ihr Chef seine Tätigkeit um 20 bis 40 Prozent reduziert.

zurückkehren, wie sich Stress abbaut. Auch finanziell ergeben sich nicht nur Nachteile: So zahlen Sie im Verhältnis weniger Steuern und Sozialabgaben. Das hat mit einer günstigeren Steuerprogressions-Stufe zu tun. Sie können das ja einmal auf der Internetseite des Bundesministeriums für Arbeit und Soziales mit dem Teilzeit-Netto-Rechner durchkalkulieren.
(www.bmas.de/coremedia/genertor/19082/applet_tz.html)

Bewährte Teilzeitmodelle:

- Jeden Tag weniger: Sie arbeiten fünf bis sieben Stunden am Tag, bei einer 25- bis 30-Stunden-Woche. Für Alltägliches, wie Kinder abholen, Einkaufen, Spielplatz und Ausspannen, bleibt so einfach mehr Zeit.
- Ganze freie Tage: Sie arbeiten drei oder vier Tage, jedoch nicht mehr als 32 Stunden in der Woche. So können Sie an den freien Tagen Ihre Kinder genießen, sie zum Kindergarten bringen und abholen und Dinge im Haushalt erledigen.
- Halbe freie Tage: Sie arbeiten vormittags, Ihre Partnerin nachmittags. Oder umgekehrt. So können Sie sich abwechselnd um Kinder und Haushalt kümmern.
- Wechselnde Wochen frei: Sie haben eine Woche pro Monat oder jede zweite Woche frei.
- Aus eins mach zwei: Sie teilen sich eine volle Stelle mit einer Kollegin oder einem Kollegen. Wann Sie die halbe Arbeitszeit ableisten, sprechen Sie mit Kollegen und Arbeitgeber ab.

▮ Teilzeit im Team (ab drei Personen): Die Verantwortung, bestimmte Zeiten abzudecken, liegt im Team. Entsprechend wird auch im Team verhandelt, wer wann arbeitet.

▮ Reduzierte Jahresarbeitszeit: In Absprache mit Ihrem Arbeitgeber bestimmen Sie Ihre Jahresarbeitszeit. So könnten Sie ein halbes Jahr 80 Prozent und das andere halbe Jahr 60 Prozent arbeiten.

▮ Sabbatical: Ein Sabbatical ist ein längerer, arbeitsfreier Zeitraum. Sie könnten die Zeit im Voraus ansparen, indem Sie z. B. 40 Stunden in der Woche arbeiten, aber nur für 30 bezahlt werden. Nach vier Jahren haben Sie ein Jahr frei und beziehen dasselbe Gehalt weiter.

So überzeugen Sie Ihren Arbeitgeber

Falls Sie Argumente benötigen, um Ihren Arbeitgeber von einem Teilzeitmodell zu überzeugen – hier sind sie:

▮ Teilzeitmitarbeiter sind hochmotiviert, kreativer und ausgeglichener, weil sie ihren privaten Bedürfnissen ausreichend Raum geben.

▮ Teilzeitmitarbeiter tragen mit ihrer Ausgeglichenheit zu einem besseren Betriebsklima bei, mit allen Folgen der Effizienzsteigerung.

▮ Teilzeitmitarbeiter sind weniger krank und wechseln auch nicht so oft den Arbeitgeber.

▮ Unternehmen, die der Teilzeit positiv gegenüberstehen, steigern ihre Attraktivität gegenüber Fachkräften und binden Sie ans Unternehmen.

▮ Teilzeitmitarbeiter arbeiten zielorientierter und produktiver.

▮ Teilzeitmitarbeiter bringen soziale Kompetenzen aus dem Familienleben in das Unternehmen ein.

Checkliste: Teilzeit

Legen Sie zunächst Ihre Ziele fest:

▮ Wollen Sie Anfangs- und Endzeiten Ihrer Arbeitszeit flexibler gestalten oder generell weniger arbeiten?

▮ Wie viel weniger wollen Sie arbeiten? Denken Sie dabei an die Zeit, die Sie für sich, Ihre Kinder und Ihre Partnerin haben wollen.

▮ Ist es sinnvoller, einen oder zwei Tage ganz zu Hause zu sein, oder ist eine kürzere Tagesarbeitszeit besser?

▮ Auf wie viel Geld können Sie verzichten – wie lange müssen Sie für das Notwendige arbeiten?

▮ Welches Arbeits- oder Teilzeitmodell ist für Sie und Ihren Arbeitgeber sinnvoll?

Analysieren Sie nun Ihren Arbeitsplatz:
Mit Hilfe der nachfolgenden Fragen können Sie herausfinden, welche Arbeiten Sie in einer bestimmten Zeit leisten sollen:

▮ Liegt eine Stellenbeschreibung vor?

▮ Welche Projekte und Aufgaben haben Sie zu erledigen?

- Wie viel Zeit benötigen Sie für die Erledigung Ihrer Projekte und Aufgaben? Trennen Sie zwischen Routineaufgaben und besonderen Tätigkeiten.

- Wo führen Sie Ihre Tätigkeiten durch? Welche Arbeitsmittel stehen zur Verfügung? Wie ist die Arbeitszeit geregelt?

- Sind Zuständigkeiten, Verantwortlichkeiten und Vertretungen für Ihre Arbeiten eindeutig geregelt?

- Mit welchen Mitarbeitern, Bereichen und Teams arbeiten Sie zusammen? Sind dabei die Kommunikationswege klar definiert?

Entwickeln Sie nun Ihr persönliches Teilzeitkonzept:

- Nachdem Sie wissen, was in Vollzeit zu leisten ist, können Sie sich ausrechnen, was in Teilzeit verlangt wird. Überlegen Sie, ob es sinnvoll ist, Arbeitgeber und Kollegen an Ihren Überlegungen zu beteiligen.

- Entwickeln Sie einen Wochenplan: Der Wochenplan sollte Funktionszeiten, Besprechungstermine, Präsenzzeiten und frei disponierbare Stunden enthalten. Des Weiteren sollten Sie Vorschläge machen, wie die Arbeit aufzufangen ist, die Sie nicht mehr leisten. Der Vorteil eines Wochenplans ist, dass Sie sagen können: »Hört her, so könnte es funktionieren.«

- Für Anregungen und Referenzen sollten Sie auch einen Blick auf vergleichbare Firmen werfen. Sogenannte »Best-Practice-Fälle«, also da, wo Teilzeit gut funktioniert, können Sie bei der Hertie-Stiftung (www.beruf-und-familie.de) einsehen.

Stellen Sie Ihr Konzept vor:

Nur Mut, schließlich sind Sie kein Bittsteller, sondern unterbreiten ein Angebot, das beiden Seiten Vorteile bringt. Beachten Sie dazu nachfolgende Tipps, dann kann eigentlich nichts mehr schiefgehen:

- Stellen Sie Ihr Anliegen als organisatorisches Problem dar, das gelöst werden kann.

- Stellen Sie die Vorteile für die Firma in den Vordergrund, aber vergessen Sie nicht, auf Ihre Beweggründe und Vorteile hinzuweisen.

- Seien Sie auf Widerstände vorbereitet. Viele Chefs haben ihren Job nur durch familiäre Opfer erreicht. Letztendlich werden aber die Sachargumente gewinnen.

- Bauen Sie Vorschläge in Ihr Konzept ein, und treffen Sie konkrete Absprachen, die Sie schriftlich fixieren sollten.

Arbeiten Sie in Teilzeit:

Nachdem Sie alle Formalitäten geklärt haben, arbeiten Sie fortan in Teilzeit. Dabei sollten Sie einige Punkte beachten:

- Vereinbaren Sie eine Testzeit (drei Monate). Am Ende dieser Testzeit sollten Sie selbst, Ihre Kollegen und Vorgesetzen über Erfahrungen berichten. Nehmen Sie diese Erfahrungen als Anlass, eventuell notwendige Änderungen einzuleiten.

▌ Machen Sie deutlich, wann Sie zur Verfügung stehen und wann nicht. Am besten schriftlich über einen Team-Kalender.

▌ Teilen Sie mit, wie Sie in Notfällen zu erreichen sind.

▌ Halten Sie sich an Absprachen und Zeiten, und suchen Sie das Gespräch, wenn es hier zu Reibungspunkten kommt.

▌ Verlieren Sie bei »dummen Sprüchen« nicht die Haltung. Meist sind die Kollegen oder Kolleginnen einfach nur unsicher oder neidisch.

Sondermodell Teilzeitselbstständigkeit

Wer in einem Beruf tätig ist, in dem er sich grundsätzlich selbständig machen könnte oder es bereits getan hat, sollte einmal überlegen, ob sich das nicht auch in Teilzeit verwirklichen ließe.
Für Einsteiger ist das Risiko natürlich zunächst kaum zu überschauen. Ohne fachkundigen Rat geht deshalb gar nichts. Wenn Sie sich über das Thema »Teilzeitselbstständigkeit« informieren, werden Sie feststellen, dass es mittlerweile viele Frauen, aber wenige Männer gibt, die davon Gebrauch machen. Lassen Sie sich davon nicht abschrecken, sondern betrachten Sie

TIPP: Üben Sie sich im Rollenspiel

Das Vorstellen Ihres persönlichen Teilzeitkonzeptes, die Art, wie Sie es »verkaufen«, ist wichtig für den Erfolg Ihrer Vorschläge. Gehen Sie deshalb nicht unvorbereitet in das Gespräch, sondern proben Sie das Ganze vorab in einem Rollenspiel mit einem Freund oder Ihrer Partnerin. Weisen Sie Ihren imaginären »Chef« an, Ihren Ideen gegenüber kritisch zu sein und Sie herauszufordern. Geben Sie ihm vorab mögliche Argumente des echten Chefs an die Hand, damit Sie später in der Live-Situation nicht überrollt werden.
Je detaillierter Sie die Situation proben, desto einfacher wird es für Sie später im wahren Leben sein, freundlich und sachlich zu bleiben und überzeugend zu wirken.

es von der positiven Seite: Es gibt nur wenig männliche Konkurrenz.
Sind Sie bereits selbstständig, so wissen Sie ja bereits, wie sich Einsatz und Einkommen errechnen und welche Chancen bestehen, wenn Sie den Arbeitsaufwand zugunsten der Familienzeit reduzieren. Ob das Modell für Sie in der Praxis funktioniert, ist natürlich letztlich ein Rechenexempel: Reichen die Einnahmen aus – eventuell zusammen mit denen Ihrer Partnerin –, um das Auskommen von Ihnen und Ihrer Familie zu sichern?

Und wer kümmert sich um die Kinder?

Sie haben Ihr persönliches Teilzeitmodell gefunden, mit dem Sie Ihre eigene und die Berufstätigkeit Ihrer Partnerin unter einen Hut bringen können? Eine Frage aber ist noch offen: Wo bleibt das Kind in Zeiten, in denen Sie beide nicht zur Verfügung stehen? Lassen Sie uns im Folgenden einmal die wichtigsten Möglichkeiten durchspielen.

Im Rahmen einer großen, zehn europäische Länder umfassenden Befragung von gut 14 000 Großmüttern und Großvätern zeigte sich, dass in Deutschland etwa drei von zehn Großmüttern und vier von zehn Großvätern mindestens einmal in der Woche die Betreuung ihrer Enkelkinder übernehmen[13]. Die Kinderbetreuungsstudie des Deutschen Jugendinstituts (DJI) zeigte gleichfalls, dass Oma und Opa nach den Eltern und einer Kindertageseinrichtung (Krippe) die drittwichtigste Betreuungsinstanz sind – immerhin 36 Prozent der Kinder zwischen null und sechs Jahren (37 Prozent der Kinder von null bis unter drei Jahren, 35 Prozent der Drei- bis Sechsjährigen) werden regelmäßig auch von den Großeltern – meist in deren eigenem Haushalt – betreut.[14]

Die Betreuung durch die Großeltern hat zwei wesentliche Vorteile: Sie kostet in der Regel nichts, und sie schafft einen Brückenschlag zwischen den Generationen, der sowohl den Kindern als auch den Großeltern zugute kommt. Die Kinder werden dabei mit Erfahrungen und Einstellungen konfrontiert, die sie auf andere Weise kaum je kennenlernen werden, und die Großeltern bleiben zusätzlich geistig

länger flexibel. Doch jede Medaille hat zwei Seiten: Kindern, die bis zum Schuleintritt in Abwesenheit der Eltern ausschließlich von den Großeltern – oder anderen erwachsenen Privatpersonen – betreut werden, fehlt häufig das soziale Miteinander mit Gleichaltrigen. Zudem kann das geschulte Fachpersonal in Kitas – so es denn tatsächlich entsprechend ausgebildet ist – Kinder eventuell gezielter fördern, als es die meisten Großeltern könnten. Optimal wäre deshalb in vielen Fällen eine Kombination aus öffentlicher und privater Betreuung. Lassen Sie uns also zunächst überlegen, welche nichtprivaten Betreuungsangebote es überhaupt gibt, und im zweiten Schritt, wie es um deren Verfügbarkeit und – wo sich darüber Aussagen treffen lassen – deren Qualität steht.

Eine kleine Bestandsaufnahme

Neben den bereits angesprochenen privaten Betreuungsmöglichkeiten – Verwandte, Freunde, Nachbarn – gibt es eine ganze Reihe von Angeboten, die sowohl im Preis als auch in der Qualität stark variieren. Das bedeutet erstens keinesfalls, dass teurere Angebote besser oder schlechter sein müssen. Es bedeutet auch nicht, dass staatliche Angebote besser oder schlechter wären als privatwirtschaftliche. Diese Aussage meint vielmehr, dass Sie in dieser Hinsicht ganz besonders wachsam sein müssen.

Ein Kita-Platz kann bei gleicher Betreuungszeit in der einen Kommune wesentlich teurer sein als in einer anderen. Mit der Qualität hat das jedoch zunächst einmal gar nichts zu tun. Auch innerhalb einer einzigen Kita kann die Qualität durchaus von Gruppe zu Gruppe sehr unterschiedlich sein: Vielleicht wirken in der einen Gruppe gut ausgebildete/engagierte Erzieher/innen, in der anderen weniger gut ausgebildete/weniger engagierte. Das Gleiche gilt natürlich auch für andere Betreuungsvarianten wie Tagesmütter/-väter. Um es auf den Punkt zu bringen: Es gibt schlechte Angebote auf allen Ebenen der Betreuung, ebenso wie es auf allen Ebenen auch ganz hervorragende Angebote gibt. Sie sollten hier sehr wachsam sein!

Neben der privaten Betreuung gibt es grundsätzlich folgende Varianten:

Krippen sind Betreuungseinrichtungen für Kinder von null bis drei Jahren. Die Kinder werden frühestens nach dem Mutterschutz (ab zwei Monaten) aufgenommen. Träger sind Städte und Gemeinden, Kirchen oder freie Verbände und Initiativen.

Tagesmütter und -väter betreuen Kinder von null bis sechs Jahren. Die Betreuung findet meist in der Wohnung der Tagesmutter und in Kleinstgruppen statt, die häufig auch die eigenen Kinder der Tagesmutter umfassen. Oft sind Tagesmütter individueller, persönlicher und flexibler als Krippen oder Kindergärten. Allerdings kommt es bei Tagesmüttern eher vor, dass krankheitsbedingte Ausfälle passieren können, falls die Tagesmutter keine Vertretung hat. Vermittlungsmöglichkeiten gibt es unter anderem bei Behörden oder Vereinen (z. B. dem Jugendamt).

Kindertagesstätten bzw. **Kindergärten** betreuen üblicherweise Kinder zwischen zwei und sechs Jahren. Die jeweilige Qualität und die Ausrichtung des Weltbilds sind von Träger zu Träger verschieden.

> ### TIPP: Kleinanzeigen durchstöbern
>
> Wenn Sie eine Betreuung für Ihr Kind benötigen, sollten Sie mal die Kleinanzeigen Ihrer Zeitung durchforsten. Oft inserieren hier Frauen, die eine Beschäftigung suchen, nachdem ihre eigenen Kinder aus dem Haus sind. Nach Prüfung der Qualitäten der betreffenden Person lässt sich so oft eine »Ersatz-Oma« finden.

Träger sind Städte und Gemeinden, Kirchen oder freie Verbände und Initiativen. Ab dem dritten Lebensjahr hat Ihr Kind einen rechtlichen Anspruch auf einen Kindergartenplatz.

Horte sind für schulpflichtige Kinder bis 14 Jahre gedacht. Die Betreuung findet nachmittags statt, und nur in den Ferien gibt es eine Ganztagsbetreuung. Generell gibt es ein pädagogisches Angebot. Als Träger fungieren Städte und Gemeinden.

Ganztagsschulen betreuen schulpflichtige Kinder über die übliche Vormittagsbeschulung hinaus. Generell bieten Ganztagsschulen ein warmes Mittagessen und eine pädagogische Betreuung, wie etwa Hausaufgabenhilfe. Diese Schulform wird momentan noch stärker ausgebaut.

Unsere Bestandsaufnahme wäre »weder Fisch noch Fleisch«, würden wir uns nicht die Verfügbarkeit der einzelnen Angebote anschauen und – wo möglich – auch die Qualität der Ausbildung der Betreuer/

Betreuerinnen. Letzteres ist nicht nur für Väter und Mütter interessant, wollen wir doch unsere Kinder in guten Händen wissen. Dieses Thema ist seit den PISA-Ergebnissen zunehmend in den Fokus der öffentlichen Diskussion gerückt, werden doch schon beim Vorschulkind die Weichen für den späteren Bildungsstand

gestellt. Eine Schlüsselrolle nimmt hier das Sprachverständnis ein. Kinder, die mit Eintritt in die Schule Probleme mit der deutschen Sprache haben, haben einen deutlich schlechteren Start. Frühe Sprachförderung ist deshalb von entscheidender Bedeutung, ganz besonders für Kinder mit Migrationshintergrund.

> »**Wer sich seiner eigenen Kindheit** nicht mehr deutlich erinnert, ist ein schlechter Erzieher.«
>
> Marie von Ebner-Eschenbach (1830–1916)

In einer Kinderkrippe werden schon unter Dreijährige betreut und lernen den sozialen Umgang miteinander.

Krippe & Co.

Für Kinder unter drei Jahren bieten sich zwei Formen der Betreuung an: Die Kindertagespflege durch Tagesmütter zum einen, zum anderen der Besuch einer Kindertageseinrichtung, die es in öffentlicher sowie freier Trägerschaft gibt und die entweder ausschließlich auf unter Dreijährige ausgerichtet ist (Krippe) oder unter Dreijährige im Rahmen einer »normalen« Kindertageseinrichtung mit älteren Vorschulkindern in einem Haus betreut. Tagesmütter, die mehr als 15 Stunden pro Woche und bis zu fünf fremde Kinder außerhalb der Kindeswohnung betreuen wollen, arbeiten auf der Rechtsgrundlage des § 43 SGB VIII in der Neufassung vom 1. Oktober 2005 und benötigen laut Gesetz dafür eine Erlaubnis vom Jugendamt, die auf fünf Jahre befristet ist. Das Jugendamt muss prüfen, ob die Tagesmutter zum Betreuen fremder Kinder geeignet ist und ob die räumlichen Voraussetzungen in den Betreuungsräumen erfüllt werden (z. B. Sicherheit, hygienische Erfordernisse, Ruhe- und Rückzugsmöglichkeiten für die Kinder, ausreichend Platz zum Spielen). Tagesmütter müssen »über vertiefte Kenntnisse hinsichtlich der Anforderungen der Kindertagespflege verfügen, die sie in qualifizierten Lehrgängen erworben oder in anderer Weise nachgewiesen haben«, heißt es im Gesetzestext (§ 23, Abs. 3 SGB VIII).[15] Für den Nachweis kommen Kurse bei Jugendämtern, Tageselternvereinen, Familienbildungsstätten oder Volkshochschulen in Frage.

In einer Kinderkrippe – oder einer anderen Kindertageseinrichtung gemischter Altersgruppen – wurden laut Betreuungsstudie des Deutschen Jugendinstituts in 2005 etwa 7,7 Prozent der 2,1 Millionen Kinder unter drei Jahren betreut, also rund 160 000 Kinder. Die gleiche Studie fand heraus, dass 4,1 Prozent der Altergruppe von Tagesmüttern betreut wurden, in absoluten Zahlen also etwa 86 000 Kinder.

Tagesmutter oder Krippe?

Manche in Ihrem Umfeld schwören auf diese oder jene Tagesmutter, andere auf die Krippe? Ein häufig anzutreffendes Phänomen: Hinter vorgehaltener Hand wird Ihnen eine bestimmte Tagesmutter als »Geheimtipp« empfohlen. Jemand anders hingegen steckt Ihnen, dass eben jene Tagesmutter stets ihre eigenen Kinder

bevorteilt. Sie sollten all diese Meinungen ernst nehmen und in Ihre Überlegungen einbeziehen. Doch die Entscheidung, welche Variante am besten zu Ihrer Familie passt, kann Ihnen niemand abnehmen. Hier einige Argumente, die Sie abwägen sollten:

▮ Die Betreuung bei Tagesmüttern hat meist den großen Vorteil, dass die Betreuungszeiten flexibler gehandhabt werden können als in institutioneller Betreuung. Auch sind die Gruppen kleiner, so dass sich die Tagesmutter oft intensiver um das einzelne Kind kümmern kann. Zudem ist das Infektionsrisiko geringer.

TIPP: Am Anfang steht die Analyse

Gehen Sie das Projekt Kinderbetreuung ganz professionell an. Erstellen Sie zunächst einen Bedarfsplan: An welchen Tagen müssen welche Zeiten abgedeckt werden? Im zweiten Schritt tragen Sie alle Möglichkeiten zusammen, die in Ihrer Nähe bestehen. Listen Sie bei jedem Angebot die möglichen Zeiten auf, die Kosten und sonstige Besonderheiten. Alle Varianten, die theoretisch in Frage kommen, sollten Sie nun genauer persönlich unter die Lupe nehmen und Meinungen anderer einholen, deren Kinder bereits dort untergebracht sind. Erst dann treffen Sie Ihre Entscheidung.

INFO: Weitere Formen der Kinderbetreuung

In manchen Lebenssituationen sind die bereits erwähnten klassischen Betreuungsformen nicht ausreichend oder kommen aus anderen Gründen nicht in Frage. In diesem Fall sollten Sie sich zusätzlich über folgende Formen Gedanken machen.

Au-pairs bieten Hilfe bei der Betreuung der Kinder in der Familie und bei allen anfallenden Hausarbeiten bis zu fünf Stunden täglich oder 30 Wochenstunden; sie erhalten ein Taschengeld von 205 Euro monatlich.

Elterninitiativen sind ein wichtiger Bestandteil der Kinderbetreuung außerhalb der Familie. Wenn Elterninitiativen als Träger der freien Jugendhilfe anerkannt sind, können sie eine Bezuschussung aus öffentlichen Mitteln beanspruchen.

Eltern-Kind-Gruppen betreuen Kinder ab drei Jahren an fünf Tagen in der Woche. Hier arbeiten Erzieherinnen mit Eltern zusammen.

Kinderfrauen/Kindermänner betreuen die Kinder im Haushalt der Eltern. Die Kosten belaufen sich in der Regel auf sechs bis neun Euro pro Stunde, zuzüglich Lohn- und Kirchensteuerpauschalen. In der Statistik – und auch im Buch – tauchen Kinderfrauen unter dem Begriff »Tagespflege« auf, der in der Mehrzahl Tagesmütter meint.

Krabbelstuben sind für Kinder im Alter von vier Monaten bis drei Jahren gedacht. Sie werden dort für einen Teil des Tages oder ganztägig – einschließlich Mittagessen – betreut.

Mütterzentren bieten im Rahmen der Familienselbsthilfe ein vielfältiges Angebot der Nachbarschaftshilfe, Familienbildung, Information und Beratung mit stundenweisen Kinderbetreuungsangeboten.

Spielgruppen dienen zehn bis zwölf Kindern im Alter von zwei Jahren bis zur Aufnahme in den Kindergarten an zwei bis drei Tagen in der Woche für jeweils drei bis vier Stunden pro Woche als Betreuungsmöglichkeit. Zuständig sind eine sozialpädagogische Fachkraft, eine weitere Kraft und ein Elternteil.

- Die Atmosphäre bei einer Tagesmutter ist insgesamt familiärer, fast so wie zu Hause.
- Auch nicht ganz unwichtig: Die Kosten sind in der Regel niedriger als in einer Krippe.
- Andererseits ist die Betreuung bei einer Tagesmutter unter bestimmten Umständen nicht so verlässlich wie eine institutionelle Betreuung, etwa bei einer Erkrankung der Tagesmutter oder deren eigenen Kindern.
- Zudem sind die sozialen Kontakte in der Krippe aufgrund der größeren Anzahl von Kindern natürlich vielfältiger, sprich, das Kind hat mehr Spielkameraden und damit mehr Gelegenheit zum sozialen Lernen.
- Auch das Angebot an (pädagogisch »wertvollen«) Spielsachen ist in Krippen meist größer.
- Das Argument, Tagesmütter seien weniger gut ausgebildet, ist nicht ganz aus der Luft gegriffen. Doch immerhin ein gutes Drittel der öffentlich geförderten Tagesmütter hat einen fachpädagogischen Abschluss, immerhin sechs von zehn Tagesmüttern haben einen spezifischen Qualifizierungskurs absolviert – und etwa ebenso viele einen Erste-Hilfe-Kurs für Säuglinge und Kleinkinder.[16]
- Wichtiger als die Ausbildung ist jedoch meist das Einfühlungsvermögen der betreuenden Person, ihre liebevolle und gleichzeitig konsequente Zuwendung und Förderung.

Werfen wir noch einen Blick auf die Lage in Krippen bzw. Kitas mit Betreuung unter Dreijähriger. Zurzeit gilt: Plätze sind rar, insbesondere in den alten Bundeslän-dern und regional sehr unterschiedlich. Über die reine Quantität hinaus aber muss es auch um die Qualität gehen. Wir wollen unsere Kinder schließlich nicht bloß irgendwo »parken«, sondern sie sowohl liebevoll behandelt als auch in ihrer Entwicklung gefördert sehen. Anders als bei den Tagesmüttern ist in Krippen und Kitas der Großteil des Personals »vom Fach«. Dennoch mahnen Kritiker eine bessere Ausbildung an. Angesichts der PISA-Ergebnisse und einer zunehmenden Zahl von Kindern mit Migrationshintergrund und daraus häufig resultierenden Sprachproblemen eine sinnvolle Forderung. Die Betreuungsstudie des Deutschen Jugendinstituts offenbart jedoch, dass Eltern, deren Kinder in einer Krippe bzw. Kita untergebracht sind, im Großen und Ganzen recht zufrieden mit der Betreuung sind, verteilen sie doch Schulnoten zwischen eins und drei. Am schlechtesten schneidet noch die Bewertung der hohen Kosten ab.

Bei der Wahl zwischen Krippe (bzw. adäquatem Kita-Platz) und Tagesmutter gilt es deshalb, genau Vor- und Nachteile abzuwägen, sowohl in der Theorie als auch – vor allem – ganz praktisch vor Ort. Schauen Sie sich deshalb sowohl die in Frage kommenden Krippen als auch Tagesmütter und ihr Zuhause genau an, bevor Sie sich entscheiden.

Auf in den Kindergarten!

Für viele Kinder ist erst der dritte Geburtstag der Startschuss in die nicht private Betreuung. Das gilt ganz besonders für westdeutsche Kinder. Doch wie bereits im Abschnitt über Krippen erwähnt, öffnen immer mehr Kindergärten ihre Pforten auch für Krippenkinder unter drei Jahren, vornehmlich für Zweijährige. Das hat ganz praktische Gründe. Zum einen sind die aktuellen Kindergartenjahrgänge zahlenmäßig nicht stark genug, um eine ausreichende Auslastung zu gewährleisten. Zum anderen stellt dieses Vorgehen eine einfache und kostengünstige Lösung für viele Bundesländer und Träger von Kindertagesstätten dar, die ambitionierten Pläne der aktuellen Bundesregierung zu realisieren. Diese Öffnung für Jüngere erfordert selbstverständlich erhebliche Anpassungsmaßnahmen, sowohl organisatorisch, oft räumlich und natürlich pädagogisch.[17] Dieser Prozess muss freilich kritisch beobachtet werden – durchaus auch von uns Eltern! –, sollte sich aber schließlich auf alle in Kitas betreuten Altersgruppen positiv auswirken.

So finden Sie den richtigen Kindergarten

Abgesehen von der Möglichkeit, andere Eltern nach ihren Erfahrungen zu fragen, sollten Sie die Einrichtung auch persönlich auf Herz und Nieren testen. Hier die wichtigsten Tipps:

- Sind die Räumlichkeiten ausreichend (für jede Gruppe mindestens zwei Räume)?
- Können sich Kinder unterschiedlicher Altersstufen geschützt vor den anderen bewegen und austoben (Krabbelkinder, Laufanfänger, Vorschulkinder)?
- Gibt es verschiedene Bereiche für unterschiedliche Funktionen (z. B. zum Essen, zum Zurückziehen und Entspannen, zum Spiel mit Wasser und Sand), und sind diese auch für kleine Kinder gut zu unterscheiden?
- Befriedigt der Außenbereich den Bewegungsdrang, und lässt er vielfältige Sinneserfahrungen zu?
- Sind ausreichend Spielmöglichkeiten vorhanden (z. B. für Verkleidungsspiele, Rollenspiele, für das Basteln und Konstruieren, zum Malen und Musikmachen), und sind diese auf die verschiedenen Altersstufen zugeschnitten und für sie erreichbar?
- Sind alle möglichen Gefahrenquellen unerreichbar?
- Gibt es Rückzugsecken und für die Jüngsten einen Extra-Schlafraum?
- Beträgt die maximale Gruppengröße 15 Kinder (mit nicht mehr als fünf Ein- bis Zweijährigen), sind bei dieser Gruppengröße stets mindestens zwei Erzieherinnen anwesend, und wird bei der Gruppenzusammenstellung auf Ausgewogenheit geachtet (Alter, Geschlecht)?
- Wird darauf geachtet, dass vor allem die kleineren Kinder vor- und nachmittags von vertrauten Erzieherinnen betreut werden und dass bekannte Spielpartner anwesend sind?
- Besteht die Möglichkeit, dass sich jedes Kind in Begleitung der Eltern im eigenen Tempo an die neue Umgebung und die neuen Personen gewöhnen kann?
- Ist der Tagesablauf klar strukturiert (z. B. durch Essen, Schlafen, Rituale), und lässt er sich mit den Rhythmen des Kindes verbinden?
- Verhalten sich die Erzieherinnen einfühlsam, und reagieren sie auf die Signale des Kindes?

▌ Werden Anregungen für die sprachliche Entwicklung gegeben (z. B. durch Bilderbücher, Geschichten, Gedichte, Lieder, Reime)?

▌ Wird den Kindern ein gewisser Freiraum gewährt, innerhalb dessen sie selbstbestimmten Tätigkeiten nachgehen können?

▌ Werden die Kontakte zwischen den Eltern gefördert (z. B. durch gemeinsame Unternehmungen wie Laternegehen)?

▌ Informieren die Erzieherinnen schriftlich über Ziele, Planungen und spezielle Angebote der Kita?

▌ Berichten die Erzieherinnen regelmäßig über den Entwicklungsstand des Kindes, sind sie für Fragen, Anregungen und Kritik offen, und gibt es ausreichend viele Elternsprechtage?

▌ Gibt es ständig aktualisierte Unterlagen über jedes Kind, in denen die Entwicklung dokumentiert wird?

▌ Nehmen die Erzieherinnen Rücksicht auf ethnische Besonderheiten (z. B. Religion) und mögliche Besonderheiten der Entwicklung einzelner Kinder (z. B. bestimmte Behinderungen)?

▌ Bemühen sich die Erzieherinnen, die Betreuungszeiten dem Bedarf der Eltern anzupassen?

Halbtagsschule plus Hort oder Ganztagsschule?

Schulkinder mit zwei berufstätigen Eltern, die oft längere Zeiten am Nachmittag unbetreut zu Hause verbringen müssen, nannte man früher »Schlüsselkinder«. Es gibt sie natürlich auch heute noch, doch in vielen Fällen wird dieses Betreuungsproblem durch meist schulinterne Horte gelöst, die für solche Kinder nach Unterrichtsschluss eine Unterbringung unterschiedlicher Dauer gewährleisten.

Doch während es sich bei der Betreuung in einem Hort zunächst einmal nur um eine sichere und geborgene »Aufbewahrung« der Kinder handelt – eventuell mit Hausaufgabenbetreuung –, so hat die Ganztagsschule doch einen ganz anderen Anspruch: Sie soll in erster Linie einen spezifischen Bildungsanspruch erfüllen. Nach dem Schock, ausgelöst durch die erste PISA-Studie aus dem Jahr 2000, wurde deutlich, dass die herkömmliche Halbtagsschule im Zusammenspiel mit den Eltern dem Bildungsanspruch nicht immer gerecht werden kann. Nach Ansicht des Wissenschaftlichen Beirats für Familienfragen beim Bundesministerium für Familie, Senioren, Frauen und Jugend soll die Ganztagsschule deshalb zu einem Regelangebot für alle gemacht werden.[18] So werden sich für immer mehr Eltern mit Schulkindern zwei Fliegen mit einer Klappe schlagen lassen: eine Unterbringung der Kinder über den Mittag hinaus und somit die Möglichkeit, ganztags zu arbeiten, und ein verbessertes Bildungsangebot für die Sprösslinge.

Für welche Variante Sie sich entscheiden – Hort oder Ganztagsschule bzw. private Unterbringung –, hängt natürlich nicht allein von Ihren Wünschen ab, sondern auch von den örtlichen Angeboten. Dennoch sollten Sie sich zunächst ein Bild machen, wie Ihr Bedarf aussieht, und sich dann fragen, auf welche Weise sich Ihre Vorstellungen am besten verwirklichen lassen. Dabei kann Ihnen die folgende Checkliste helfen.

Checkliste: Kinderbetreuung

▌ An welchen Wochentagen benötigen Sie wie viele Betreuungsstunden?

▌ Wann sind Sie, wann ist Ihre Partnerin für die Betreuung des Kindes zuständig, für den Haushalt und ähnliche Belange?

▌ Gibt es Privatpersonen, die Sie bei der Betreuung unterstützen können?

▌ Wäre es Ihnen lieber, wenn die Betreuung des Kindes bei Ihnen zu Hause stattfindet, oder hätten Sie lieber eine aushäusige Unterbringung?

▌ Falls Sie eine externe Betreuung wünschen: Wie weit darf die Stelle entfernt sein?

▌ Bei Fremdbetreuung: Welche Form halten Sie für wünschenswert?

▌ Wenn Ihr Kind schon zur Schule geht: Möchten Sie eine Ganztagsschule, eine Schule mit Hort, einen externen Hort oder andere Formen der Betreuung?

Kinder unter drei in Kitas

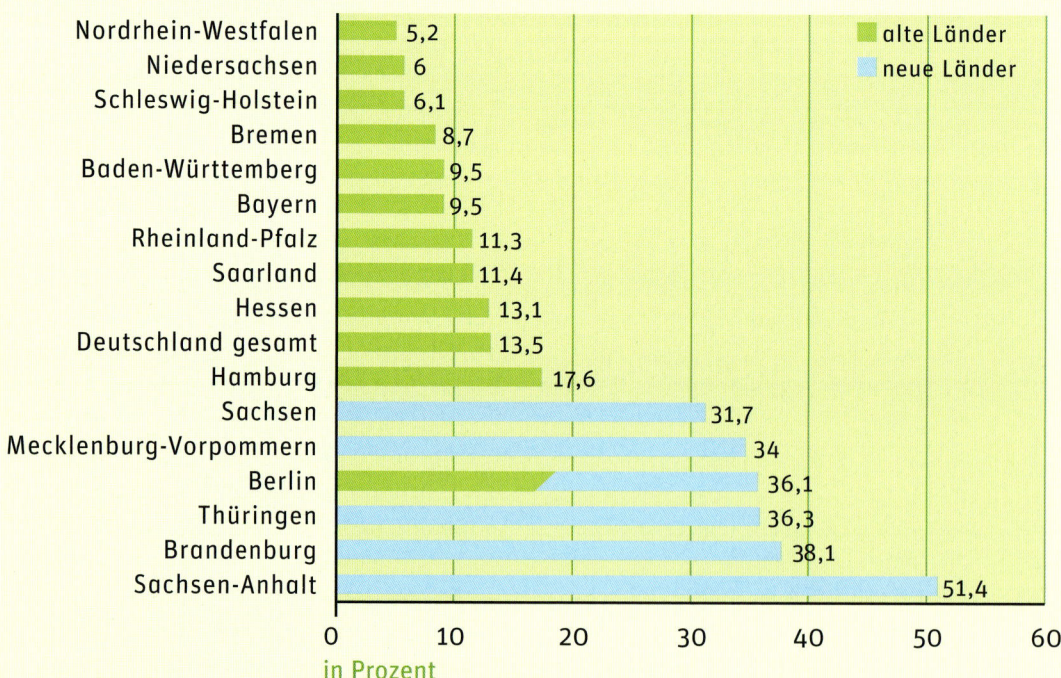

Land	Prozent
Nordrhein-Westfalen	5,2
Niedersachsen	6
Schleswig-Holstein	6,1
Bremen	8,7
Baden-Württemberg	9,5
Bayern	9,5
Rheinland-Pfalz	11,3
Saarland	11,4
Hessen	13,1
Deutschland gesamt	13,5
Hamburg	17,6
Sachsen	31,7
Mecklenburg-Vorpommern	34
Berlin	36,1
Thüringen	36,3
Brandenburg	38,1
Sachsen-Anhalt	51,4

alte Länder
neue Länder

in Prozent

Die Grafik zeigt das Verhältnis zwischen Kindern unter drei in dem jeweiligen Land und jenen, die dort eine Kindertageseinrichtung besuchen.

Grundschulen mit Ganztagsangeboten

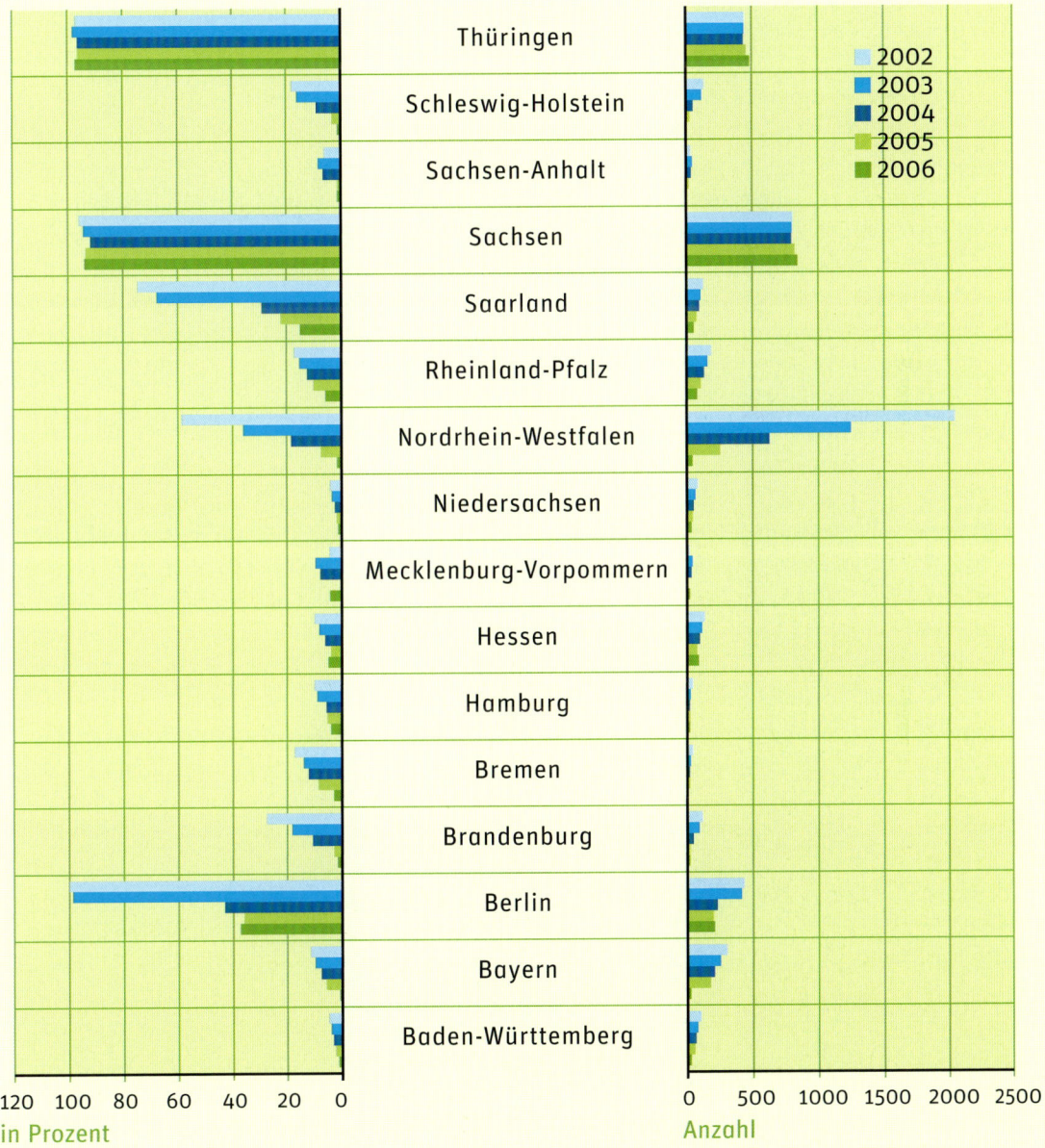

in Prozent

Anzahl

Die linke Seite der Grafik zeigt die Anteile der Grundschulen mit Ganztagsangeboten an allen Grundschulen des jeweiligen Bundeslandes von 2002 bis 2006, die rechte Seite die absolute Zahl der Grundschulen mit Ganztagsangeboten.

Organisation ist (nur) das halbe Leben

Machen wir uns nichts vor: Trotz Elternzeit, Elterngeld, diversen Teilzeitmodellen, Ganztagsbetreuung der Kinder und vielen weiteren in den letzten Jahren erreichten Verbesserungen ist es kein Zuckerschlecken, Beruf und Familie unter einen Hut zu bringen und sich gut dabei zu fühlen. Die meisten von uns neigen dazu, den Tag im Minutentakt aufzuteilen. Schließlich wollen die Kinder ihren Morgenkakao, müssen sie rechtzeitig fertig sein für Tagesmutter, Kita oder Schule. Schnell noch die Geschirrspülmaschine ausräumen und mit dem Morgengeschirr beladen. Das Auto muss in die Werkstatt, für das Mittagessen fehlen noch Zutaten, und um halb zwölf kommt der Schornsteinfeger. Das alles ist unser »Muss«, Dinge, die erledigt werden wollen. Dazu das »Muss« des Geldverdienens, die damit verbundenen zeitlichen Zwänge. Zeit für die Partnerschaft, Freunde, Sport und vieles mehr – sogar das wird mehr und mehr zum »Muss«. Und wo bleibt der Gegenpol, die Muße?

»Auch die Ewigkeit besteht aus Augenblicken.«

Sprichwort

Wenn Sie sich kleine Kinder anschauen, wie sie völlig in sich versunken mit einer Schaufel im Sandkasten buddeln, mit ihren Puppen spielen oder einfach nur aus dem Fenster träumen, so bekommen Sie vielleicht wieder eine vage Ahnung dessen, was Sie vermutlich nur sehr selten oder gar nicht (mehr) spüren: den Augenblick. Für den dänischen Philosophen, Theologen und Schriftsteller Søren Kierkegaard (1813–1855) war der Augenblick »jenes Zweideutige, darin Zeit und Ewigkeit einander berühren«.

Wir wollen hier nicht philosophisch werden, sondern nur darauf hinweisen, dass wir einen Ausgang aus dem »Hamsterrad« des Alltags finden müssen, um den Augenblick wieder als das wahrzunehmen, was er ist: unser Fenster zur Realität. Wir halten uns oft damit auf, über Vergangenes nachzudenken, wer, wann und warum was getan hat, welche Konsequenzen das hatte und weshalb das gut oder – meist – nicht so gut war. Oder aber wir stecken schon wieder mitten in der Zukunft, organisieren das Abholen der Kinder, das nächste Meeting im Job oder die Termine für die nächste Woche. Im Hier und Jetzt befinden wir uns jedenfalls höchst selten.

Es gibt eine Menge Bücher, die alle auf ihre eigene Weise Wege aufzeigen, wie wir uns selbst und die Kunst, im Augenblick zu leben, wiederfinden können: philosophische, psychologische, religiöse und ganz praktisch orientierte. An Letzteren wollen wir uns hier orientieren, wobei auch diese immer wieder Begriffe und Ideen aus den übrigen Bereichen entlehnen. Wir werden uns fragen, wie sich unser Leben einfacher und überschaubarer gestalten lässt, werden uns klarmachen, dass Zeit mehr ist als das Vorrücken der Zeiger auf einer Uhr und dass Geruhsamkeit oft schneller zum Ziel führt. Und schließlich werden wir uns überlegen, wie wir unsere Ziele so formulieren können, dass sie erreichbar werden.

Weil weniger tatsächlich meist mehr ist – mehr Lebensqualität

Schließen Sie bitte die Augen, und stellen Sie sich alle Dinge vor, die Sie noch zu erledigen haben und die Sie schon tage-, wochen-, monate- oder jahrelang vor sich herschieben. Vielleicht sehen Sie jetzt einen Stapel mit Zeitschriften, die Sie schon vor fünf Monaten auf wichtige Artikel hin durchschauen wollen, Kisten mit Kleidung auf dem Dachboden, die Sie schon vor zwei Jahren nach Brauchbarem durchstöbern wollten, oder diverse defekte Haushaltsgeräte, die Sie seit einem Jahr versuchen wollten zu reparieren. Vielleicht sehen Sie auch ganz andere Stapel, Ecken, Kisten, Kästen oder sonstige »Verstecke« für Unerledigtes. Vielleicht sehen Sie vor allem welche an Ihrem Arbeitsplatz, im Haushalt, Garten, am heimischen PC? Es gibt wohl kaum einen Menschen, der keine solchen unerledigten Sachen hätte. Falls doch, so müsste er einen Platz im Guinness-Buch finden! Gleichgültig, wo sie sich bei Ihnen verstecken, all diese »unerledigten Baustellen« haben zwei Dinge gemeinsam: Sie tauchen mit schöner Regelmäßigkeit als Hügel oder Berg vor unserem inneren Auge auf – als Hügel, wenn wir einigermaßen entspannt sind, als Berg, wenn ohnehin schon »Land unter« ist. Sie verschaffen uns auf diese Weise immer wieder das Gefühl, nie fertig zu werden, nichts wirklich richtig zu machen, unzulänglich zu sein. Glücklicherweise haben sie oft noch etwas gemeinsam: Wir tragen sie bereits so lange vor uns her und haben eigentlich ziemlich gut gelebt, ohne sie erledigt zu haben, dass sie wohl nicht allzu wichtig sein können! Denn was folgt daraus? Genau, wir können das meiste davon fast unbesehen, in jedem Falle aber unbesorgt entsorgen, uns Luft zum Atmen verschaffen!

»Entrümpeln« Sie Ihr Leben!

Die Grundfrage lautet: Was benötige ich wirklich, und im Umkehrschluss, was kann/sollte ich entsorgen? Lassen Sie uns einmal durchspielen, wie eine Entrümpelungsaktion aussehen könnte. Das gleiche Prinzip können Sie dann problemlos auch in anderen Bereichen anwenden. Das Ergebnis ist stets das Gleiche: Sie gewinnen mehr Klarheit im Kopf, ver(sch)wenden weniger Zeit mit Saubermachen und Aufräumen und gewinnen sie für die wirklich wichtigen Dinge des Lebens – wohl vor allem Ihre Familie! –, lösen Aufgaben kreativ, ohne auf »vorgekaute« Lösungen zurückgreifen zu müssen, werden weniger anfällig für Werbung, fühlen sich einfach besser.

Bevor Sie loslegen, ist es wichtig, dass Sie sich eine Grundregel klarmachen: Versuchen Sie nicht, alles auf einmal zu machen, sondern nehmen Sie sich nur jeweils eine überschaubare Teilaufgabe vor, etwa eine Schreibtischschublade, einen Karton mit Kleidung oder ein kleines Badezimmerschränkchen. Die Aufgabe sollte nicht mehr als maximal zwei Stunden in Anspruch nehmen. Dann entleeren Sie die Schublade komplett, den Karton, das Schränkchen oder was auch immer, und reinigen es gründlich. Nun kommt das Wichtigste, das Sortieren. Machen Sie drei Haufen. Einen mit Dingen, die voll funktionstüchtig sind und die Sie tatsächlich häufiger benutzen. Diese Dinge legen Sie ordentlich an den gereinigten Aufbewahrungsort zurück. Sollten Dinge mehrfach vorhanden sein, so kommen sie auf einen der folgenden beiden Haufen.

Auf den zweiten Haufen legen Sie alles, was defekt ist, unbrauchbar, weil überholt, und was Sie seit mindestens einem Jahr nicht mehr benutzt haben. Das meiste davon kommt auf den Müll – Papiermüll, Restmüll, Sperrmüll, Sondermüll. Falls Sie denken, das eine oder andere wäre zu schade zum Wegwerfen, und es würde sich möglicherweise noch jemand darüber freuen: Sie können es natürlich auch auf einem Flohmarkt verkaufen, über eine in manchen Zeitungen kostenlose Verschenkanzeige oder eine Verschenkbörse im Internet weggeben. Wichtig dabei ist aber: So etwas kommt zunächst in eine Kiste, und alles, was nach einem halben Jahr noch darin ist, wandert auf den Müll!

Auf einen dritten Haufen kommen Dinge, von denen Sie sich (noch) nicht trennen können, weil Sie sie möglicherweise ja doch noch benötigen. Legen Sie diese Dinge in eine sorgfältig mit Inhaltsangabe beschriftete Kiste, die Sie im Keller, auf dem Dachboden oder in der Garage aufbewahren. Alles daraus, was Sie im darauffolgenden Jahr nicht benötigt haben (Terminkalender!), landet dann im Müll.

Allein mit dieser Methode können Sie binnen weniger Tage oder Wochen ein großes Stück Einfachheit und Klarheit in Ihr Leben bringen. Und wenn Sie dann mal irgendwo ein Sonderangebot für einen ganz besonders fantastischen elektrischen Dosenöffner, ein Set mit vielen praktischen Schrauben, Nägeln, Haken und Möbeluntersetzern oder ein noch besseres Multibit-

Tool sehen – bleiben Sie standhaft! Selbstverständlich gilt das gleiche Grundprinzip für Spielsachen (sind Sie auf Flohmärkten auch immer wieder versucht zuzuschlagen?), Kinderkleidung und vieles mehr.

So gewinnen Sie Qualitätszeit

Über den Augenblick haben wir bereits gesprochen. Lassen Sie uns deshalb noch kurz auf das Subjektive unseres Zeitempfindens eingehen. Wenn Sie im Wartezimmer mit einer langweiligen Zeitschrift in der Hand darauf warten, ins Behandlungszimmer gerufen zu werden, vergehen 15 Minuten für Sie wesentlich langsamer, als wenn Sie sich die 15 Minuten angeregt mit einer netten Sprechstundenhilfe unterhalten. Die 15 Minuten vergehen auch langsamer, wenn Sie jemand anderen bei einer Tätigkeit beobachten, als wenn Sie die Tätigkeit selbst ausführen. Und für einen alten Menschen scheinen die 15 Minuten nur einen Augenblick lang zu sein, für ein Kind eine kleine Ewigkeit – etwa vor der Bescherung zu Weihnachten. Zeit ist subjektiv, auch wenn die 15 Minuten stets doch nur aus 900 Sekunden bestehen, nicht mehr, nicht weniger.

Lassen Sie uns im Folgenden überlegen, wie wir weniger Stress und mehr Qualitätszeit erreichen.

So wie die einzelnen Szenen in Filmen in den vergangenen 30 Jahren rapide kürzer wurden, hat sich auch die Zeitspanne verringert, in der wir Dinge in unserer Umgebung anschauen. Achten Sie beim Spazierengehen darauf, dass Sie die Dinge um sich herum für jeweils mindestens fünf

Im Beruf ist letztlich jeder ersetzbar, in der Familie nicht: Also, nehmen Sie sich Zeit für Ihre Kinder und Ihre Partnerin.

Sekunden fixieren. Sie werden rasch merken, wie Ihre Zeit an Qualität zunimmt. Wenn Sie feststellen, dass Sie gerade im Begriff sind, hektisch zu werden, führen Sie für ein oder zwei Minuten alle Bewegungen betont langsam aus – und der Stress weicht fast augenblicklich.

»Hast du es eilig, so geh langsam.«

Chinesische Weisheit

Verändern Sie eingeschliffene Routinen: Putzen Sie sich mit der anderen als der üblichen Hand die Zähne, binden Sie sich den Schuh zuerst, der sonst als zweiter dran ist, führen Sie die Gabel mit der anderen als der gewohnten Hand zum Mund. Dadurch gewinnen Sie sofort an Achtsamkeit, unbewusst verbrachte Zeit wird zu Qualitätszeit.

Atmen Sie 20-mal tief ein und aus, und zählen Sie bei jedem Ausatmen von eins eine Ziffer hoch, bis Sie beim zehnten Ausatmen bei zehn angekommen sind. Dann noch einmal von eins bis zehn. Danach sind Sie wieder bei sich und in Ihrer Eigenzeit angekommen, egal, wie fremdgesteuert Sie sich zuvor gefühlt haben.

Suchen Sie sich einen Ort, an dem Sie sich wohlfühlen, besonders wenn Sie eine ungeliebte Aufgabe zu erledigen haben. Der Ort, an dem Sie arbeiten, kann aus Ihrer Zeit auch mehr Qualitätszeit machen. Starten Sie morgens doch zwischen dem Kindergarten und dem Job mit einer kleinen Auszeit in einem Cafe.

Checkliste: Qualitätszeit

Können Sie sich jeden Abend an mindestens ein schönes Erlebnis mit Ihrer Familie erinnern?

▌ Haben Sie im Job öfter das Gefühl, das Richtige zur rechten Zeit getan zu haben, etwas geschafft zu haben?

▌ Sind Sie heute schon dazugekommen, etwas nur für sich zu machen?

▌ Auf welche Dinge können Sie sich in der nächsten Woche/im nächsten Monat/im nächsten Jahr freuen?

▌ Wann hatten Sie zuletzt Zeit, ohne Zeitdruck Pläne zu schmieden?

▌ An welche schönen Orte der Muße können Sie sich erinnern, an denen Sie Kraft tanken können?

▌ Wie oft lächeln oder lachen Sie am Tag?

▌ Haben Sie anderen etwas erzählt, was Sie schön fanden?

Wenn Sie nach der Beantwortung der Fragen ein ungutes Gefühl im Bauch haben sollten, ist es an der Zeit, darüber nachzudenken und etwas zu ändern.

Erhöhen Sie die Chancen, Ihre Ziele zu erreichen

Dem Dichterfürsten Johann Wolfgang von Goethe (1749–1832) wird folgender Spruch zugeschrieben: »Es soll nicht genügen, dass man Schritte tue, die einst zum Ziele führen, sondern jeder Schritt soll Ziel sein und als Schritt gelten.« Und der Schöpfer von Tom Sawyer und Huckleberry Finn, Mark Twain (1835–1910), soll gesagt haben: »Gegen Zielsetzungen ist nichts einzuwenden, sofern man sich dadurch nicht von interessanten Umwegen abhalten lässt.« Beide Zitate sagen etwas Wichtiges über Ziele aus. Es ist gut und wichtig, sich Ziele zu setzen. Wichtiger aber ist es, sich überhaupt auf den Weg zu machen und dabei Umwege nicht zu scheuen. Wollten wir nicht alle mal Astronaut, Lokführer, Feuerwehrmann oder Forscher werden? Tatsächlich haben es ja einige von uns geschafft. Und wir anderen? Etwas in uns hat sich auch auf den Weg gemacht, so dass wir alle jetzt ein klein wenig Astronaut, Lokführer, Feuerwehrmann und Forscher sind.

Zeitweise fühlen wir alle uns ein wenig ziellos, manchmal sogar wie ein Blatt im Wind. Doch es gibt immer wieder Zeiten, in denen wir uns neu ausrichten, in denen wir neue Ziele ins Auge fassen. Die Zeit, in der wir Vater werden oder geworden sind, ist so eine Zeit. Wir denken über die (künftige) Entwicklung unserer Kinder nach, fragen uns, was sie von uns am dringendsten brauchen (uns selbst und ihre Mutter natürlich!), wie wir ihre Zukunft sichern können und vieles mehr. Es ist die Zeit, in der wir anfangen, über Lebensziele und ihre Verwirklichung nachzudenken.

Wir können nichts über Ihre Ziele wissen, außer dass Sie die tief in Ihnen liegenden Lebensziele nur selbst entdecken können. Doch es geht hier schließlich auch um ganz konkrete Ziele, die ebenso viel Aufmerksamkeit verdienen, auch wenn sie scheinbar viel trivialer sind: mit Ihrem Chef ein Teilzeitmodell aushandeln, Ihrem Kind bei seiner Matheschwäche helfen, eine größere Wohnung auftreiben – so was in der Art. Zum Abschluss dieses Kapitels finden Sie deshalb ein paar Tipps, wie Sie solche Ziele am besten formulieren und ihre Umsetzung vorantreiben können:

■ Sagen Sie sich nicht: »Ich hoffe, dass mein Chef mir ein vernünftiges Teilzeitangebot macht«, sondern »Ich werde meinem Chef so gute Vorschläge machen, dass er zustimmen muss.« Mit anderen Worten: Übernehmen Sie den aktiven Part, nicht den passiven eines Bittstellers.

■ Formulieren Sie Ihre Ziele und Zwischenziele konkret. Also nicht »Ich möchte Lena in Mathe helfen«, sondern »Ich werde mit Lena zuerst noch einmal die Multiplikation durchsprechen, dann wird sie auch die Division verstehen. Zweimal die Woche setzen wir uns vor dem Abendbrot zusammen.«

■ Knüpfen Sie mit Ihren Zielen an bereits erreichte Ziele an. Sagen Sie nicht: »Wir werden schon irgendwann eine geeignete Wohnung finden«, sondern »Wir

kennen so viele Leute, die uns bei der Suche nach einer Wohnung helfen können. Außerdem wissen wir ja jetzt genau, was wir wollen.«

■ Sich Ziele zu setzen braucht auch Muße. Nutzen Sie Kurzurlaube, freie Tage und auch die Elternzeit, um sich über Ihre persönlichen Ziele klar zu werden. Auch ein Gespräch mit einem guten Freund kann ein guter Einstieg sein, um sich klaren Zielen zu widmen. Vielleicht ist Ihr Freund ja aufgeschlossen, und Sie können sich gegenseitig coachen.

■ Wenn Sie merken, dass Sie mit Ihren Zielen nicht weiterkommen, scheuen Sie sich nicht, auch professionelle Hilfe bei einem Coach zu suchen.

TIPP: So finden Sie professionelle Hilfe

Ein sogenannter Coach kann Ihnen beim Finden der eigenen Ziele helfen und Sie bei der Realisierung unterstützen. Der Begriff Coach ist allerdings nicht geschützt. Informieren Sie sich deshalb gründlich über Coaching-Angebote. Ein guter Coach sollte über reichhaltige Lebenserfahrung verfügen, eine psychologische Ausbildung haben und psychologische Interventionsverfahren sicher anwenden können. Darüber hinaus kann er sich in Ihre Situation einfühlen, gut zuhören und Ihre Gedanken durch Fragen führen.

GLÜCKLICHE ELTERN, GLÜCKLICHE KINDER

Liebe, Zweisamkeit und Familien-
gründung sind auch heute noch
der Wunsch vieler, auch junger
Menschen. Doch wie wirken sich
Kinder auf die Beziehung ihrer
Eltern aus? Und was macht Paarbeziehungen stabil und glücklich?

Verliebt, verlobt, verheiratet – und geschieden?

In jeder Paarbeziehung gibt es Zeiten, in denen alles (fast) wie von allein läuft, und solche, in denen wir viel Arbeit investieren müssen. Doch die Liebe kann auch mit Kindern erhalten bleiben.

Ein ganzer Cocktail von Hormonen und Nervenbotenstoffen macht die erste Zeit in Liebesbeziehungen zwischen Mann und Frau zu einer abenteuerlichen Reise, nicht unähnlich einem Drogentrip: Adrenalin und andere Stresshormone lassen die Schmetterlinge im Bauch flattern, das »Glückshormon« Dopamin wirkt besser als jede rosa Brille, und das »Bindungshormon« Oxytozin weckt den Wunsch in uns, mit »ihr« ein Leben lang zusammen sein zu wollen.[19] Doch das ist nur die rein physiologische Seite und beschreibt vor allem das Gefühl des Verliebtseins. Die meisten von uns verbinden mit dem Wort »Liebe« wohl eher das Gefühl innigster Zuneigung, sinnliches Begehren, Sich-angenommen- und-geborgen-Fühlen, partnerschaftliches Miteinander und Füreinander-Dasein. Was der Einzelne mit dem Wort »Liebe« verbindet, ist aber auch sehr individuell und abhängig von dem, was ihm in seinem Leben bisher an Liebe entgegengebracht wurde, was er aus Büchern, Filmen und Erzählungen kennt, wie er bisherige

»Liebesbeziehungen« empfunden hat. Es ist deshalb eigentlich kein Wunder, dass sich viele wirklich kluge Köpfe bereits seit Jahrtausenden den Kopf darüber zerbrechen, wie Liebe zu definieren sei. Sicher ist, dass der Wunsch, zu lieben und Liebe zu empfangen, mit einem Partner glücklich zusammenzuleben und eine Familie zu gründen, bei den meisten von uns eine zentrale Rolle spielt. Für neun von zehn Deutschen ist ein glückliches Partnerschafts- und Familienleben wichtiger als alles andere, wobei sich eine glückliche Partnerschaft vor allem durch gegenseitigen Respekt, Liebe, Zärtlichkeit und Treue auszeichnet.[20]

Der Trend zum nicht ehelichen Zusammenleben aber ist ungebrochen: Von 1996 bis 2006 stieg die Zahl der nicht ehelichen Lebensgemeinschaften um rund ein Drittel auf 2,4 Millionen an, während im gleichen Zeitraum die Zahl der Ehepaare um fünf Prozent auf 18,7 Millionen abnahm.[21] Paare wollen also nach wie vor zusammenleben, nur nicht unbedingt mit amtlichem Siegel.

Entwicklung der Eheschließungen und Scheidungsraten

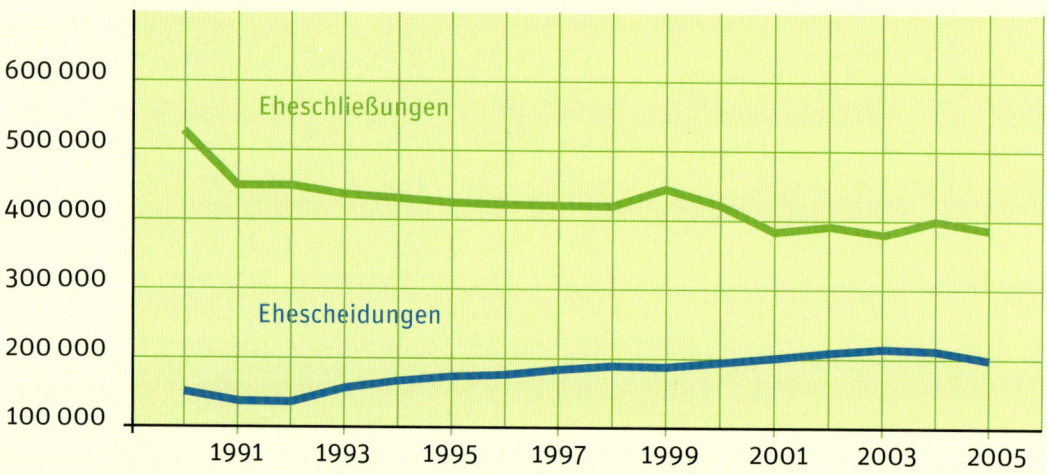

Seit 1990 ist die Zahl der jährlich geschlossenen Ehen konstant nach unten gegangen, während die Scheidungsrate im gleichen Zeitraum merklich angestiegen ist.

Denn betrachtet man die Zahl der Eheschließungen und Scheidungen von 1990 bis 2005, so zeigt sich deutlich ein gegenläufiger Trend: Immer weniger Paare heiraten, und immer mehr bestehende Ehen werden geschieden. Eine nähere Analyse der statistischen Daten offenbart noch zweierlei. Zum einen müsste es das »verflixte fünfte Jahr« heißen, denn nach einer Ehedauer von fünf Jahren werden die meisten Ehen geschieden. Anschließend sinkt die Scheidungsziffer wieder. Zum anderen werden die meisten Ehen geschieden, wenn die Ehepartner zwischen 35 und 45 Jahre alt sind.

Dass sich zwei Menschen trennen, kann natürlich eine ganze Reihe von Gründen haben. Auffällig ist allerdings, dass Frauen eher bereit sind, eine nicht mehr funktionierende Ehe aufzulösen. Das deutet darauf hin, dass Männer oftmals verkennen, wie dramatisch die Situation eigentlich ist, einfach weitermachen wie bisher und sich der Auseinandersetzung um die Beziehung nicht stellen. Und tatsächlich können auch Kinder eine Belastung der Beziehung darstellen und zur Trennung führen.

»Die Summe unseres Lebens sind die Stunden, in denen wir liebten.«

Wilhelm Busch (1832–1908)

Was kommt nach der ersten großen Freude?

Fast alle Eltern sehnen die Geburt ihres ersten Kindes mit jeder Faser herbei. Und ist alles gut überstanden, ist die Freude naturgemäß groß. Wir Väter sind froh, wenn Mutter und Kind gesund sind, und – natürlich – stolz sind wir auch. Sind die beiden wieder zu Hause, freuen wir uns jeden Tag über die kleine Familie, die in unserer Vorstellung gleichbedeutend ist mit Glück, Harmonie und der Erfüllung unserer Wünsche. Doch so sehr wir unser Baby und seine Mutter auch lieben mögen: Es ist jetzt alles anders, und nicht alles daran scheint gut zu sein. Bevor wir Wege aufzeigen, wie Sie aus der veränderten Situation das Beste für Ihre Beziehung machen können, wollen wir zunächst analysieren, wo die Veränderungen liegen und welche möglichen Konsequenzen sie haben.

Alles dreht sich nur noch ums Kind

Zugegeben, es gibt wirklich pflegeleichte Kinder, die den gewohnten Tagesablauf nur wenig durcheinanderbringen und die zur Freude vor allem der Mutter schon nach wenigen Wochen nachts durchschlafen. Aber machen wir uns nichts vor, diese Kinder sind eindeutig in der Minderzahl. Hoffen Sie also besser nicht darauf. Wahrscheinlicher ist, dass die Bedürfnisse des Babys Sie und Ihre Partnerin so stark vereinnahmen, dass alles andere weit in den Hintergrund tritt. Das gilt besonders dann, wenn es sich um das erste Kind handelt.

Beim zweiten und weiteren Kindern wissen Sie, dass – überspitzt formuliert – nicht jedes Schreien gleich ein Grund ist, ins Krankenhaus zu fahren. Doch beim ersten Kind ist alles noch so neu, und man will ja nichts verkehrt machen …

Zu dieser Grundanspannung – machen wir alles richtig? – kommt meist noch die Übernächtigung hinzu, die bei der (stillenden) Mutter meist noch schlimmer ist als bei uns Vätern und oft an totale Erschöpfung grenzt. Doch wenn wir als Väter meinen, wir müssten uns die Arbeit mit unserer Partnerin teilen – was ja eigentlich völlig richtig ist – und den Fehler begehen, uns nachts gleichzeitig mit unserer Partnerin um unser Kind zu kümmern, sind wir beide bald völlig fertig. Kleiner Tipp vorab: Wäre es nicht sinnvoller, einander abzuwechseln, so dass jeder mal ein wenig Schlaf bekommt?

Die sozialen Kontakte ändern sich

Was für frischgebackene Väter gilt, dass sie seltener bis gar nicht mehr ins Kino gehen, kaum noch Sport treiben und so gut wie gar keine Freunde und Bekannte mehr besuchen, ist für die Mütter meist noch wesentlich stärker ausgeprägt. Der Grund liegt auf der Hand: Stillende Mütter können das Baby nur unter beträchtlichem Aufwand für mehrere Stunden mit dem Vater oder einer anderen Betreuungsperson allein lassen. Auch hier ein kleiner Tipp: Versuchen Sie's doch mal mit dem Abpumpen der Muttermilch. Das beschert Ihrer stillenden Partnerin ein paar freie Stunden und Ihnen eine Zeit allein mit Ihrem Baby.

»Männer fühlen sich heute stärker zuständig für Beziehung und Familie«

ein Gespräch mit Dr. Hans Jellouschek

Dr. Hans Jellouschek ist einer der bekanntesten Paartherapeuten Deutschlands. Er hat zahlreiche erfolgreiche Ratgeberbücher zum Thema Partnerschaft veröffentlicht, darunter »Wie Partnerschaft gelingt – Spielregeln der Liebe«.

Herr Dr. Jellouschek, die Langzeitbeziehung von Paaren hat wieder einen anderen gesellschaftlichen Stellenwert. Sind wir wieder konservativer?

Ich glaube, das hat nichts mit konservativ zu tun. Es entspricht einfach einem tiefen Grundbedürfnis des Menschen, dem Grundbedürfnis nach Bindung. Andererseits bleiben Trennungen und Scheidungen trotzdem häufig, weil wir immer mehr ausschließlich auf unsere individuellen Fähigkeiten, eine Beziehung befriedigend zu gestalten, angewiesen sind. »Von außen« – durch Konvention, wirtschaftliche Faktoren, gesellschaftlichen Druck – wird eine Ehe immer weniger zusammengehalten.

Krisen in langen Beziehungen sind sicher normal – was sind die typischen Problematiken?

Das ist natürlich ein weites Feld. Aber vielleicht kann man es auf diesen gemeinsamen Nenner bringen: Es geht bei Krisen in der Paarbeziehung immer darum, ob man »ein Drittes« gut in die Zweierbeziehung integrieren kann. Der, die oder das Dritte kann ein Kind sein, das die Zweierbeziehung stark verändert. Es kann der Beruf sein, der einen der beiden oder beide sehr in Anspruch nimmt, oder es kann eine Affäre sein, die alles in Frage stellt, es kann auch das Ausscheiden eines der Partner aus dem Beruf sein, wodurch das ganze bisherige Zusammenspiel der Partner durcheinandergebracht wird. Immer sind Paarbeziehungen mit »Drittem« konfrontiert, das die Zweiheit zu sprengen droht, das aber auch dazu beitragen kann, dass sich die Beziehung vertieft und die Liebe reift – wenn man gut damit umgeht.

Männer »arbeiten« nicht an der Beziehung, hieß es immer. Ist das immer noch so?

Im patriarchalen Beziehungsmodell ist der Mann der Existenzerhalter, der »damit schon genug Arbeit hat« und es darum der Frau überlässt, sich um alles Übrige, also vor allem um Beziehung, Fürsorge und Gefühle zu kümmern. Anscheinend hat sich das gewandelt: So, wie Frauen sich heute viel häufiger beruflich engagieren, so fühlen sich die Männer stärker zuständig auch für Beziehung und Familie und sind auch bereit, Hilfe anzunehmen. Eine gute Entwicklung!

Wie kommt dieses neue Bewusstsein zustande, was sind die Hintergründe?

Das alte Modell setzt eine Gesellschaft voraus, die es heute immer weniger gibt: die Produktionsgesellschaft, in der der Mann zur Arbeit »nach draußen« muss, um die Familie zu erhalten, die Frau aber drinnen bleiben muss und »darf«, um sich um Familie und Kinder zu kümmern. In der Dienstleistungsgesellschaft wird diese Aufteilung immer weniger nötig und sinnvoll. Frauen haben denselben Bildungsstand, können dieselben Arbeiten machen, haben die Möglichkeit, durch die Pille die Kinderzahl zu kontrollieren. Darum rückt die jeweils andere Seite – bei den Frauen der Beruf, bei den Männern jetzt allmählich auch Beziehung und Familie – stärker ins Bewusstsein.

Haben die Männer vielleicht einfach auch dazugelernt, sind sie heute gar die erste Generation, für die es selbstverständlich ist, bewusster mit Gefühlen und Wünschen umzugehen?

Männer sind dabei dazuzulernen, meine ich. Wenn sich zum Beispiel ein Mann entschließt, einen Teil der Elternzeit zu nehmen, erlebt er es bei allem Stress, den das für ihn bedeutet, häufig auch als eine große Bereicherung. Und zwar in zweierlei Hinsicht: was seinen Kontakt zu den Kindern angeht und den zu seiner Frau, weil er ihre bisherige »Welt« viel besser kennenlernt. Genauso, wie die Frau durch die Härten des Berufslebens, denen sie ausgesetzt ist, oft auch ein tieferes Verständnis dafür bekommt, mit welchen Drucksituationen ihr Mann oft konfrontiert ist. Das sind zweifellos wichtige Erfahrungen, die Missverständnisse ausräumen können.

Kann man, daraus resultierend, von einer »neuen Männlichkeit« sprechen?

Der Begriff von Männlichkeit, aber entsprechend auch der von Weiblichkeit, ist sicher umfassender geworden.

Wenn wir davon ausgehen, dass moderne Männer bewusster geworden sind – was sind die Rolle und der Einfluss der Frauen dabei?

Die Frauen haben den Männern sicher ganz schön zugesetzt – und tun es noch immer. Aus ihrer Sozialisation heraus und der Rolle, die sie von ihren Vätern und Großvätern tradiert bekommen haben, fällt es Männern immer noch schwerer, Beziehungs-Realitäten vor Augen zu haben als »Sach-Realitäten«. Ihr Blick geht in erster Linie auf die »Sachen«, während im Bewusstsein der Frauen immer »Beziehungen« im Vordergrund stehen.

Beratungssituationen sind häufig Thema in Hollywoodfilmen. Hat uns das geholfen, ein anderes, beratungsfreudigeres Klima zu etablieren? Schließlich geht dort sogar der höchst männliche Robert de Niro als Mafiaboss auf die Couch?

Solche »Vorbilder« haben sicher ihren Einfluss. Aber insgesamt handelt es sich um eine generelle Tendenz zu mehr Gleichwertigkeit der Geschlechter. Wenn Männer »weiblicher« und Frauen »männlicher« werden, ist das ja ein großer Gewinn an Lebensqualität, denn beide gewinnen dadurch ein tieferes Verständnis füreinander. Und dass es zwischen beiden trotzdem auch noch »prickelnd« bleibt, dafür sorgen immer noch die nach wie vor vorhandenen Unterschiede zwischen beiden.

Ein weiterer Grund, warum Eltern nach der Geburt des ersten Kindes weniger Kontakt zu ihren alten Freunden und Bekannten haben, erschließt sich rasch, wenn man sich einmal die typischen Gesprächsthemen von Eltern anschaut. Themen erster Priorität: die Nahrungsaufnahme, das Schlafverhalten, Windeln (und deren Inhalt) sowie die Vor- und Nachteile verschiedener Säuglingsnahrungen. Themen zweiter Priorität: die ersten Laute, Drehen, Krabbeln und andere Bewegungsformen sowie das Sichern der Wohnung vor dem Kind – bzw. umgekehrt. Nicht-Eltern kommen da nur schwerlich über ein »Ach, so ist das«, »Tatsächlich?« oder »Das wusste ich nicht« hinaus. Natürlich ergeben sich über Krabbelgruppen und ähnliche Institutionen neue Kontakte, leben alte Verbindungen wieder auf, wenn dort auch gerade Nachwuchs eingetroffen ist, werden die Großeltern und eventuell andere Verwandte häufiger aufgesucht. Doch insgesamt ist fast immer eine Einschränkung oder zumindest Änderung der sozialen Kontakte zu verzeichnen.

Schatz, du bist so anders!

All das beeinflusst naturgemäß die Zufriedenheit beider Eltern, so dass sie meist weniger in der Lage sind, auftauchende Spannungen mit einem Lächeln aus der Welt zu schaffen. Und Spannungen gibt es in den ersten Wochen und Monaten nach der Geburt des ersten Kindes bei den meisten in Hülle und Fülle. Hinzu kommt ein wichtiger Faktor, mit dem kaum ein Paar rechnet, das sich ja riesig auf das gemeinsame Kind gefreut hat: Das Baby erfordert so

viel Aufmerksamkeit, Fürsorge und Zuwendung, dass für den Partner nicht mehr viel übrig ist – weder was die Zeit angeht noch die Energie. Das macht sich in einer gravierenden Verschlechterung der Beziehungsqualität bemerkbar, wie die LBS-Studie eindrücklich belegt. In dieser Untersuchung wurden 175 Paare, die zwischen Dezember 1995 und August 1996 ihr erstes (90 Paare) oder zweites bzw. drittes Kind (85 Paare) bekamen, unter der Projektleitung von Prof. Dr. Wassilios E. Fthenakis begleitet, um Veränderungen beim »Übergang zur Elternschaft« – so der Untertitel der Studie – zu dokumentieren.[22] Was wohl die meisten von uns – die romantischen Vorstellungen zahlreicher Filme und Bücher im Kopf – kaum glauben mögen: Diese »Veränderungen« sind keineswegs immer positiv, sondern im Gegenteil meist eine schleichende, aber deutliche Verschlechterung der Paarbeziehung. Am deutlichsten zeigte sich die Verschlechterung der Partnerbeziehung in vier Bereichen. Die Partner

- redeten nach der Geburt des ersten Kindes weniger miteinander als gegen Ende der Schwangerschaft (siehe Abbildung rechts oben),
- tauschten weniger – körperliche und verbale – Zärtlichkeiten aus (siehe Abbildung rechts unten),
- stritten sich häufiger (siehe Abbildung auf Seite 130 oben) und
- waren insgesamt unzufriedener mit dem Partner (siehe Abbildung auf Seite 130 unten).

Lassen Sie uns in den folgenden Abschnitten überlegen, was sich dagegen tun lässt.

Kommunikationsverhalten junger Eltern

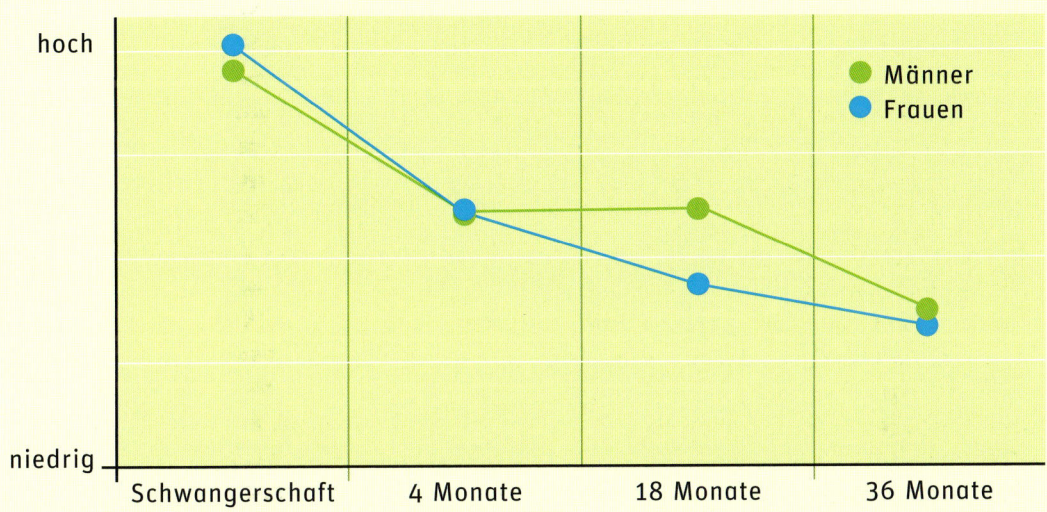

Nach der Geburt reden Mutter und Vater weniger miteinander. Das kann sich auf die Partnerschaft auswirken.

Zärtlichkeit zwischen jungen Eltern

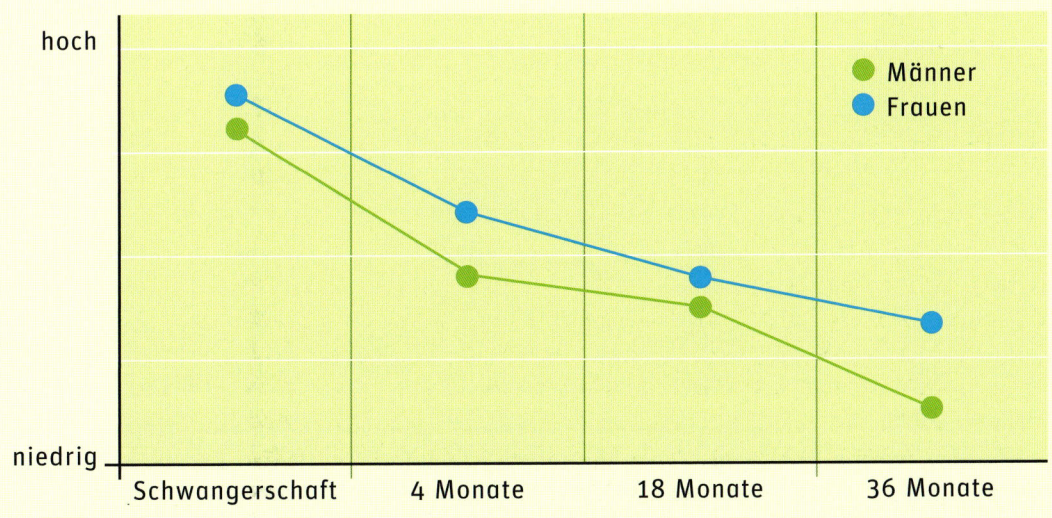

Schmusen und verbale Zärtlichkeiten sind nach der Geburt leider oft Mangelware.

Streitpotenzial bei frischgebackenen Eltern

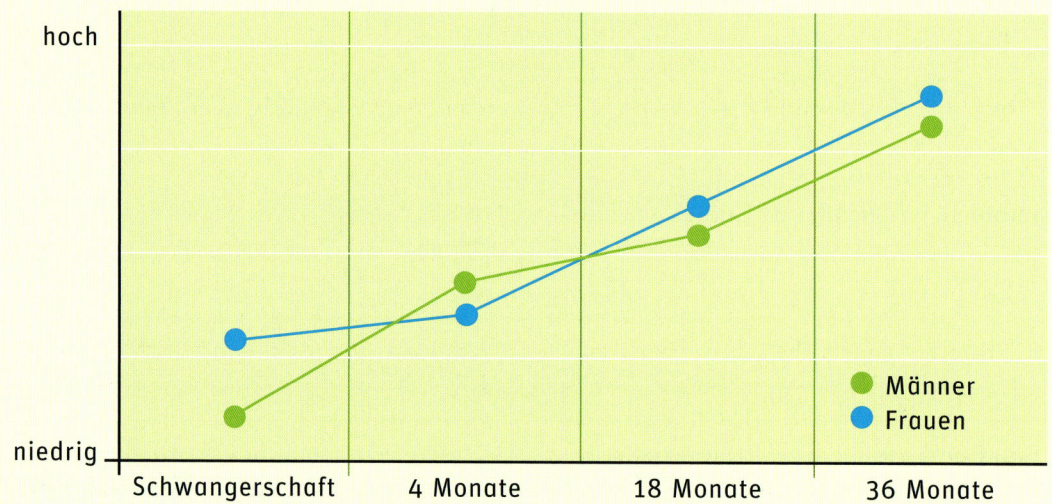

Nach der Geburt steigt das Streitpotenzial bei den frischgebackenen Eltern deutlich an.

Unzufriedenheit zwischen den Paaren

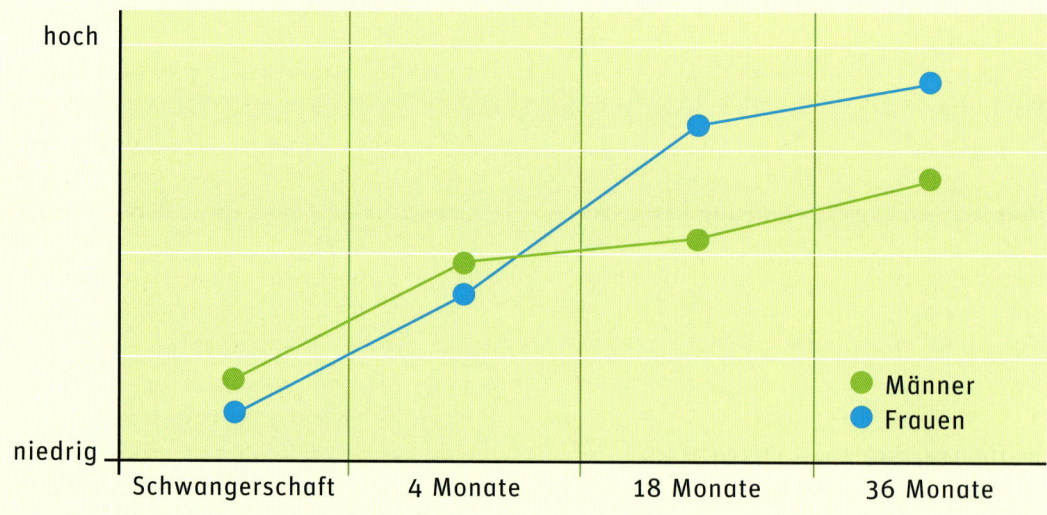

Vier Monate nach der Geburt ist die Unzufriedenheit mit dem Partner bei Vater und Mutter etwa gleich hoch. Danach steigt sie bei den Müttern noch einmal deutlich an.

So bleibt Ihre Beziehung intakt — und wächst sogar

Haben Sie in der Schule lesen, schreiben und rechnen gelernt? Waren Sie in einer Fahrschule, um Ihren Führerschein zu machen? Haben Sie schon an Fortbildungsveranstaltungen in Ihrem Job teilgenommen, vielleicht einer Computerschulung? Haben Sie gelernt, wie man eine Paarbeziehung führt? Auf diese Fragen haben Sie vermutlich dreimal mit »»Ja« geantwortet, ganz sicher aber einmal mit »Nein«. Alles Mögliche müssen wir lernen. Wieso glauben wir eigentlich, dass wir zum Führen einer guten Paarbeziehung keinerlei »Ausbildung« bräuchten? Glauben wir ernsthaft, dass wir das von unseren Eltern gelernt haben? Manche vielleicht, die meisten sicher nicht. Oder glauben wir ernsthaft, diese Fähigkeit von ausgedachten Figuren in Filmen und Romanen erlernen zu können, die doch alle nur die Vorstellungen des jeweiligen Autors widerspiegeln?

In ungezählten Untersuchungen hat die Forschung Material darüber zusammengetragen, was eine glückliche von einer unglücklichen Beziehung unterscheidet. Was sich dabei ganz eindeutig herausgestellt hat: Glück, Schicksal, Zufall und Ähnliches sind dabei kein Faktor. Die Fähigkeiten, eine glückliche Beziehung zu führen, lassen sich vielmehr lernen.

Behalten Sie Ihre rosarote Brille ruhig auf!

Wir sagen zwar »Liebe geht durch den Magen«. Doch mit dem Magen hat das natürlich herzlich wenig zu tun. Auch das perfekte Fünf-Gänge-Menü schmeckt nur dem, in dessen erlerntes Muster eines schmackhaften Essens das Menü fällt. Eisbein mit Sauerkraut oder Weißwürste mit süßem Senf mögen durchaus taugen, Liebesgefühle in einem Bayern zu wecken, versagen jedoch mit großer Wahrscheinlichkeit bei einem Mexikaner, für den wiederum geröstete Heuschrecken (Chapulines), Ameiseneier (Escamoles) und die Larven der Sumpfmoskitos (Ahuautles) das höchste der Gefühle darstellen. Ob die »Resi« ihrem »Sepp« damit eine Freude machen würde?

Was wir lieben, was uns gleichgültig lässt und was wir zutiefst verabscheuen, hängt von unseren Vorstellungen und Erwartungen ab. Und das gilt nicht nur für unser Lieblingsessen. Die Forschung hat fünf Einstellungen herausgefunden, die sich in den Köpfen glücklicher Paare finden. Danach ist die Qualität einer Beziehung besser, wenn (möglichst) beide:

- den Partner positiv wahrnehmen, ihn durch die sprichwörtliche »rosarote Brille« betrachten — und zwar nicht nur in der Phase der ersten Verliebtheit, sondern durchaus auch im späteren Verlauf der Beziehung.
- daran glauben, dass Liebe nicht einfach nur Schicksal ist, sondern man selbst etwas für die Liebe tun kann.
- an den Partner hohe Ansprüche stellen.
- negative Ereignisse in der Beziehung eher auf äußere Umstände zurückführen, nicht etwa auf den Partner bzw. sein Verhalten.
- sich die gemeinsame Zukunft insgesamt positiv vorstellen.

Sie werden jetzt möglicherweise einwenden, dass es ja schön und gut ist, wenn man den Partner am Anfang noch durch die rosarote Brille sieht, dass man aber später doch auch die negativen Seiten sieht und die Beziehung daher objektiver beurteilen kann. Das ist insofern richtig, als Partner, die bereits länger zusammenleben, es schätzen, wenn der andere sie im positiven Sinne ähnlich sieht wie sie sich selbst. Im Online-Familienhandbuch schildert die Diplom-Psychologin Dr. Eva Wunderer einen Versuch der US-Forscher Susan Osgarby und Kim Halford, in dem diese Paare baten, positive und negative Erlebnisse mit ihrem Partner in ein Tagebuch einzutragen. »Einige Zeit später«, so schreibt Eva Wunderer, »baten sie die Partner, die Ereignisse zu erinnern, ohne dabei freilich das Tagebuch zur Hand zu nehmen. Das Resultat: Glückliche Paare gaben mehr positive Ereignisse an, als im Tagebuch verzeichnet, beurteilten die negativen Ereignisse dagegen realistisch. Unglückliche Paare unterschätzten positive Ereignisse und überschätzten negative, sahen ihre Beziehung also durch eine rabenschwarze Brille. Dadurch entsteht ein Teufelskreis, denn durch die negativ gefärbte Wahrnehmung sinkt die Beziehungszufriedenheit weiter. Glückliche Paare hingegen befinden sich im ›Engelskreis‹ und haben dank ihrer ›rosaroten Sicht‹ auf die Beziehung allen Grund, noch zufriedener zu sein.«[23]

Sehen Sie das Positive im Leben

Wie andere Forscher belegen konnten, gilt dies auch für die Beurteilung lange zurückliegender Erlebnisse. Man könnte es auf die einfache Formel bringen: Wenn wir positive Erlebnisse höher bewerten als negative, so geht es unserer Beziehung gut. Halten wir uns hingegen immer wieder die Schattenseiten vor Augen, stellen wir die negativen Aspekte in den Fokus, so lenken wir unsere Beziehung, ohne es zu wollen, in den Abgrund. Da es ohnehin keine objektive Sichtweise in Bezug auf unsere Vorstellungen und Erwartungen gibt: Warum dann nicht besser jene Sicht wählen, die unsere Partnerschaft bereichert? Was den zweiten Punkt angeht – Liebe ist nicht etwa nur Schicksal, sondern hängt von unserem eigenen Engagement ab –, liegt die Erklärung eigentlich auf der Hand. Wer daran glaubt, das Schicksal verantwortlich machen zu können, wenn in der Partnerschaft etwas nicht klappt, macht es sich sehr einfach und beraubt sich der Möglichkeit, die Beziehung wachsen zu lassen.

»Das Schicksal mischt die Karten, und wir spielen.«

Arthur Schopenhauer (1788–1860)

An diesem Aphorismus von Schopenhauer ist durchaus etwas dran. Auffallend viele Paare in glücklichen Beziehungen sind der Ansicht, dass das Schicksal ihnen zwar schon einen passenden Partner »ausgeteilt« hat, dass sie aber auch durch harte Arbeit, durch das gemeinsame Überwinden von Herausforderungen und Hindernissen erst eine wirklich befriedigende Beziehung aufgebaut haben.

Kommen wir zu Punkt drei, die hohen Ansprüche an den Partner. Klingt zunächst wenig plausibel, leuchtet aber ein, wenn man berücksichtigt, dass »hohe Ansprüche« nicht »überhöhte Ansprüche« meint. Überhöhte, nicht erfüllbare Ansprüche sind in der Tat kontraproduktiv, da sie zwangsläufig zu Frust führen. Bei hohen Ansprüchen ist das anders, denn sie gelten natürlich für beide – nur wenn ich selbst bereit bin, hohe Anforderungen zu erfüllen, kann ich sie auch von meiner Partnerin verlangen. Insofern besteht bei Paaren mit hohen Ansprüchen eine stärkere Bereitschaft, den anderen in seinem eigenen Wachstum zu unterstützen.

Die Kraft der Vorstellung

Vor Gericht gilt zunächst einmal die Unschuldsvermutung, in unbefriedigenden Beziehungen offenbar nicht: »Das hat sie/er bestimmt wieder vergessen«, »Garantiert kommt sie/er zu spät, weil sie/er sich wieder festgequatscht hat«, »Das kriegt sie/er mit Sicherheit wieder nicht hin«. Im Talmud, dem nach der jüdischen Bibel (Tanach) bedeutendsten Schriftwerk des Judentums, heißt es:
»Achte auf deine Gedanken, denn sie werden Worte. Achte auf deine Worte, denn sie werden Handlungen. Achte auf deine Handlungen, denn sie werden Gewohnheiten. Achte auf deine Gewohnheiten, denn sie werden dein Charakter. Achte auf deinen Charakter, denn er wird dein Schicksal.«
In diesem Sinne wirken sich negative Vorverurteilungen der Partner untereinander fatal auf die Beziehung aus. Wer so denkt,

achtet ständig darauf, ob sich seine Prophezeiung »mal wieder« bewahrheitet. Trifft sie »ausnahmsweise« mal nicht zu, so hat das »natürlich nichts zu bedeuten«. Das negative Bild wird so immer mehr verstärkt, das positive zurückgedrängt – Gift für jede Beziehung. Bleibt nur eines übrig: Wenn etwas wirklich störend ist, kann man gemeinsam daran arbeiten – ohne Schuldzuweisungen. Oder aber man lernt, damit zu leben, ohne im Kopf eine negative Strichliste zu führen.

Nun zum letzten Punkt: den Glauben an eine positive Zukunft der Beziehung. Hier ist es wie bei den Vorstellungen über die eigene, vom Partner unabhängige Zukunft. Wenn Sie daran glauben, dass Sie künftige Probleme meistern werden, haben Sie gute Chancen, das auch tatsächlich zu erreichen. Gehen Sie hingegen mit dem Gedanken in die Zukunft, es würde ja ohnehin wieder alles schiefgehen, können Sie es auch gleich sein lassen. Leistungssportler wissen längst von der Macht positiver Gedanken und setzen sie ganz bewusst und gezielt ein. Keiner von ihnen käme auf die Idee, sich vor einem Wettkampf Sätze wie »Die anderen sind sowieso besser als ich« vorzusagen oder auch nur zu denken. Wir sollten von den Sportlern lernen.

Miteinander Reden bringt Segen

»Reden ist Silber, Schweigen ist Gold«, lautet ein deutsches Sprichwort. Die Kikuyu, ein Volksstamm in Kenia, sagen hingegen: »Reden ist einander lieben.« Was das Reden in Beziehungen angeht, sollten wir besser auf die Weisheit der Kikuyu setzen. Denn wie der US-amerikanische Psycholo-

Im Gespräch bleiben, einander zugewandt sein und Gemeinsamkeiten pflegen – das ist die Basis einer Partnerschaft.

ge John Gottman festgestellt hat, benötigt eine Partnerschaft fünfmal so viel positiven Austausch wie negativen, um den Status quo zu erhalten. Wollen wir unsere Beziehung verbessern, sollte es ungleich mehr sein. Da die meisten Paare Studien zufolge nicht mehr als zehn Minuten täglich miteinander reden, müssten davon immerhin acht Minuten für Positives verwandt werden.[24] Um die Kommunikation positiv zu gestalten, sind jedoch keineswegs Komplimente nötig (wenngleich sie natürlich auch nicht schaden!), sondern ganz einfache Regeln fürs Reden und Zuhören.

Sprechen Sie konkret miteinander

Eines der wichtigsten Gebote ist es, konkret zu sprechen. Wenn Sie möchten, dass Ihre Partnerin das Auto betankt und den Reifendruck überprüft, wäre eine angemessene Formulierung, beispielsweise: »Kannst du bitte bei deiner nächsten Fahrt das Auto betanken und die Luft prüfen?«, angebracht und nicht etwa »Man sollte mal wieder tanken und den Reifendruck prüfen«. Im ersten Fall werden Sie eine konkrete Antwort bekommen: »Mache ich«, »Vielleicht, wenn ich's zeitlich schaffe«

oder auch »Kannst du das bitte machen, ich kann den Geruch nicht ausstehen«. Der »Man-sollte-Satz« erfordert keine Antwort und kann Ihre Erwartung leicht enttäuschen. Wenn sie nämlich nicht an die Tankstelle fährt, können Sie sich ärgern, ihr einen Vorwurf machen und der negativen Strichliste einen Strich hinzufügen. Vermeiden Sie »Man«-Sätze grundsätzlich, wenn Sie auch »ich« oder »du« sagen können.

Konkret zu sprechen meint aber auch, keine unausgesprochenen Vorwürfe darin zu verstecken. Sätze wie »Du kannst ruhig auch mal wieder tanken« sind Schläge unter die Gürtellinie, auf die sich kaum angemessen reagieren lässt. Oder würden Sie ein »Und du kannst auch ruhig mal wieder den Müll runterbringen« als angemessene Antwort bezeichnen? Wenn Sie der Meinung sind, dass die Lasten ungleich verteilt sind, sollten Sie das in einem liebevollen, unaufgeregten Gespräch zu klären versuchen. Und wenn es sich um ein nur momentanes Problem handelt, könnten Sie beispielsweise sagen: »Ich habe im Augenblick so viel um die Ohren, kannst du bitte mal tanken und den Reifendruck prüfen?«

Wer macht was?

Die gerechte Verteilung der Haus- und Familienarbeit ist ein wichtiger Bestandteil einer zufriedenen Paarbeziehung. Hier die wichtigsten Schritte:

▌ Listen Sie gemeinsam auf, welche Arbeiten anfallen (z. B. Wäsche waschen, Finanzen verwalten, Tiere versorgen, Gartenarbeiten, Autowäsche usw.). Kopieren Sie die Liste. Anschließend schreibt jeder von Ihnen (jeder für sich) seinen Namen hinter die Arbeiten, die er tatsächlich übernimmt. Nun vergleichen Sie die Listen und prüfen, ob alle Arbeiten übernommen wurden.

▌ Danach schreiben Sie hinter jede von Ihnen übernommene Arbeit, ob Sie diese gern, nicht so gerne, überhaupt nicht gerne machen und mit welcher Häufigkeit (täglich, wöchentlich, monatlich oder jährlich).

▌ Im nächsten Schritt tauschen Sie die Listen aus. Ihre Partnerin soll jetzt Ihre Tätigkeiten beurteilen und Sie die ihren. So wird deutlich, wo die Einschätzungen unterschiedlich bzw. deckungsgleich sind. Oft haben Sie die Lösung damit schon in der Hand: Was Sie ungern tun, macht Ihre Partnerin unter Umständen mit Freuden – und umgekehrt.

▌ Markieren Sie jetzt alle Arbeiten, die Sie gern übernehmen wollen, ebenso jene, die Sie abgeben wollen. Nun gilt es nur noch, für alle Tätigkeiten, die weder Sie noch Ihre Partnerin gern übernehmen, eine Verhandlungslösung zu finden.

▌ Legen Sie jetzt einen Zeitraum fest, in dem Sie die Aufteilung ausprobieren. Tauschen Sie sich über die Veränderungen aus, und suchen Sie Kompromisse, falls eine Lösung Unzufriedenheit schafft. Bei manchen Jobs, die keiner gern erledigt, bietet sich eine Job-Rotation als Lösung an. Vor allem: Reden Sie miteinander!

Konkrete Kommunikation meint aber noch etwas: Wenn Sie Wünsche an Ihre Partnerin haben, sollten Sie diese klar benennen und nicht darauf vertrauen, dass sie die Wünsche doch eigentlich kennen müsste. Wir haben zwar im Kapitel über die Kindesentwicklung von »Gedankenlesen« gesprochen, und in der Tat ist es sicher auch oft so, dass Ihre Partnerin genau weiß, was Sie sich wünschen. Aber geht es Ihnen nicht auch so, dass Sie gern gefragt werden, ob Sie dieses oder jenes tun könnten, und dies eben nicht einfach als selbstverständlich vorausgesetzt wird? Wenn Sie Ihre Wünsche nicht aussprechen oder auf andere Weise deutlich machen, manövrieren Sie sich aller Wahrscheinlichkeit nach in einen tiefgehenden Frust hinein, der Ihrer Beziehung alles andere als zuträglich ist. Das Äußern eines Wunsches

TIPP: Fangen Sie bei null an

Jeder von uns läuft mit bestimmten Vorstellungen von sich selbst und seinem Partner durch die Welt, die keineswegs (mehr) der Realität entsprechen – Sie haben sich weiterentwickelt, Ihre Partnerin hat sich weiterentwickelt. Diese inneren Bilder aber steuern unsere Reaktionen aufeinander und sorgen oft genug dafür, dass wir aneinander vorbeireden oder den anderen für etwas verantwortlich machen, wofür er nichts kann. Bevor Sie Ihre Partnerin kennenlernten, wussten Sie nichts über sie. Alles war spannend, neu, zum Verlieben. Beginnen Sie von Neuem, Ihre Partnerin zu erkunden, lassen Sie sich erneut verzaubern.

ist natürlich nicht gleichbedeutend mit dessen Erfüllung, aber es ist immerhin ein Schritt in diese Richtung.

Apropos Wunscherfüllung: Wie viele Wünsche gehen eigentlich tagtäglich in Erfüllung? Vielleicht kocht Ihre Partnerin, vielleicht wäscht sie die Wäsche, vielleicht repariert sie auch den kaputten Schrank, macht Überweisungen fertig und vieles mehr. Und wie oft bekommt sie dafür ein Dankeschön zu hören? Kritisieren fällt den meisten von uns deutlich leichter, als sich zu bedanken oder einfach nur etwas Freundliches zu sagen.

Es gibt das Wort vom berühmten Fass, das ein einziger Tropfen zum Überlaufen bringt. Wenn es in Ihrer Partnerschaft Missverständnisse gibt, Enttäuschungen oder sonstigen Ärger: Fressen Sie es nicht in sich hinein, denn dann reicht in der Tat irgendwann der kleine Tropfen, um alles wieder hochkommen zu lassen. Der Streit, der daraus resultieren kann, ist dann oft kaum noch kontrollierbar, weil Situationen, Motivationen, Schuldzuschreibungen und vieles mehr durcheinandergewürfelt werden und keiner von beiden mehr wirklich alles erinnert. So etwas kann eine reinigende Flut werden. Oft wird es aber zu einem Tsunami, der alles mit sich reißt. Versuchen Sie, Ärgernisse, die Ihnen wichtig sind, möglichst zeitnah zu klären. Und vermeiden Sie dabei alle Vorwürfe, Schuldzuschreibungen und abwertenden Bemerkungen.

Damit wir uns nicht falsch verstehen: Miteinander reden muss nicht etwa immer in ernsten und wichtigen Gesprächen bestehen. Es geht vor allem um die positive Kontaktaufnahme, das Sich-einander-Zuwenden. In seinem Buch »The Seven

Principles for Making Marriage Work«[25] berichtet der Psychologe John M. Gottman von einer Szene in seinem Institut: Ein Ehemann schaut aus dem Fenster und sagt: »Wow, schau dir das Boot an«, woraufhin seine Frau antwortet: »Ja, es sieht aus wie der Schoner, den wir letzten Sommer gesehen haben, erinnerst du dich?« Gottman meint, dass er ziemlich sicher ist, dass dieses Paar weiterhin glücklich verheiratet bleiben wird. Warum? Weil solches Sich-einander-Zuwenden bei Paaren, deren Beziehungstage gezählt sind, nur äußerst selten ist. Also, es müssen nicht immer Liebesschwüre sein, die da ausgetauscht werden, auch keine tiefschürfenden Beziehungskisten-Gespräche – allein simples Sich-Mitteilen ist schon wichtiger »Beziehungskitt«. Und nicht zuletzt: Von wem sollen unsere Kinder eine gut funktionierende Kommunikation lernen, wenn nicht von uns Eltern?

Kannst du nicht zuhören?

Im filmischen Klischee sieht das Negativbeispiel so aus: Er sitzt am Frühstückstisch, die Zeitung aufgeschlagen vor sich. Sie: »Ich habe jetzt endgültig genug von dir. Ich verlasse dich.« Er: »In Ordnung, Schatz. Mach's gut.« Wer so gut zuhört, wenn seine Partnerin etwas sagt, muss sich über die Konsequenzen wahrlich nicht wundern. Jemandem zuzuhören heißt, ihm die ungeteilte Aufmerksamkeit zu schenken – mit Zeitung vor der Nase, laufendem Fernseher oder dem Finger auf der Telefontastatur geht das nicht und wirkt keineswegs glaubhaft. Nicht bei jeder Kommunikation ist diese ungeteilte

Aufmerksamkeit erforderlich. In dem vorangegangenen Beispiel etwa, als der Mann zu seiner Frau eine Bemerkung über das Boot machte, war dies nicht oder nur für Sekunden nötig. Doch immer dann, wenn Ihre Partnerin Ihnen etwas über sich selbst erzählen will, es etwas zu planen gibt oder ein Problem zu besprechen, sollten Sie ihr die volle Aufmerksamkeit schenken. Wenn es gerade ungünstig ist: Sagen Sie ihr, dass und warum es zur Zeit nicht so gut passt, und schlagen Sie ihr einen späteren (konkreten) Zeitpunkt vor. Im Übrigen ist die ungeteilte Aufmerksamkeit natürlich etwas, auf das auch Sie ein Anrecht haben und das Sie einfordern sollten.

> # »Ich höre mich gern reden – es ist so unterhaltend, sich zuzuhören.«
>
> Klabund (1890–1928)

Ein guter Zuhörer versucht die Gedankengänge und Gefühle des Sprechers zu verstehen, lässt ihm zunächst Zeit, diese auszubreiten, ohne gleich mit einer Gegenmeinung herauszupoltern, und fragt nach, wenn er etwas nicht verstanden hat. Der wichtigste Trick sicherzugehen, wenn Sie etwas nicht verstanden haben: Sagen Sie nicht einfach: »Das kapiere ich nicht«, sondern wiederholen Sie das Gesagte mit Ihren eigenen Worten bis zu dem Punkt, ab dem Sie Verständnisprobleme haben. Ein Kardinalfehler ist in vielen langjährigen Beziehungen zu beobachten, in denen einer oder beide glauben, den anderen auch ohne Worte zu verstehen. In ihrem Beitrag zur Paarkommunikation im Online-Familienhandbuch schildert Maria Schäfer-Hohmann diesen Punkt so: »In manchen Paarbeziehungen geht dieses ›Gedanken-Lesen‹ so weit, dass die tatsächlich gemachten Aussagen des jeweiligen Partners in Zweifel gezogen werden: Es wird beteuert, er/sie meine das nicht wirklich so, sondern traue sich nur nicht zu sagen, was er/sie wirklich will. Man kenne ihn/sie aber schon so lange und so gut, dass man es besser weiß.«[26] Mal im Ernst, fühlen Sie sich für voll genommen, wenn jemand zu wissen glaubt, er wisse bereits alles über Sie, und Ihnen damit die Möglichkeit abspricht, dass Sie sich oder Ihre Meinungen und Absichten jemals ändern?

Die genannten Anforderungen an einen Zuhörer sind natürlich nichts Beziehungsspezifisches, sondern der kleinste gemeinsame Nenner der Kommunikation, der in einer Paarbeziehung – und in einer Familie – selbstverständlich sein sollte.

Let's talk about Sex!

Nach der Geburt wünschen sich viele Männer die vorelterliche Sexualität zurück. Glaubt man Zeitschriftenartikeln mit vielversprechenden Überschriften wie »So wird Sex wieder spannend« oder »Nie wieder Langeweile im Bett«, geht das auch ganz einfach. Unsere Erfahrung spricht aber eine andere Sprache. Denn tatsächlich bedarf es mehr als Patentrezepten. Das körperliche Begehren nach der Geburt muss oft ganz neu entdeckt werden. Hier

die acht wichtigsten Tipps, um die Lust neu zu entdecken:

- Schaffen Sie sich einen Raum zu zweit. Dazu kann es vorteilhaft sein, dass Ihr Kind im Kinderzimmer schläft. Und sei es nur für ein paar Stunden.
- Bringen Sie Ihre Kinder früh ins Bett, damit Sex nicht die letzte Aktivität des Tages ist und die Lust der Müdigkeit zum Opfer fällt.
- Organisieren Sie regelmäßige Abende, die nur Ihnen und Ihrer Liebsten gehören. Wechseln Sie sich bei der Gestaltung ab, so wartet immer wieder eine Überraschung auf Sie.
- Gegenseitige Geschenke (»Du kochst Tee, ich massiere dir den Nacken«) bringen Energie zurück und machen Lust auf mehr.
- Schaffen Sie eine besondere Atmosphäre aus Farben, Duft und Musik. Wann waren Sie das letzte Mal gemeinsam baden?
- Mangelnde Lust hat meist einen Grund, an dem beide beteiligt sind. Gehen Sie damit behutsam um.
- Sprechen Sie über sexuelle Wünsche und Phantasien. Probieren Sie Neues aus.
- Sex braucht Zeit. Planen Sie ein bisschen, und fahren Sie mal ohne Kinder ein Wochenende weg.

Beziehungskrisen meistern

Gründe für Beziehungsstress und Ärger gibt es in einer jungen Familie viele, nicht zuletzt sind es die Kinder: Sind die Aufgaben gerecht verteilt? Ziehen beide in

INFO: Ein Seitensprung muss nicht das Aus sein

Der Seitensprung signalisiert oft ungelebte und vielfach sogar unausgesprochene Sehnsüchte in der Beziehung. Was daraus folgt, ist einfach: Sprechen Sie Erwartungen und Wünsche in der Beziehung offen aus.

Ist der Seitensprung aber bereits vollzogen, sollten Sie sich zuerst selbst klar darüber werden, wie es dazu kam und was die Folgen sind, bevor Sie das Thema ansprechen. Auf Dauer verschweigen oder »vergessen« sollten Sie den Seitensprung aber nicht.

Fremdgehen muss nicht das Ende einer Beziehung sein, es kann vielmehr auch zu einem Neubeginn der Beziehung führen. Haben Sie also den Mut, Ihre Wünsche offen auszusprechen, bevor sie übermächtig werden und Sie zu etwas bringen, was Sie vielleicht bereuen. Sie bringen sich sonst zudem um die Chance, Ihre Wünsche in der Partnerschaft zu leben. Halten Sie sich bitte vor Augen, dass lediglich 30 Prozent der Ehen an einer Affäre scheitern, die meisten hingegen an gegenseitiger Entfremdung.

Sachen Erziehung an einem Strang, oder ist einer zu nachgiebig, der andere zu streng? Fühlt sich einer der Partner vom anderen bezüglich der Kinder ausgegrenzt? Wenn der Motor stottert, bringen Sie den Wagen in die Werkstatt. Wenn aber die Beziehung Probleme macht, kümmern sich viele Paare nicht darum, bis die Beziehung tot ist. Natürlich gibt man eine Beziehung nicht so einfach in Reparatur wie seinen Wagen. Denn letztendlich müssen Sie Ihre Beziehung immer selbst retten. Dabei sind Anregungen und Rückmeldungen von erfahrenen Freunden oder professionellen Therapeuten aber sehr hilfreich.

Wenn beide Partner bemerken, dass sie nur noch aneinander vorbeireden, sollten sie eine dritte Person hinzuziehen. Das kostet erst mal Geld, spart aber Zeit und etwaige Scheidungskosten. Wie aber finden Sie einen geeigneten Therapeuten? Unsere Tipps und Empfehlungen erleichtern die Wahl:

- Wählen Sie jemanden mit viel Erfahrung.
- Wählen Sie jemanden, der mindestens so alt ist wie Sie, vorzugsweise älter.
- Der Therapeut sollte aus eigener Erfahrung wissen, wie es ist, eine Paarbeziehung zu führen und aufrechtzuerhalten.
- Der Therapeut sollte distanziert und überlegt genug sein, um Ihnen nicht seine Lösungen aufzudrängen. Vielmehr sollte er Sie anleiten, Ihren eigenen Weg zu finden, aber auch einmal konfrontieren können.

- Achten Sie darauf, dass der Therapeut oder die Therapeutin das gleiche Maß an Verständnis für Männer wie für Frauen aufbringt. Besser noch, finden Sie ein Therapeutenpaar oder ein Team aus weiblichen und männlichen Kollegen.
- In einer guten Therapie werden Sie sich aufgehoben fühlen, auch wenn es nicht immer bequem sein wird. Sie werden sich dabei unterstützt, aber auch zum selbstkritischen Nachdenken gezwungen fühlen.
- Nehmen Sie zunächst drei »Schnupperstunden«. So können Sie sich besser entscheiden, ob Sie sich auf diesen Prozess einlassen wollen.

Stress lass nach!

Stress ist zunächst einmal nicht mehr und nicht weniger als eine Reaktion des Systems Mensch auf Reize, die eine Stressreaktion auslösen – die Ausschüttung der Stresshormone Adrenalin, Noradrenalin und Cortisol und deren Folgen wie Blutdruckanstieg, Erhöhung der Pulsfrequenz und andere. Die erste Verliebtheit, der Ärger mit dem Chef, nächtlicher Straßenlärm vor dem Schlafzimmerfenster, Mobbing am Arbeitsplatz, ein Dauerlauf, die Stunde im Stau vor einem wichtigen Termin, die Hitze der Sauna oder auch die Angst vor einer bevorstehenden Aussprache mit der Partnerin, all dies und noch viel mehr sind solche Reize, im Fachjargon »Stressoren« genannt. Diese kurze Aufstellung zeigt schon: Stress kann durchaus positiv sein – Verliebtheit, Dauerlauf oder Sauna zum Beispiel – oder auch negativ,

wie der Ärger mit dem Chef. Lassen Sie uns hier den Begriff »Stress« so gebrauchen, wie er heute umgangssprachlich benutzt wird. Danach ist Stress sowohl der negativen Stress auslösende Reiz selbst als auch unsere Reaktion darauf.

Dauerstress macht krank

In der Medizin ist es längst kein Geheimnis mehr, dass langandauernder, chronischer Stress unsere Gesundheit gefährdet, sowohl die körperliche als auch die psychische. Um nur einige Beispiele zu nennen: Dauerstress kann im körperlichen Bereich Bluthochdruck, eine koronare Herzkrankheit, Kopfschmerzen und Magengeschwüre auslösen, im psychischen Bereich Depressionen, Schlaflosigkeit und Angstreaktionen, im Verhaltensbereich Essstörungen, erhöhten Drogen- und Alkoholkonsum, soziale Isolation und sexuelle Probleme.

> »**Einen Tag ungestört in Muße zu verleben heißt, einen Tag lang ein Unsterblicher zu sein.**«
>
> Chinesisches Sprichwort

Dass sich ein erhöhter Stresspegel negativ auf Paarbeziehungen auswirken kann, ist auf Anhieb verständlich: Stress – im Berufs- sowie Privatleben – reduziert die

INFO: Auch Kinder leiden unter Stress

Morgens Kita oder Schule, von Montag bis Freitag. Montagnachmittag Musikschule, Dienstagnachmittag Reiten, Mittwochnachmittag Tanzen, Donnerstagnachmittag frei, Freitagnachmittag Leichtathletik. Schulkinder haben vor oder nach dem Nachmittagsprogramm noch ihre Hausarbeiten zu erledigen und für Klassenarbeiten zu pauken. So oder ähnlich sieht der Terminplan vieler Kinder in Deutschland aus. Das allein bedeutet schon eine enorme Belastung für viele Kids. Hinzu kommt noch der Stress, den die Eltern haben, um die Termine ihrer Kinder alle einzuhalten. Ein Stress, der sich naturgemäß auf die Kinder überträgt. Dazu der steigende Leistungsdruck in der Schule, Mobbing wie an vielen Arbeitsplätzen und langes Fernsehen – ein ungesunder Mix, dem zahlreiche Kinder ausgesetzt sind. Kein Wunder eigentlich, dass ein Drittel der Kinder laut einer großen aktuellen Studie Stresskopfschmerzen als häufigste Krankheit betrachtet, dicht gefolgt von Stressbauchschmerzen, genannt von 22 Prozent der Kinder.[28]

Schulangst, Schlafstörungen, die Liste kindlicher Stressprobleme ist lang. Man sollte sich als Vater fragen, ob es wirklich nötig ist, die berufliche Karriere bereits im Kindergartenalter zu beginnen, oder ob Kinder nicht doch mehr Freiraum benötigen, Zeit, die nicht von der Uhr diktiert wird. Das ist das eine. Das andere aber ist unser eigener Umgang mit Stress. Unsere Kinder lernen, wie man sich am besten hetzen lässt, und bekommen obendrein den von uns erzeugten Druck ab. Fangen wir also bei uns selbst an, tun wir etwas dagegen.

gemeinsame Zeit, die Aufmerksamkeit des gestressten Partners für den anderen und die gesamte Familiensituation, verringert die Kommunikation und richtet sie oft auf negative Dinge aus (z. B. Ärger im Beruf) und bildet eine Gefahr für das »Wir-Gefühl«. Die Beziehung kann natürlich auch dadurch leiden, dass der gestresste Partner gesundheitliche Beeinträchtigen davonträgt – beispielsweise die zuvor genannten. Sehr häufig ist der Versuch, Stress durch Alkohol zu kompensieren, was stets zum Scheitern verurteilt ist und die Beziehung stark belasten kann. Aber auch körperliche Beschwerden, wie erhöhter Blutdruck, oder psychische, wie Schlaflosigkeit, können zu Problemen führen. Studien belegen, »dass Paare mit viel Stress im Alltag einen deutlich negativeren Verlauf ihrer Partnerschaft aufwiesen als Paare mit wenig Stress. Die Partnerschaftszufriedenheit der gestressten Paare nahm deutlich stärker ab als bei den anderen Paaren«.[27] Doch es hat sich auch gezeigt, dass nicht der Stresslevel an sich entscheidend ist, sondern wie die Paare mit der Situation umgehen. Grundlegende Perspektiven für ein gesünderes Nebeneinander zwischen Beruf und Familienleben haben wir bereits im Kapitel »Beruflich erfolgreich, finanziell abgesichert« von Seite 80 bis Seite 121 eröffnet. Dort finden Sie auch bereits einige handfeste Tipps zum Stressabbau bzw. zur Stressvorbeugung. Nun wollen wir Ihnen Wege aufzeigen, wie Sie darüber hinaus speziell in der Partnerschaft Stress abbauen oder ihm vorbeugen können. Wie Sie stressige Zeiten mit Ihrer Partnerin durchstehen, erfahren Sie im Folgenden.

Checkliste: Stress in der Partnerschaft

▎ Wenn Sie anderen gegenüber etwas über Ihre Partnerin und sich erzählen, reden und vor allem denken Sie dann in der »Wir-Form«? Es hat sich gezeigt, dass ein hoher Stresslevel in der Partnerschaft viele Bereiche des gemeinsamen Lebens erfasst und schleichend unterminiert. Ein wesentlicher ist das »Wir-Gefühl«. Geht dieses verloren, so schädigt dies die Partnerschaft möglicherweise dauerhaft.

▎ Kommt es häufiger vor, dass Sie Ihrer Partnerin zwar zuhören, aber innerlich mit den Fingern auf der Tischkante trommeln und hoffen, sie möge doch bald fertig sein? Wenn Sie so unter Stress stehen, dass Sie nicht mehr zuhö-

ren können, ist die Kommunikation vermutlich auch an anderen Stellen in Ihrer Beziehung gestört.

▎ Stellen Sie sich vor, Sie hätten eine Weile keine Verpflichtungen mehr und könnten Urlaub machen. Fahren Sie allein oder gemeinsam weg?

▎ Wenn Sie abends ins Bett gehen: Ist es eine angenehme Vorstellung, wenn Ihre Partnerin neben Ihnen liegt, oder kommen Sie dadurch weniger leicht zur Ruhe?

▎ Können Sie gut ein- und durchschlafen, oder plagen Sie abends und nachts Gedanken an Probleme und Unerledigtes?

▎ Fragen Sie sich gelegentlich, ob Sie ohne Ihre Partnerin besser zurecht kämen?

▎ Nehmen Sie sich beim gemeinsamen Essen zu Hause Zeit, oder könnten Sie ebenso gut in einer Imbissbude essen?

▎ Verbringen Sie zu Hause gemeinsame Abende mit Spielen oder Freunden?

▎ Haben Sie das Gefühl, dass Ihre Partnerin Sie unterstützt oder fühlen Sie sich häufig zu Unrecht kritisiert?

▎ Können Sie sich in Gegenwart Ihrer Partnerin fallenlassen?

▎ Denken Sie an ein schönes Erlebnis mit Ihrer Partnerin zurück – haben Sie den Eindruck, so etwas lange nicht erlebt zu haben?

INFO: Arbeitsteilung von Paaren

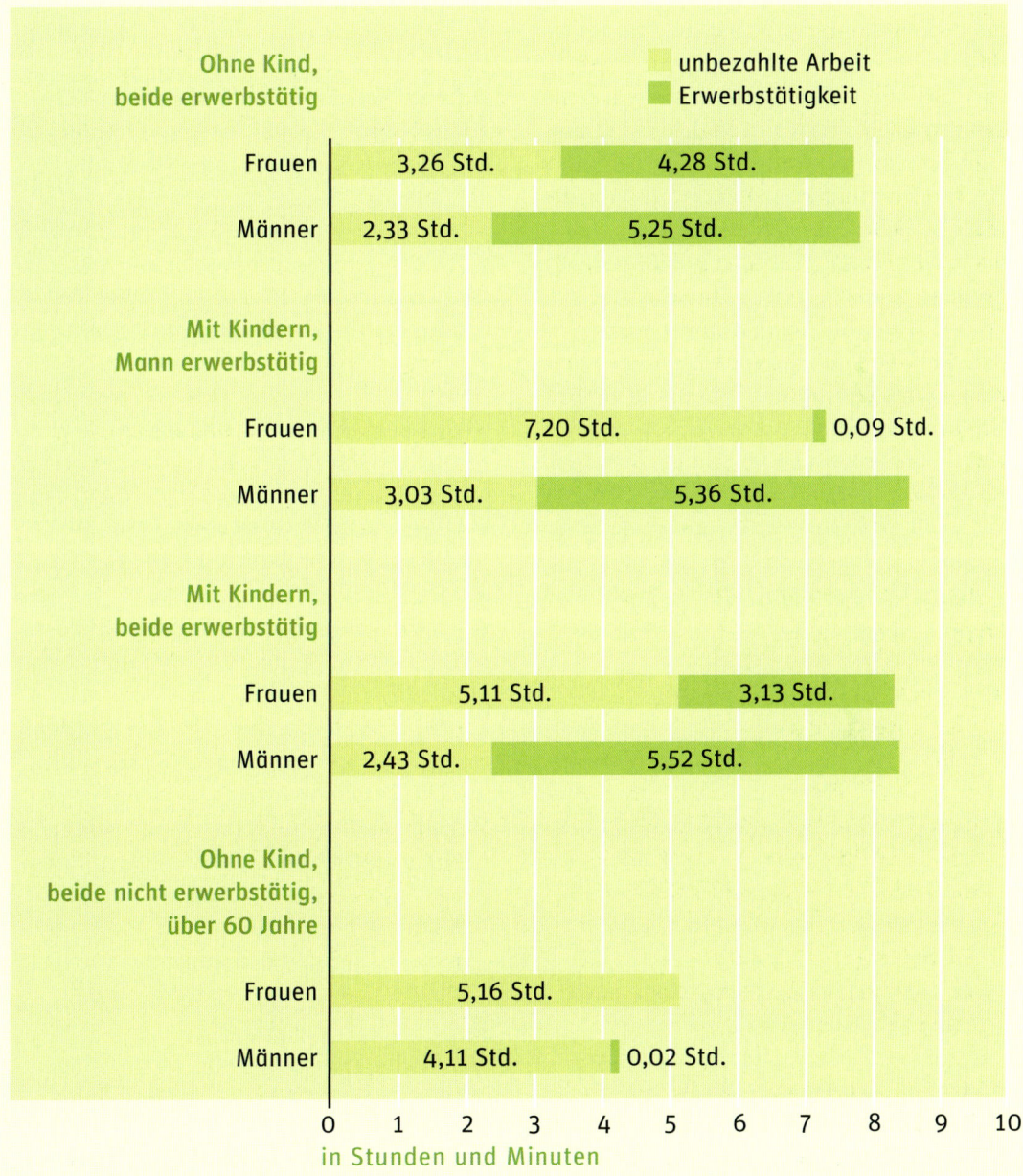

Die Statistik zeigt eindeutig, dass Frauen in der Familie den größeren Teil der Arbeit erledigen, ob mit Kind oder ohne.

Wir basteln uns positive Rituale

Wie wir bereits gehört haben, ist (positive) Kommunikation auf verschiedenen Ebenen ein wichtiger Faktor für eine glückliche Partnerschaft. Auf folgende Weise können Sie mehr davon in Ihre Beziehung einbauen: Überlegen Sie sich gemeinsam Rituale, mehr oder weniger festgelegte Zeiten, die Sie mit äußeren Symbolen versehen und die eine ganz bestimmte, wichtige Bedeutung für Sie haben. Ein Beispiel: Sie vereinbaren mit Ihrer Partnerin einen Abend in der Woche, an dem Sie sich beide – wenn die Kinder schlafen – ganz der Entspannung hingeben. Vielleicht beginnen Sie mit einem gemeinsamen Wannenbad bei Kerzenschein und sanfter Musik, vielleicht massieren Sie einander anschließend gegenseitig, vielleicht gehen Sie anschließend zusammen ins Bett, um sich zu unterhalten, noch etwas zu lesen oder einander zu lieben.

»Das Wesen der Romantik ist die Ungewissheit.«

Oscar Wilde (1854–1900)

Ein Paarritual kann beispielsweise auch darin bestehen, dass Sie gemeinsam zu bestimmten Zeiten einen Spaziergang machen, in den Garten gehen und Unkraut zupfen, einander gegenseitig aus Ihren Lieblingsbüchern vorlesen, zusammen Musik machen – es gibt unendlich viele Möglichkeiten. Was haben Sie früher gern gemeinsam gemacht?

Sie werden sich jetzt vielleicht fragen, wo denn da der Unterschied zu Routinen liegt, sind doch Rituale wie Routinen stets ähnliche Abläufe zu meist gleichen Zeiten. Der Unterschied liegt in erster Linie in der Bedeutung, die Sie ihnen zumessen. Nehmen wir ein Beispiel, das sowohl Thema zahlreicher Witze wie Dramen ist: der (vergessene) Hochzeitstag. Ein Geschenk machen, gemeinsam essen gehen, eine kleine Feier mit den Trauzeugen – es gibt viele Rituale, die Paare für diesen Jahrestag wählen. Doch wehe, wenn die Rituale des Hochzeitstages zu einer bedeutungslosen Routine verkommen – »Hier hast du deine Blumen, ich muss jetzt los, tschüs« – oder von einem Partner ganz vergessen werden. Da kommt der andere dann vielleicht doch ins Grübeln, ob mit der Beziehung noch alles stimmt. Tatsächlich drohen Beziehungen auseinanderzubrechen, deren Rituale dauerhaft vernachlässigt oder trotz Bedeutungsverlust zwanghaft aufrechterhalten werden.[29]

Setzen Sie sich mit Ihrer Partnerin in einer ruhigen Stunde einmal gemeinsam hin, und überlegen Sie, welche Rituale Sie in Ihrer Beziehung pflegen, ob Ihnen alle wichtig sind, ob Sie manche vielleicht gern streichen, ändern und ob Sie gern neue einführen würden.

Wenn schon Streit, dann bitte richtig!

Wenn zwei Menschen zusammenleben, gibt es immer Konfliktpotenzial, im Großen wie im Kleinen. Sei es der gemeinsame Urlaub, den Sie gern in Frankreich verbringen würden, Ihre Partnerin aber lieber an der Ostsee. Sei es die Frage, ob und mit welcher Konfession das Kind getauft werden sollte, ob ein Umzug nötig ist und wenn ja wohin, wer dem Baby das Fläschchen geben soll und ob man die Zahnpastatube besser aufrollen oder einfach nur ausdrücken sollte.

»Die Streitigkeiten der Liebenden sind die Erneuerung der Liebe.«

Publilius Syrus (1. Jh. v. Chr.)

Man kann solche Konflikte natürlich auf ganz verschiedene Weise lösen. Gelegentlich klärt sich ein Konflikt im Gespräch, weil es vernünftigerweise nur eine sinnvolle Lösung gibt. Eine weitere Möglichkeit ist, gemeinsam einen Kompromiss zu finden, bei dem beide ein wenig gewinnen und ein wenig verlieren. Oft wird der Konflikt auch gar nicht zur Sprache gebracht, sondern einer von beiden entscheidet sich zurückzustecken. Sind beide im Stillen der Meinung, dass ein solches Zurückstecken gerecht verteilt ist, so ist dieses Verfahren bei Kleinigkeiten wie der berüchtigten Zahnpastatube durchaus praktikabel und nützlich für die Beziehung. Hat aber einer oder haben beide das Gefühl, mehr zurückzustecken als der andere, so entsteht dadurch ein explosives Gemisch, das sich im Alltag an vielen Kleinigkeiten entzünden und verheerende Folgen haben kann. Immer wieder kommt es dann zu kleinen oder großen Explosionen,

die beispielsweise darin enden können, dass der eine sich für seinen Ausbruch entschuldigt, sich türenknallend aus dem Staub macht oder beide sich verstummt und wütend zurückziehen. Auch wenn dann am nächsten Tag wieder alles okay zu sein scheint, ist es doch nur eine Frage der Zeit, bis es erneut knallt – vielleicht irgendwann endgültig. Die Forschung zumindest hat gezeigt, dass Beziehungen, in denen es häufiger zu solchen unproduktiven Streitigkeiten kommt, eine schlechte Prognose haben.

Fair Streiten führt zu Kompromissen

Wie aber lässt sich unproduktiver Streit in einen fairen Streit mit einer akzeptablen Lösung verwandeln? Sobald man erst einmal in dieser Streitspirale steckt, ist es

TIPP: Begreifen Sie Streit als Chance

Wenn wir an Streit denken, sehen wir fast ausschließlich die negativen Seiten. Dabei hat Streit eine Menge Vorteile: Er schärft das Bewusstsein für Probleme und erhöht die Motivation, sie anzugehen, er fördert das soziale und moralische Bewusstsein und ist ein wichtiger Motor für Veränderungen. Streit gibt aber auch die Gelegenheit, uns gegenseitig besser kennenzulernen.

nicht einfach, den Ausweg zu finden. Doch es gibt ihn. Suchen Sie zu ergründen, welche Bedürfnisse (und auch Befürchtungen) hinter beiden Standpunkten stecken. Das allerdings funktioniert nur in einem Gespräch, das nicht von negativen Emotionen wie Wut oder Verzweiflung dominiert wird. Legen Sie mit Ihrem Partner am besten ein Zeichen fest, das jeder benutzen kann, wenn er das Gespräch nicht mehr kontrolliert fortzusetzen in der Lage ist. Gleichzeitig muss klar sein, dass das Gespräch in einem solchen Fall zu einem fixen Zeitpunkt – etwa am Abend, wenn das Kind im Bett ist – fortgesetzt wird. Das Entscheidende bei der Suche nach den wahren Hintergründen des Konflikts besteht darin, dass Standpunkte, die auf einer vordergründigen Ebene unvereinbar scheinen, es oft nicht mehr sind, wenn die wahren Beweggründe offenbar werden. Ein alltägliches Beispiel aus einem Beitrag der Paartherapeutin Claudia Wölfer im Familienhandbuch zeigt dies: »[Es] hatte sich bei einem Paar eingeschliffen, dass sie ihn regelmäßig auf seine Aufgaben im Haushalt hinwies. Auf der Ebene der gegnerischen Positionen zeigte sich das so, dass sie sagte, er solle abwaschen, und er das nicht tat, sondern Zeitung las. Auf der Ebene der Bedürfnisse wurde deutlich, dass es ihr wichtig war, Platz auf den Ablageflächen in der kleinen Küche zu haben, bevor ihre Eltern zu Besuch kamen, während sein Bedürfnis war, dass sie ihn nicht gängelt, sondern ihm zutraut, seine Aufgaben zu erledigen. Auf ihre Aufforderungen hin schob er das Abwaschen erst recht hinaus. Nach der Aussprache über ihre Bedürfnisse kamen sie zu der gemeinsamen Lösung, dass er noch in Ruhe die Zeitung zu Ende lesen kann und rechtzeitig vor dem Besuch das Geschirr entweder besser stapelt oder abwäscht, so dass die Ablageflächen frei wären.«[30]

»Die schönste Harmonie entsteht durch Zusammenbringen der Gegensätze.«

Heraklit (um 540 v. Chr. – um 480 v. Chr.)

Bemühen sich beide, die Bedürfnisse hinter der Haltung des anderen zu verstehen, verschiebt sich zudem oft die Perspektive und damit die eigene Haltung: Der eigene Standpunkt verliert an Wichtigkeit, so dass man im besten Fall gemeinsam über den Konflikt lachen kann. Was zuvor, auf der Ebene der einander ausschließenden Standpunkte, unlösbar schien, wird auf der Bedürfnisebene zu einem Problem, das sich gemeinsam lösen lässt.

Natürlich gelingt es nicht immer, auf der Bedürfnisebene eine Lösung herbeizuführen. Doch wie auch immer der Konflikt zustande kam oder (hoffentlich) gelöst wird, gilt es bei einem Streitgespräch unter Partnern, bestimmte Regeln einzuhalten. So wie beim Boxen Schläge unterhalb der Gürtellinie verboten sind oder der Feldspieler den Fußball auf dem Spielfeld nicht mit der Hand berühren darf, sollten auch Sie und Ihre Partnerin bestimmte Regeln einhalten, die Sie am besten schriftlich notieren und beim Streit zwischen sich in den Ring – pardon, auf den Tisch – legen. Im Folgenden finden Sie unsere Vorschläge für Ihr Regelwerk.

Die wichtigsten Streitregeln:

▎ Wir lassen einander ausreden.

▎ Wir finden gemeinsam neutrale Begriffe für unsere Konfliktthemen. Also beispielsweise: »Die Verteilung der Rollen im Haushalt«, nicht »Sylvias/Peters Faulheit«.

▎ Einer von uns stellt zunächst seine Sichtweise dar und erklärt, was ihn zu dieser Meinung bewogen hat. In dieser Zeit (gegebenenfalls eine Zeitdauer festlegen) wird er nicht unterbrochen.

▎ Danach gibt der andere mit eigenen Worten wieder, was der Erste seiner Meinung nach meint und warum er es so wünscht. (Die Punkte drei und vier werden so lange wiederholt, bis sich der erste Redner verstanden fühlt.)

▎ Rollenwechsel: Jetzt übernimmt der Zuhörer die Rolle des Redners und stellt seine Sicht dar, bis der andere ihn so verstanden hat, wie er verstanden werden möchte (siehe oben).

▎ Anschließend versuchen wir gemeinsam, den Konflikt so zu beschreiben, dass die Beschreibung die wichtigsten Bedürfnisse beider enthält.

▎ Wir sammeln nun (auch die verrücktesten) Ideen, wie sich unser beider Bedürfnisse befriedigen lassen, wobei wir weder die eigenen noch die des anderen in irgendeiner Weise kommentieren. Für diesen Punkt lassen wir uns Zeit, da die wirklich kreativen Ideen oft ein wenig dauern.

TIPP: Seien Sie Vorbild

Natürlich gibt es viele Gründe, warum sich Kinder untereinander streiten. Und Kinder haben zahlreiche Wege, solche Konflikte »zu lösen«: laut werden und hoffen, dass der andere aufgibt, den anderen körperlich bedrängen, bis er nachgeben muss, Entschuldigung sagen, manchmal sogar dem anderen recht geben und viele mehr. Von wem können Kinder lernen, Konflikte auf eine gute, kooperative Weise zu lösen? Nur von uns Erwachsenen. Ein Streit unter Partnern sollte deshalb immer so stattfinden, dass Kinder daraus lernen können – wie man es machen sollte, nicht wie man es nicht machen sollte. Und wer weiß, vielleicht hört Ihr Kind ja tatsächlich zu?

▎ Jeder von uns bewertet nun nacheinander alle Ideen im Hinblick auf die Frage, inwieweit die eigenen Bedürfnisse dabei befriedigt werden.

▎ Aus den vorhandenen Lösungsvorschlägen handeln wir dann ein Modell aus, das wir beide für alltagstauglich halten, und legen uns darauf fest, eventuell auch nur probeweise für einen bestimmten Zeitraum. Das Ergebnis halten wir schriftlich fest, unterzeichnen es und hinterlegen es an einem sicheren Ort.

Wie wär's jetzt mit einem Lächeln und einer Umarmung?

Checkliste:
Was tun, was lassen?

Es gibt keine Patentrezepte für eine glückliche Beziehung, aber es gibt ein paar
wichtige Dinge, die man tun sollte, sowie
einige, die man besser lassen sollte.

Was Sie tun sollten:

▌ Konzentrieren Sie sich stets vor allen
Dingen auf die positiven Seiten Ihrer
Partnerin. Negative Dinge haben von
sich aus mehr Gewicht in unserem
Unbewussten. Positive Gedanken brauchen deshalb Stärkung, damit die Liebe
blüht und nicht verwelkt.

▌ Sorgen Sie mit geeigneten Maßnahmen
in allen Lebensbereichen dafür, dass Sie
möglichst viel ungestörte Zeit miteinander verbringen können, und bauen Sie
darin für Sie beide angenehme Rituale
ein (z. B. Abendspaziergänge oder
gemeinsame Hobbys).

▌ Reden Sie mit Ihrer Partnerin! Über
Kleinigkeiten, über sich selbst, Ihre
Erinnerungen, Gedanken und Gefühle,
über gemeinsame Träume und Pläne.
Nehmen Sie so täglich erneut Kontakt
auf zu der nur vermeintlich bekannten
Person Ihnen gegenüber. Es gibt immer
wieder etwas Neues zu entdecken,
garantiert!

▌ Fragen Sie Ihre Partnerin, wenn Sie Rat
brauchen in Jobangelegenheiten. Sie
werden sich vermutlich wundern, wie
pragmatisch und umsetzbar die Ideen
sind.

▌ Machen Sie sich klar, dass nur Sie selbst
für Ihr Tun und Lassen verantwortlich
sind, keinesfalls Ihre Partnerin, für die
natürlich das Gleiche gilt. So können Sie
einander immer »auf Augenhöhe«
begegnen.

▌ Zeigen Sie Ihre Dankbarkeit – mit Worten, Gesten und Taten.

▌ Auch wenn Sie vermutlich niemals alles
verstehen werden, was Ihre Partnerin
Ihnen sagt: Geben Sie sich stets aufs
Neue die größte Mühe – und verlangen
Sie das Gleiche auch von ihr. Nur so entkommen Sie der Gefahr, sich im Laufe
der Zeit auseinanderzuentwickeln.

▌ Wenn Sie etwas wirklich so sehr stört,
dass Sie es nicht als Marotte oder Ähnliches betrachten können: Sprechen Sie es
offen an, in aller Ruhe, sachlich und
doch liebevoll. Lächeln Sie, auch wenn
Sie Ihre Partnerin kritisieren. Das signalisiert: Ich liebe dich trotzdem.

▌ Sie wünschen sich etwas? Dann bitten
Sie darum. Das ist keine Erfolgsgarantie, aber der erste Schritt.

▌ Erwarten Sie keine Wunder, wenn Sie
Änderungen besprochen haben. Freuen
Sie sich über jeden kleinen Erfolg. Vielleicht wollen Sie ihn ja gemeinsam feiern?

▌ Sie haben eine Abmachung getroffen?
Dann halten Sie sich daran! Und wenn
Sie absehen können, dass Sie es nicht
schaffen, dann sprechen Sie es an, und
erklären Sie sich.

▌ Bringen Sie Ihrer Partnerin Mitgefühl entgegen, wenn sie sich überfordert fühlt. Der »Mutter-Job« ist oft wirklich hart – genau wie der »Job« von Vätern, die es ernst meinen. Seien Sie für Ihre Partnerin da, wie auch Sie wollen, dass sie für Sie da ist. Machen Sie aber keine pragmatischen Vorschläge, sondern zeigen Sie Mitgefühl. Das reicht meist schon, wenn es uns Männern auch oft schwerfällt. Es geht also meist eher um das Verstehen als um das Lösen der Situation!

Was Sie lassen sollten:

▌ Fressen Sie Ärger nicht in sich hinein, wenn Sie nicht ganz sicher sind, dass Sie ihn rückstandsfrei und beziehungsfreundlich verdauen können. Anderenfalls wäre das der erste Schritt zu einer negativen Strichliste, die irgendwann in einer – oft alles Porzellan zerschlagenden – Generalabrechnung endet.

▌ Hüten Sie sich vor Zweideutigkeiten. Sagen Sie nicht: »Ja, klar, mache ich gern«, während Sie gleichzeitig eine Miene zur Schau tragen, als würden Sie zur Schlachtbank geführt. Derartige Doppelsignale dienen nur dem Erzeugen eines schlechten Gewissens und zeugen von Unreife.

▌ Spielen Sie nicht das Opfer. »Ich tue das nur für dich« ist der Schlüsselsatz des sich aufopfernden Partners. »Ich arbeite nur für dich (und das Kind) jeden Tag 14 Stunden! Was soll ich denn noch tun?« Oder: »Ich mache hier doch alles nur für dich (und unser Kind) so schön! Was soll ich denn noch tun, damit du

endlich zufrieden bist?« So oder ähnlich hören sich »Opferlammsprüche« an. Solche Beziehungsmuster halten nur so lange, bis der andere Partner jemanden findet, der reifer mit Konflikten umgehen kann.

▌ Auch wenn Sie echt sauer sind: Verkneifen Sie sich alle Pauschalurteile und Vorverurteilungen. Sie wissen nicht, was wir meinen? Beispielsprüche: (verächtlich) »Weiber!« , »Hast du etwa schon wieder ...?«, »So langsam könntest du aber schon wieder mal ...«, »Das kannst ja nur du ...« Falls Sie mehr Beispiele benötigen – die hören Sie in jeder Kneipe.

▌ Sie sind nicht in der Schule. Versuchen Sie sich also nicht durchzumogeln, wenn Sie mal eine Abmachung nicht eingehalten haben. Sagen Sie nichts zu, was Sie nicht einhalten können. Und wenn Sie etwas zugesagt haben und es doch nicht schaffen: Teilen Sie es Ihrer Partnerin rechtzeitig mit, und versuchen Sie, gemeinsam Lösungen zu finden.

▌ Mauern Sie nicht, wenn Ihre Partnerin ein Problem durchsprechen möchte. Dieses »typisch männliche« Verhalten ist wenig hilfreich und kontraproduktiv.

▌ Meckern und nörgeln Sie nicht. Dieses Verhalten dient nur einem Zweck – sie zu etwas zu bewegen, was sie nicht will, und sie durch ständiges Wiederholen mürbe zu machen, bis sie es doch tut. Auch wenn es zum Erfolg führen sollte: Ihre Partnerin wird es nur widerwillig und mit Zorn im Bauch tun. Das vergiftet auf Dauer die Atmosphäre.

Kleine Gesten erhalten die Liebe

Oft sind es die kleinen Gesten, die den großen Streit abwenden und den Alltag zu zweit liebenswerter machen. Nachfolgende Tipps machen Lust auf das Thema. Experimentieren Sie, finden Sie eigene Wege, setzen Sie eigene Ideen um:

- Erkennen Sie die Leistung und Arbeit der Partnerin an – und sagen Sie es ihr.
- Rufen Sie sie während des Arbeitstages einfach mal an – nur so.
- Feiern Sie den Tag des ersten Kusses (in Form einer Überraschungseinladung?).
- Schenken Sie sich einen freien Abend zu zweit.
- Leihen Sie den Lieblingsfilm Ihrer Partnerin aus, und machen Sie es sich vor dem Fernseher gemütlich.
- Stellen Sie eine CD mit »gemeinsamen« Songs zusammen.
- Marmeladebrote in Form von Herzen können eine Versöhnungsgeste oder gar eine Liebeserklärung sein.
- Machen Sie ein Bild vom gemeinsamen Urlaub zum Hintergrund Ihres PCs.
- Kramen Sie alte Fotos und Fotoalben aus »glücklichen Tagen« hervor.
- Fragen Sie regelmäßig: »Wie geht es dir gerade?«
- Geben Sie Ihrer Partnerin Freiraum. Eine Zeit, die sie nur für sich hat.

Was Liebe – nicht – ist

Wohl die meisten von uns haben eine Vorstellung von der Liebe zwischen Mann und Frau im Kopf, die mit dem Begriff »große Liebe« recht treffend beschrieben ist. Die sogenannte »große Liebe« hat drei wesentliche Eigenschaften: Sie ist Schicksal (wir mussten einander einfach begegnen), sie ist einzig (du liebst nur mich, ich liebe nur dich), und sie ist dauerhaft (»ewig«). Diese romantische Idee von Liebe hält die Angst vor Veränderung vom Leib, bietet Halt und eine feste Basis, um als Paar mit den Widrigkeiten der Welt fertigzuwerden.

Doch dieses Konzept von Liebe funktioniert nur, solange beide Partner ihre ganz privaten Erwartungen erfüllt sehen. So kann es tatsächlich sein, dass ein Paar sein Leben lang diese Vorstellung von der »großen Liebe« lebt. Doch die Gefahr ist recht groß, dass die Rechnung nicht dauerhaft aufgeht.

Das Hauptproblem nämlich ist, dass theoretisch jede Änderung in den Ansichten eines der Partner oder auch der Lebenssituation ein Risiko für die Bedingungen der »großen Liebe« darstellt. Sehr häufig bleibt die Liebe auf der Strecke, weil wir Liebe nur verwechseln: mit Verliebtheit, mit Geborgenheit und Sicherheit, mit Vertrautheit, mit sexueller Begierde oder auch mit Eifersucht. Viele Paare trennen sich, wenn die Verliebtheit nach ein paar Monaten oder Jahren verflogen ist, wenn der Partner die ursprüngliche Geborgenheit und Sicherheit nicht mehr gewährleisten kann oder will, wenn die Vertrautheit weicht, weil der Partner sich ändert, wenn die Lust auf Sex nachlässt oder wenn einer der Partner nicht (mehr) bereit ist, Zeichen von Eifersucht zu signalisieren – die ja nach weitverbreiteter Meinung ein Zeichen von Liebe sind. Mit Ausnahme von Eifersucht, die im Grunde nichts weiter ist als Trennungsangst, können all diese Faktoren Teilaspekte unserer persönlichen Liebe sein. Doch sie sind eben nicht die Liebe selbst, sind sie doch für sich genommen auf Dauer nicht tragfähig. Das gilt vor allem in Extremsituationen – und dazu gehört auch die Elternschaft. Denn wie wir gesehen haben, geht es mit der Beziehungsqualität nach der Geburt des ersten Kindes oft rapide abwärts. Abgesehen von den bereits angesprochenen Ratschlägen zur Kommunikation usw.: Welches Konzept von Liebe funktioniert auch für Eltern? Oder anders gefragt: Was ist Liebe denn überhaupt?

Liebe: definierbar undefinierbar

Viele kluge Köpfe haben bereits versucht, Liebe zu definieren oder sogar ein Patentrezept für das Funktionieren der Liebe zwischen Mann und Frau zu liefern. Vermutlich gibt es nicht »die« Definition von Liebe, und ganz sicher gibt es kein Patentrezept. Lassen Sie uns dennoch einen Versuch starten: Die Liebe zwischen Mann und Frau ist die Fähigkeit beider Partner, den eigenen sowie den Ansprüchen des Partners gerecht zu werden und je nach Situation Gegensätze zu leben: Geben und Nehmen, Nähe und Distanz, Lob und Kritik, Lust und Pflicht, Dominanz und Unterordnung, Autonomie und Bindung sowie viele weitere. Klingt gar nicht so schlecht. Lässt sich daraus aber etwas Praktisches für den Alltag ableiten? Durchaus, allerdings nicht die Gebrauchsanleitung, die wir gern hätten. Denn was wir für eine funktionierende Liebensbeziehung tun können oder müssen, ist von Paar zu Paar sehr unterschiedlich. Dennoch gibt es eine Grundregel, die sich aus dem oben Gesagten ergibt: Beide Gegensätze – etwa Geben und Nehmen, Nähe und Distanz und die anderen Gegensatzpaare – müssen von beiden Partnern in jeweils unterschiedlicher Ausprägung gelebt werden. Eine Liebesbeziehung kann nicht funktionieren, wenn Geben und Nehmen nicht in einer individuellen Balance stattfinden, wenn sich Nähe und Distanz nicht je nach Situation und Bedürfnissen abwechseln. Die Idealvorstellung von »bedingungsloser Liebe« legt die Messlatte bar jeden Realitätsbezugs viele Meter zu hoch. Die Tiefe der Zuneigung hat immer auch etwas mit dem Verhalten des Partners zu tun – und letztlich mit der Befriedigung von Wünschen. Doch zusätzlich müssen beide Partner eine andere wichtige Fähigkeit mitbringen: Sie müssen dazu in der Lage sein, unter veränderten Lebensbedingungen neue Gewichtungen auszuhandeln und zu einer für beide befriedigenden Balance zu finden. Kinder sind eine wunderbare Chance, stets aufs Neue die Balance zu finden und so die Liebe am Leben zu erhalten.

AUCH VÄTER SIND MÄNNER

Ein möglichst dichtgespanntes Netz an sozialen Kontakten hilft im Alltag und besonders in Krisensituationen. Das soziale Netz der meisten Männer aber ist sehr weitmaschig. Erst recht, nachdem Männer Väter geworden sind. Analysieren Sie Ihr eigenes Netz, und lesen Sie, wie Sie es bei Bedarf erweitern können.

Männerfreundschaften: selten, aber wichtig

Freunde sind wichtig, und das soziale Netz – auch des Mannes – braucht Vielfalt: Damit der Alltag rundläuft, und ganz besonders für Zeiten im Ausnahmezustand.

Erinnern Sie sich einmal an Ihre Kindheit. Wen haben Sie damals als Freund empfunden? War die Welt für Sie auch besser, wenn Sie mit anderen Jungs losziehen konnten, angeben, Mut machen, Ängste teilen konnten? Wann genau hat das aufgehört? Als Sie volljährig waren? Als Sie im Beruf Fuß gefasst hatten? Oder gehören Sie vielleicht zu den Glücklichen, die auch als erwachsene Männer noch richtig gute Freunde haben?

Freundschaft wurde und wird zwar nicht so häufig thematisiert wie die Liebe, doch welch wichtigen Stellenwert sie für die Menschen schon immer hatte, zeigen Definitionen aus historischen Lexika: »Freundschaft gründet sich auf das Bedürfnis des Gemüths, mit Andern in Gemeinschaft zu leben u. zu wirken, u. sie hat einen hohen Werth, indem sie zur ganzen geistigen Entwickelung, zur sittlichen Bildung, zur Erhöhung der Lebensfreuden u. zur Milderung der Leiden viel beiträgt.«[31] Oder auch: »Freundschaft ist das auf gegenseitiger Wertschätzung beruhende und von gegenseitigem Vertrauen getragene freigewählte gesellige Verhältnis zwischen Gleichstehenden« (…) »Die edelste Form der Freundschaft […] ist diejenige, bei der im Freunde die uns innerlich verwandte geistig-sittliche Persönlichkeit ohne jede weitere Nebenrücksicht geschätzt wird, der wir alle Regungen unsers Seelenlebens mit vollem Vertrauen offenbaren zu dürfen glauben.«[32]

In diesen beiden Definitionen werden zwei auch für uns wichtige Punkte angesprochen: Freundschaft zur »Milderung der Leiden«, als Instanz für Unterstützung und Trost also, sowie als Möglichkeit, »alle Regungen unsers Seelenlebens« offenlegen zu können.

Männerfreundschaft – Frauenfreundschaft

In der alten Literatur von den antiken Dichtungen Homers (»Ilias«) bis zu Hermann Hesses »Narziss und Goldmund«

spielt die Freundschaft unter Männern eine zentrale Rolle. Das »unter Männern« ist hier durchaus bewusst gewählt, denn die von Patriarchat und Androzentrismus (Männer als das Maß aller Dinge) geprägten Gesellschaften hielten die »minderwertigen« Frauen gar nicht für fähig, »echte« Freundschaften zu führen.[33]

> »**Auf der höchsten Stufe der Freundschaft** offenbaren wir dem Freunde nicht unsere Fehler, sondern die seinen.«
>
> François de La Rochefoucauld (1613–1680), französischer Schriftsteller

Es sei dahingestellt, ob das, was da in der Literatur als Männerfreundschaft bezeichnet wurde, tatsächlich so verbreitet war oder ob es nur einem Ideal entsprach, das sich in den Köpfen der jeweiligen Oberschicht hielt. Doch wie dem auch sei, heute ist »echte« Freundschaft eher unter Frauen verbreitet, und zwar in deren Jugend und später ab etwa 30 wieder, wie die US-amerikanische Psychologin Terri Apter herausfand.[34] Während bei Frauen soziale Kontakte und insbesondere Freundinnen sehr intensiv »genutzt« werden, um mit Stresssituationen umgehen zu können[35], haben die meisten Männer »nur« Kumpel, Sportskameraden, Genossen und Geschäftskollegen, denen sie sich mehr

oder weniger verbunden fühlen. Oder, wie der Soziologe Robert B. Bell bereits 1981 in seinem Buch »Freundschaftswelten« schrieb: »Die engen Beziehungen zwischen Frauen werden generell als selbstoffenbarend und annehmend beschrieben, während enge Beziehungen zwischen Männern subjektiv als Möglichkeiten für gemeinsame Unternehmungen definiert werden«[36]. Es ist denn auch nicht weiter verwunderlich, dass eine Umfrage des Instituts für Rationelle Psychologie in München ergab, dass sieben von zehn Männern keinen richtigen Freund haben und dass es wahrscheinlich sogar noch weit weniger Männer sind, die so etwas wie einen »besten Freund« haben, vergleichbar der »besten Freundin« von Frauen.

An dieser Stelle tauchen mehrere Fragen auf: Warum ist das so? Ist das gut so? Und wenn nicht, was können wir dagegen tun?

Der lange Arm des eigenen Vaters

Können Sie sich noch erinnern, wie Ihr Verhältnis zu Ihrem Vater war? Klar, während der Pubertät vermutlich weniger gut. Aber davor, war Ihr Vater da eher Freund oder distanzierter und meist abwesender »Erziehungsberechtigter«? Und hatte oder hat Ihr Vater einen großen Freundeskreis, oder würden Sie ihn eher als Einzelgänger beschreiben?

Es gibt zwei konkurrierende Theorien darüber, wie sich der Vater auf das eigene Verhalten des erwachsenen Mannes auswirkt. Die sogenannte Modellierungsthese geht davon aus, dass Väter als Vorbild für ihre Söhne deren späteres Verhalten

»modellieren«. Die Kompensationstheorie dagegen meint, dass Männer, die zu ihrem Vater ein schlechtes Verhältnis hatten, dies als Erwachsene und Väter zu kompensieren versuchen, indem sie sich ganz anders verhalten.

Welche der Theorien zutreffend ist, lässt sich kaum sicher klären, da wir alle unsere Kindheit mehr oder weniger verzerrt erinnern und Rückschlüsse daher schon prinzipiell fragwürdig sind. Auch wenn die Ergebnisse vor diesem Hintergrund mit Vorsicht zu genießen sind, belegen Studien doch recht zuverlässig die Vorbildfunktion des eigenen Vaters, also die Modellierungsthese. Bei Männern, deren Verhältnis zum Vater besonders schlecht war, zeigt sich allerdings auch der Wunsch, es mit den eigenen Kindern besserzumachen. Dieser Wunsch nach Kompensation (Theorie Nummer zwei also) wird jedoch fast nur dann auch in eigenes Verhalten umgesetzt, wenn die Partnerin dies mitträgt[37].

TIPP: Wer war Ihr Vater?

Um sich selbst besser zu verstehen, Ihre Art, mit Freunden und Bekannten sowie den eigenen Kindern umzugehen, sollten Sie Ihr Verhältnis zu Ihrem eigenen Vater genauer betrachten. Versetzen Sie sich in Ihre Kindheit zurück, stellen Sie sich Fragen, und notieren Sie Ihre Antworten: Bei welchen Gelegenheiten haben mein Vater und ich etwas zusammen gemacht? Waren wir allein, oder war immer meine Mutter dabei? Welche Rolle hatte mein Vater für mich? War er ein Vorbild für mich? War die Beziehung freundschaftlich? Ihnen werden sicher noch mehr Fragen einfallen. Nehmen Sie sich Zeit. Das Erinnern, Aufschreiben und Analysieren geht nicht von heute auf morgen.

Wie Väter die Freundschaften ihrer Söhne prägen

Eine Studie des Deutschen Zentrums für Alternsforschung der Uni Heidelberg aus dem Jahre 2004 belegt zumindest den direkten Einfluss, den das Verhalten des eigenen Vaters auf die Qualität der Freundschaften des Sohnes im mittleren und höheren Erwachsenenalter hat.[38]

Der eigene Vater wurde eher in der Enge der eigenen Familie erlebt, der sich als Alleinverdiener um das finanzielle Wohl der Familie kümmerte, die Mutter – oft ausschließlich zu Hause – ist oder war für die Emotionen und die Freundschaften zuständig. Soziale Kontakte entstanden über die Kinder bzw. die Mütter der Kinder mit dem »Anhang« der Väter/Männer. Systematisches Aufbauen von Männerfreundschaften durch die Väter haben die heutigen Väter üblicherweise nicht erlebt. Auch spielt hier die Sozialisation oder Erziehung eine Rolle. Sätze unserer Väter wie »Ein Mann weint nicht« haben tendenziell dazu geführt, dass wir Männer mit unseren Gefühlen eher zurückhaltend sind und im Innersten Angst haben, uns damit zu zeigen. Wer hat schon seinen eigenen Vater Gefühle, geschweige denn Tränen zeigen sehen! Dies erleben Männer manchmal erst, wenn ihre eigenen Väter alt und krank sind. Eine Erfahrung, die zwar schmerzlich, zugleich aber auch im positiven Sinne heilend ist und alte Bilder ersetzt. Wie lange darbten wir emotional selbst am verlängerten Arm unserer Väter. Die Auseinandersetzung und der Dialog mit dem eigenen Vater öffnen uns für Männerfreundschaften. Auch sind es die eigenen Kinder, die das Gefühlsfeld der Väter öffnen und emotionale Räume erschließen, die vorher verschlossen oder überhaupt nicht bekannt waren. Eigene Erfahrungen zeigen, wie kraftvoll, befriedigend und nachhaltig Männerfreundschaften sein können, wenn sie gebildet werden. Diese Freundschaften sind äußert tragfähig und belastbar und bestehen nicht selten lebenslang. Die Schwierigkeit des Mannes ist es, hierfür geeignete Gelegenheiten und geschützte Räume zu finden, denn es heißt, die eigene Deckung zu verlassen, von sich selbst mehr zu zeigen und auch in das Risiko zu gehen, angreifbar oder verletzbar zu werden. Wahrscheinlich ist dies die größte Angst, die Angst in und mit seinen eigenen Gefühlen verletzt zu werden, oder auch die Angst vor der Dimension der eigenen Gefühle, dem eigenen Erleben. Für die richtige Gelegenheit oder den geschützten Raum gibt es kein Patentrezept. Es geht wohl in erster Linie darum, selbst emotional mutiger zu werden, also den Mut zu haben, sich selbst mehr von der wirklichen inneren Seite zu zeigen. Sicherlich haben die heutigen Väter und Männer hierfür bessere Voraussetzungen als unsere eigene Vätergeneration. Am Ende ist es die ganz persönliche Erfahrung mit anderen Männern, wie wichtig und auch befriedigend ein soziales Netz zu anderen Männern sein kann und was echte Männerfreundschaft wirklich heißt.

Warum das soziale Netz so wichtig ist

Es gibt in jedem Fall gute Gründe, ein möglichst vielfältiges Netz zu knüpfen:

▌ Aktivitäten außerhalb von Familie und Beruf verhelfen Vätern zu mehr Autonomie und Selbstbewusstsein, was auch der Partnerschaft zugute kommt.

▌ Väter können Krisensituationen kreativer und angemessener in den Griff bekommen, wenn sie sich mit anderen Männern austauschen können, die schon ähnliche Krisen gemeistert haben.

▌ Auch wenn jeder »Fall« natürlich etwas anders aussieht, zeigen sich im Gespräch doch meist schnell ähnliche Muster. Diese zu erkennen, kann die Handlungsoptionen oft deutlich erweitern.

▌ Auf der praktischen Ebene bringt ein enges soziales Netz viele Erleichterungen mit sich, wie etwa stressfreie Arztbesuche ohne Kind, Fahrgemeinschaften zu Kita, Schule und Ähnliches. So ist es auch kein Wunder, dass die meisten Eltern mit viel Unterstützung von außen ihren Kindern mehr Aufmerksamkeit widmen können und sich intensiver um deren Erziehung und Ausbildung kümmern.

▌ Haben die Eltern – und eben nicht nur die Mütter! – viele Kontakte, finden auch die Kinder leichter Anschluss. Umgekehrt sind Kinder kontaktarmer Eltern oft selbst einsam.

»Männerfreundschaften haben eine eigene Qualität«

ein Gespräch mit Pater Anselm Grün

Pater Anselm Grün, meistgelesener christlicher Autor der Gegenwart und Träger des Bundesverdienstkreuzes, versucht mit seinen Büchern und weltweiten Vorträgen, Menschen den Weg zu sich selbst zu zeigen. Wo die heutige Zeit Unsicherheit verbreitet, bemüht er sich um Klarheit.

Pater Anselm, weshalb wird heute besonders zum Thema Familie wieder die Wertefrage in den Mittelpunkt der gesellschaftlichen Diskussionen gerückt?

Wir spüren, dass das Leben ohne Werte wertlos wird. Werte sind Quellen der Gesundheit und machen das Miteinander wertvoll. Eine Gesellschaft, in der keine Werte mehr gelten, kann den Menschen keinen Halt geben.

Welche Werte sind heute für die Erziehung der Kinder wichtig, und welche dieser Werte sollte der Vater vermitteln?

Wenn wir von Werten sprechen, dann denken wir an die klassischen vier Grundwerte, die die griechische Philosophie aufgestellt hat: Gerechtigkeit, Tapferkeit, Maß und Klugheit. Und an die drei christlichen Werte: Glaube, Hoffnung und Liebe. Aber diese Werte müssen immer wieder aktualisiert werden. Wir würden heute Ehrlichkeit, Freiheit, Respekt für den anderen Menschen in den Mittelpunkt stellen, dazu Nachhaltigkeit im Umgang mit uns selbst und mit der Schöpfung. Der Vater sollte vor allem vermitteln, dass es sich lohnt, sich für eine gerechtere und bessere Welt einzusetzen und diese Welt in einer guten Weise mitzugestalten.

Was stärkt Männern den Rücken, wenn sie Vater werden?

Männer, die Väter werden, brauchen andere Väter, die ihnen den Rücken stärken. Zugleich aber kommen sie als Väter mit dem inneren Potenzial in Berührung, das in ihnen steckt. Auch das stärkt ihnen den Rücken.

Weshalb fällt es Männern heute so schwer, sich Unterstützung in Krisen oder schwierigen Lebenslagen zu holen?

Männer meinen, alles selber lösen zu können. Es fällt ihnen schwer, sich und anderen einzugestehen, dass sie auch bedürftig sind und Hilfe brauchen. Sich eine Schwäche einzugestehen widerspricht dem Bild des starken Mannes, das sie unbewusst in sich tragen.

Was bedeutet für Sie das Wort »Männerfreundschaft«?

Männerfreundschaften haben eine eigene Qualität. Da kann ich sein, wie ich bin, muss mir und anderen nichts beweisen.

So erweitern Sie Ihr soziales Netz

Die meisten von uns Männern neigen dazu, den Wert eines sozialen Netzes zu unterschätzen. Viele überlassen das lieber den Frauen und übersehen dabei nicht nur, dass es ihnen selbst im Alltag Nutzen bringt (siehe Seite 156), sondern auch, dass es im Falle von Notsituationen – etwa wenn die Partnerin erkrankt – zwingend notwendig werden kann. Bevor wir Ihnen Möglichkeiten aufzeigen, wie Sie Ihr soziales Netz ausbauen können, sollten Sie sich den Test in der rechten Spalte anschauen. Auch wenn es nicht sehr wahrscheinlich ist, aber vielleicht brauchen Sie es ja gar nicht zu erweitern. Wenn Sie aber beim Lesen zu dem Schluss kommen, dass Ihr Netz ruhig ein wenig umfangreicher oder stabiler sein dürfte, dann unternehmen Sie Folgendes:

▪ Gehen Sie mit Ihrem Kind ins Schwimmbad, zum Spielplatz, kurz, dahin, wo auch andere Väter mit ihren Kindern anzutreffen sind, und sprechen Sie andere Väter an.
▪ Besuchen Sie – allein oder mit Ihrer Partnerin – Elternabende in Kita oder Schule, Feste und Ähnliches.
▪ Machen Sie mit bei Freizeitveranstaltungen wie Lauftreffs, Vater-Kind-Freizeiten, Fahrradtouren oder Ähnlichem.
▪ Laden Sie Freunde und Bekannte zum Essen ein – mit und ohne Kinder.
▪ Geben Sie ein Inserat auf nach dem Motto: »Junge Familie sucht junge Familie zwecks gemeinsamer Unternehmungen«.
▪ Organisieren Sie ein Kinderfest oder Straßenfest in Ihrer Nachbarschaft.

▪ Übernehmen Sie ehrenamtliche Tätigkeiten, etwa in der Kirchengemeinde, im Stadtteilverein oder im Sportverein.
▪ Suchen Sie sich eine Vätergruppe, oder gründen Sie selbst eine.
▪ Pflegen Sie familiäre Kontakte, indem Sie beispielsweise einmal im Jahr ein Familientreffen organisieren.

Es gibt unendlich viele Möglichkeiten, neue Leute kennenzulernen und bestehende Kontakte zu intensivieren und zu pflegen. Im Anhang finden Sie von Seite 166 bis Seite 169 einige wichtige Internetadressen, über die Sie sich weiter zur Thematik informieren oder bei Bedarf auch Rat einholen können.

Test: Wie steht es um mein soziales Netz?

Mit nachfolgendem Test erhalten Sie einen tieferen Einblick in Ihr soziales Netz. Finden Sie heraus, wie es aufgebaut ist und auf welche Kontakte Sie wirklich zählen können.

1. Schritt: Schreiben Sie eine Liste mit allen Menschen, die für Sie heute eine Bedeutung haben.
2. Schritt: Übertragen Sie jeden der Namen auf Zettel. Ordnen Sie die Zettel auf einem großen Bogen Papier nach verschiedenen Gruppierungen (Arbeitskollegen, Verwandte, Freizeitfreunde usw.).
3. Schritt: Schauen Sie nun dieses Beziehungsnetz durch, und beantworten Sie folgende Fragen:

▪ Wer von ihnen hört mir zu, ohne stets Ratschläge zu geben?

- Wer von ihnen schätzt meine Fähigkeiten?
- Wer von ihnen ermutigt mich, auch einmal Neues zu wagen?
- Wer von ihnen bringt mir Kritik entgegen und bringt mich zum Nachdenken?
- Wer von ihnen hat ähnliche Interessen, Überzeugungen und/oder Werte?
- Wer von ihnen lebt in einer ähnlichen Lebenssituation und hat ähnliche Erfahrungen gemacht?
- Bei wem kann ich mich so geben, wie ich bin?
- Wer von ihnen bringt mich mit neuen Menschen in Berührung?
- Mit wem kann ich Spaß haben?

Anhand dieser Einschätzung können Sie herausfinden, wie vielfältig Ihr Bekanntenkreis ist und welche Ressourcen in ihm schlummern.

4. Schritt: Beantworten Sie für sich folgende Fragen:

- Gibt es in diesem Beziehungsnetz etwas, das typisch zu sein scheint?
- Gibt es bestimmte Qualitäten von Beziehungen, die überwiegen, und andere, die fehlen?
- Ist mein Beziehungsnetz eher ein Unterstützernetz, das Veränderungen mitträgt, oder eher eines, in dem ich wenig herausgefordert und unterstützt werde?
- Kann ich Ansatzpunkte erkennen, wie ich das Netz ausgewogener gestalten kann?
- Gibt es nur ein oder zwei Menschen, die mir wirklich nahestehen?
- Gibt es jemanden, der mir in großen Krisen beisteht?

- Gibt es darin einen Mann, mit dem ich gerne eine Freundschaft pflegen würde?
- Was kann ich dafür tun, dass diese Person mein Freund wird?
- Bin ich zufrieden mit meinem heutigen Beziehungsnetzwerk?

Lassen Sie sich helfen!

Es gibt zahlreiche schwierige Lebenssituationen, in denen auch Männer Hilfe gebrauchen können: Wenn sie von einer schweren Krankheit erfahren, von ihren Kindern getrennt werden, einen Familienangehörigen verlieren. Generell aber scheuen sich Männer, Hilfe in Anspruch zu nehmen. Viel eher ziehen sie sich zurück und trauern in sich hinein. Zudem wissen viele Männer nicht, an wen sie sich in einer solchen Situation wenden sollen. Dies ist einer der Gründe, weshalb die Internetplattform www.vaeter.de ins Leben gerufen wurde. Sie fungiert als Schnittstelle und vermittelt an Fachmänner. In Krisensituationen ist es sinnvoll, sich an eine örtliche Männerinitiative oder kompetente Beratungseinrichtungen (siehe »Hilfreiche Adressen« auf Seite 166–169) zu wenden, da diese die Adressen vor Ort haben, die Sie brauchen. Sie können Volker Baisch aber auch jederzeit eine E-Mail schreiben (info@vaeter.de).

Noch ein kurzes Wort zum Schluss: Auch was Ihr Beziehungsnetzwerk und Ihre Art des Umgangs mit sozialen Kontakten angeht, findet dies seine Fortsetzung im Verhalten Ihrer Kinder. Wenn Sie zu dem Schluss gelangen, dass Sie es bessermachen könnten – tun Sie's. Nicht nur für sich.

Anmerkungen

1 Fthenakis, W. E.: Engagierte Vaterschaft – Die sanfte Revolution in der Familie. Hg: LBS-Initiative Junge Familie. Leske & Budrich, Opladen 1999, S. 21

2 Fthenakis, W. E.: Engagierte Vaterschaft – Die sanfte Revolution in der Familie. Hg: LBS-Initiative Junge Familie. Leske & Budrich, Opladen 1999, S. 27

3 Luy, M.: Warum Frauen länger leben. Erkenntnisse aus einem Vergleich von Kloster- und Allgemeinbevölkerung. Bundesinstitut für Bevölkerungsforschung (BiB) beim Statistischen Bundesamt, Wiesbaden 2002

4 Delahunty, K./McKay, D. u. a.: Prolactin responses to infant cues in men and women: effects of parental experience and recent infant contact. Horm Behav, 2007, 51(2), S. 213–220

5 Braun, K.: Emotional experience and the synaptic development of limbic circuits (Vortrag). In: Federation of European Neuroscience Societies (FENS), Wien 2006

6 Camus, J. Le: Väter. Die Bedeutung des Vaters für die psychische Entwicklung des Kindes. Beltz, Weinheim 2001, S. 48

7 Pacsofar, N./Vernon-Feagans, L.: Mother and father language input to young children: contributions to later language development. Journal of applied developmental psychology, 2006, 27 (6), S. 571–587

8 Hancox, R./Milne, B. u. a.: Association between child and adolescent television viewing and adult health: a longitudinal birth cohort study. Lancet, 2004, 364(9430), S. 257–262

9 Seiffge-Krenke, I.: Väter und Söhne, Väter und Töchter. Forum der Psychoanalyse, 2001, 17(1): S. 51–63

10 Familien in Deutschland. Ergänzende Tabellen zur Pressekonferenz am 28. November 2007 (Ergebnisse des Mikrozensus 2006). Statistisches Bundesamt, Wiesbaden 2007

11 Das Elterngeld. Bundesministerium für Familie, Senioren, Frauen und Jugend. Erstellt/aktualisiert: 12.03.2008. www.bmfsfj.de/bmfsfj/generator/Kategorien/Service/themen-lotse,did=76746.html

12 ebd.

13 Hank, K./Buber, I.: Grandparents caring for their grandchildren: findings from the 2004 survey of health, ageing and retirement in Europe. MEA, Mannheim 2007

14 Kügler, K.: Großeltern als Betreuungspersonen. In: Bien, W./Riedel, B./Rauschenbach, T. (Hg.): Wer betreut Deutschlands Kinder? DJI-Kinderbetreuungsstudie 2006. Cornelsen 2007, S. 173–186

15 zitiert nach: Handbuch Kindertagespflege. Bundesministerium für Familie, Senioren, Frauen und Jugend. www.handbuch-kindertagespflege.de

16 Kinder- und Jugendhilfestatistiken – Tageseinrichtungen für Kinder am 15.03.2007. Statistisches Bundesamt, Wiesbaden 2008

17 Diller, A./Heitkötter, M. u. a.: Kinderbetreuung in Deutschland – Entwicklung und Begriffe. DJI Bulletin 80 PLUS. Deutsches Jugendinstitut e.V., 2007

18 Ganztagsschule – eine Chance für Familien (Kurzfassung des Gutachtens des Wissenschaftlichen Beirats für Familienfragen beim Bundesministerium für Familie, Senioren, Frauen und Jugend), 2006. www.bmfsfj.de/bmfsfj/generator/Kategorien/Forschungsnetz/forschungsberichte,did=84652.html

19 Phillips, H.: The pleasure seekers. New Scientist, 11.10.2003, S. 36; Singer, E.: The pleasure seekers. New Scientist, 22.11.2003, S. 18; Szalavitz, M.: Love is a drug. New Scientist, 23.11.2002, S. 38

20 Bodenmann, G.: Wie Partnerschaft gelingt. In: Fthenakis, Wassilios E./Textor, Martin R.: Das Online-Familienhandbuch. www.familienhandbuch.de. Copyright: Staatsinstitut für Frühpädagogik (ifp) München

21 Wirtschaft und Statistik.2/2008. Statistisches Bundesamt, Wiesbaden 2008 www.destatis.de/jetspeed/portal/cms/Sites/destatis/Internet/DE/Content/Publikationen/Querschnittsveroeffentlichungen/WirtschaftStatistik/WistaFebruar08,property=file.pdf

22 Fthenakis, W. E./Kalicki, B./Peitz, G.: Paare werden Eltern. Die Ergebnisse der LBS-Familien-Studie. Leske & Budrich, Opladen 2002

23 Wunderer, E.: Die Liebe geht durch den Kopf. In: Fthenakis W. E.; Textor, M. R.: Online-Familienhandbuch www.familienhandbuch.de. Copyright: Staatsinstitut für Frühpädagogik (ifp) München

24 Schäfer-Hohmann, M. Paarkommunikation – einige Regeln. In: Fthenakis, W. E./Textor, M. R.: Das Online-Familienhandbuch. www.familienhandbuch.de. Copyright: Staatsinstitut für Frühpädagogik (ifp) München

25 Gottman, J. M./Silver, N.: The seven principles for making marriage work. Crown Publishers, New York 1999

26 Schäfer-Hohmann, M.: Paarkommunikation – einige Regeln. In: Fthenakis, W. E./Textor, M. R.: Das Online-Familienhandbuch. www.familienhandbuch.de. Copyright: Staatsinstitut für Frühpädagogik (ifp) München

27 Bodemann, G.: Stress und Partnerschaft. In: Fthenakis, W. E./Textor, M. R.: Das Online-Familienhandbuch. www.familienhandbuch.de. Copyright: Staatsinstitut für Frühpädagogik (ifp) München

28 Becker, J.: Neue Jugendstudie: Jedes dritte Kind hat Angst vor Schulversagen. Spiegel-Online, 26.09.2007. www.spiegel.de/schulspiegel/leben/0,1518,508085,00.html

29 Birnbaum, A.: Die Vielfalt von Ritualen im Alltag von Paaren. In: Fthenakis, W. E./Textor, M. R.: Das Online-Familienhandbuch. www.familienhandbuch.de. Copyright: Staatsinstitut für Frühpädagogik (ifp) München

30 Wölfer, C.: Faires Streiten. In: Fthenakis, W. E./Textor, M. R.: Online-Familienhandbuch. www.familienhandbuch.de. Copyright: Staatsinstitut für Frühpädagogik (ifp) München

31 Pierers Universal-Lexikon, 4. Auflage 1857–1865

32 Meyers großes Konversations-Lexikon, 6. Aufl., 1905–1909, 2003

33 Härtwig, J.: Freundschaft im Wandel der Geschlechterrollen. Erstellt/aktualisiert: 2004. www.freundschaft-diplomarbeiten.de

34 Apter, T.: Nicht ohne meine Freundin. Der Spiegel. 21.02.2000, S. 73

35 UCLA Researchers identify key biobehavioral pattern used by women to manage stress. Erstellt/aktualisiert: 22.05.2000. ScienceDaily. www.sciencedaily.com/releases/2000/05/000522082151.htm

36 Bell, R. B.: Worlds of friendship (Freundschaftswelten), 1981, eigene Übersetzung von Neumann, B., zitiert nach Härtwig, J.: Freundschaft im Wandel der Geschlechterrollen. Erstellt/aktualisiert: 2004. www.freundschaft-diplomarbeiten.de

37 Fthenakis, W. E./Kalicki, B./Peitz, G.: Paare werden Eltern. Die Ergebnisse der LBS-Familien-Studie. Leske & Budrich, Opladen 2002

38 Heyl, V.: Freundschaften im mittleren und höheren Erwachsenenalter. Der lange Arm frühkindlicher Erfahrungen. Zeitschrift für Gerontologie und Geriatrie 2004. 37(5): S. 357–359

Abbildungsnachweis

Seite 11
Erwerbstätigenquote von Müttern und Vätern nach dem Alter des jüngsten Kindes
Aus: Weinmann, J.: Leben und Arbeiten in Deutschland, Sonderheft 2: Vereinbarkeit von Familie und Beruf – Ergebnisse des Mikrozensus 2005. Statistisches Bundesamt, Wiesbaden 2006

Seite 32
Dauer der täglichen Schreistunden in den ersten drei Lebensmonaten
Aus: Largo, R. H.: Babyjahre. Entwicklung und Erziehung in den ersten Lebensjahren. Vollständig überarbeitete Neuausgabe. Piper Verlag, München 2007. ISBN 978-3-492-05124-8

Seite 37
Entwicklung des Schlaf-Wach-Rhythmus eines Kindes in den ersten 15 Lebensmonaten
Aus: Largo, R. H.: Babyjahre. Entwicklung und Erziehung in den ersten Lebensjahren. Vollständig überarbeitete Neuausgabe. Piper Verlag, München 2007. ISBN 978-3-492-05124-8

Seite 40
Gesamtschlafdauer von Kindern bis fünf Jahre
Aus: Largo, R. H.: Babyjahre. Entwicklung und Erziehung in den ersten Lebensjahren. Vollständig überarbeitete Neuausgabe. Piper Verlag, München 2007. ISBN 978-3-492-05124-8

Seite 47
Wann kleine Kinder den Raum erobern
Largo, Remo H. 2003. Wachstum und Entwicklung. In Lentze u.a. (Hg.), Pädiatrie: Grundlagen und Praxis, S. 8-62. 3. Aufl. Berlin, Heidelberg, New York: Springer Medizin, S. 36, Abb. 3.38 (Copyrighthinweis: Largo, R H, L Molinari, M Weber, L Comenale Pinto, und G Duc. 1985. Early development of locomotion: significance of prematurity, cerebral palsy and sex. Developmental medicine and child neurology 27, no. 2 (April): 183-91. doi: 3996775. http://www.ncbi.nlm.nih.gov/pubmed/3996775.)
Mit freundlicher Genehmigung von Springer Science and Business Media

Seite 49
Laufenlernen: Am Ende steht immer das Gehen
Largo, Remo H. 2003. Wachstum und Entwicklung. In Lentze u.a. (Hg.), Pädiatrie: Grundlagen und Praxis, S. 8-62. 3. Aufl. Berlin, Heidelberg, New York: Springer Medizin, S. 36, Abb. 3.39 (Copyrighthinweis: Largo, R H, L Molinari, M Weber, L Comenale Pinto, und G Duc. 1985. Early development of locomotion: significance of prematurity, cerebral palsy and sex. Developmental medicine and child neurology 27, no. 2 (April): 183-91. doi: 3996775. http://www.ncbi.nlm.nih.gov/pubmed/3996775.)
Mit freundlicher Genehmigung von Springer Science and Business Media

Seite 51
Was Babys lächeln lässt
Largo, Remo H. 2003. Wachstum und Entwicklung. In Lentze u.a. (Hg.), Pädiatrie: Grundlagen und Praxis, S. 8-62. 3. Aufl. Berlin, Heidelberg, New York: Springer Medizin, S. 39, Abb. 3.45 (Copyrighthinweis: Mod. nach Ahrens, R. (1954). Beitrag zur Entwicklung des Physiognomie und Mimikerkennens. Zeitschrift für Experimentale und Angewandte Psychologie (2), 412-454, 599-633)
Mit freundlicher Genehmigung von Springer Science and Business Media

Seite 53
Entwicklung von Wachstum und Gewicht
Largo, Remo H. 2003. Wachstum und Entwicklung. In Lentze u.a. (Hg.), Pädiatrie: Grundlagen und Praxis, S. 8-62. 3. Aufl. Berlin, Heidelberg, New York: Springer Medizin, S. 34, Abb. 3.33 (Copyrighthinweis: Eiholzer, U., P. Bodmer, M. Bühler, u. a. 1998. Longitudinal monthly body measurements from 1 to 12 months of age: a study by practitioners for practitioners. European journal of pediatrics 157, no. 7 (Juni 7): 547-552. doi: 10.1007/s004310050875. http://dx.doi.org/10.1007/s004310050875)
Mit freundlicher Genehmigung von Springer Science and Business Media

Seite 54
Gewichtszunahme bei Jungen bzw. Mädchen
Nach: Normtabellen der Weltgesundheitsorganisation

Seite 55
Wachstum bei Jungen bzw. Mädchen
Nach: Normtabellen der Weltgesundheitsorganisation

Seite 57
Ausbildung der Selbstwahrnehmung
Largo, Remo H. 2003. Wachstum und Entwicklung. In Lentze u.a. (Hg.), Pädiatrie: Grundlagen und Praxis, S. 8-62. 3. Aufl. Berlin, Heidelberg, New York: Springer Medizin, S. 44, Abb. 3.54 (Copyrighthinweis: Zürcher Longitudinalstudien)
Mit freundlicher Genehmigung von Springer Science and Business Media

Seite 58
Expressive Sprachentwicklung bei Mädchen und Jungen
Largo, Remo H. 2003. Wachstum und Entwicklung. In Lentze u.a. (Hg.), Pädiatrie: Grundlagen und Praxis, S. 8-62. 3. Aufl. Berlin, Heidelberg, New York: Springer Medizin, S. 46, Abb. 3.58
Mit freundlicher Genehmigung von Springer Science and Business Media

Seite 60
Entwicklung des Trink- und Essverhaltens bei Mädchen und Jungen
Largo, Remo H. 2003. Wachstum und Entwicklung. In Lentze u.a. (Hg.), Pädiatrie: Grundlagen und Praxis, S. 8-62. 3. Aufl. Berlin, Heidelberg, New York: Springer Medizin, S. 41, Abb. 3.49 (Copyrighthinweis: Zweite Zürcher Longitudinalstudie)
Mit freundlicher Genehmigung von Springer Science and Business Media

Seite 63
Spielverhalten mit Symbolcharakter
Aus: Largo, R. H: Babyjahre. Entwicklung und Erziehung in den ersten Lebensjahren. Vollständig überarbeitete Neuausgabe. Piper Verlag, München 2007. ISBN 978-3-492-05124-8

Seite 67
Dreirad und andere Fortbewegungsmittel
Aus: Largo, R. H.: Babyjahre. Entwicklung und Erziehung in den ersten Lebensjahren. Vollständig überarbeitete Neuausgabe. Piper Verlag, München 2007. ISBN 978-3-492-05124-8

Seite 68
Kinder im Elternbett
Aus: Largo, R. H.: Babyjahre. Entwicklung und Erziehung in den ersten Lebensjahren. Vollständig überarbeitete Neuausgabe. Piper Verlag, München 2007. ISBN 978-3-492-05124-8

Seite 70
Vom Kritzeln zur Mannzeichnung
Aus: Largo, R. H.: Babyjahre. Entwicklung und Erziehung in den ersten Lebensjahren. Vollständig überarbeitete Neuausgabe. Piper Verlag, München 2007. ISBN 978-3-492-05124-8

Seite 74
Fernsehkonsum bei den Kleinsten
Aus: Zimmerman, F. J. u.a.: Television and DVD/video viewing in children younger than 2 years. Arch Pediatr Adolesc Med, 161(5), 2007, S. 473-479

Seite 85
Geburtenrate in den OECD-Ländern
Aus: OECD in Figures – 2007 Edition. Organisation für wirtschaftliche Zusammenarbeit und Entwicklung (OECD), 2007

Seite 86
Altersaufbau 1910 bis 2050: die Alterspyramide
Aus: Bevölkerung Deutschlands bis 2050. 11. koordinierte Bevölkerungsvorausberechnung. Statistisches Bundesamt, Wiesbaden 2006

Seite 99
Hessenstudie – was Väter sich beruflich wünschen
Aus: Anforderungen von Vätern an einen familienfreundlichen Arbeitgeber. IGS Organisationsberatung GmbH im Auftrag der Hessenstiftung – Familie hat Zukunft, 2008

Seite 114
Kinder unter drei in Kitas
Aus: Statistiken der Kinder- und Jugendhilfe. Kinder und tätige Personen in öffentlich geförderter Kindertagespflege am 15.03.2007. Revidierte Ergebnisse (05.03.2008). Statistisches Bundesamt, Wiesbaden 2008

Seite 115
Grundschulen mit Ganztagsangeboten
Aus: Allgemein bildende Schulen in Ganztagsform in den Ländern in der Bundesrepublik – Statistik 2002–2006. Sekretariat der Ständigen Konferenz der Kultusminister der Länder in der Bundesrepublik Deutschland. Bonn 2008.

Seite 124
Entwicklung der Eheschließungen und Scheidungsraten
Aus: Emmerling, D.: Ehescheidungen 2005. Wirtschaft und Statistik. Statistisches Bundesamt. Wiesbaden 2007.

Seite 126/127
Interview mit Dr. Hans Jellouschek
Aus: FOCUS 13/2008; hier in gekürzter Form

Seite 129
Kommunikationsverhalten junger Eltern
Aus: Fthenakis, W.E./Kalicki, B/Peitz, G.: Partnerschaftsentwicklung im Übergang zur Elternschaft. LBS-Familien-Studie »Übergang zur Elternschaft«. LBS-Initiative Junge Familie, 2002

Zärtlichkeit zwischen jungen Eltern
ebd.

Seite 130
Streitpotenzial bei frischgebackenen Eltern
Aus: Fthenakis, W.E./ Kalicki, B/Peitz, G.: Partnerschaftsentwicklung im Übergang zur Elternschaft, a.a.O.

Unzufriedenheit zwischen den Partnern
ebd.

Seite 143
Arbeitsteilung von Paaren
Aus: Arbeitsteilung bei Paaren. Statistisches Bundesamt, Wiesbaden 2003

Seite 162/63
Schlafprotokoll
Aus: Largo, R. H.: Babyjahre. Entwicklung und Erziehung in den ersten Lebensjahren. Vollständig überarbeitete Neuausgabe. Piper Verlag, München 2007. ISBN 978-3-492-05124-8

Schlafprotokoll

Kopieren Sie sich dieses Schlafprotokoll, und tragen Sie gewissenhaft Schlaf- und Wachphasen, Schreiphasen, Mahlzeiten und die Zeit im Bett mit den rechts aufgeführten Symbolen ein. Sie können auf diese Weise das Schlafbedürfnis Ihres Kindes ermitteln und wichtigen Verhaltensmustern auf die Spur kommen.

Datum:	Uhrzeit (tagsüber)											
	6.00	7.00	8.00	9.00	10.00	11.00	12.00	13.00	14.00	15.00	16.00	17.00

Name: _____

Geburtsdatum: _____

Alter: _____

Uhrzeit (nachts)												
18.00	19.00	20.00	21.00	22.00	23.00	24.00	1.00	2.00	3.00	4.00	5.00	

Protokoll-
symbole:

Schlafphasen:
_____

Wachphasen:
(freilassen)

Schreien:
∿∿∿∿∿

Mahlzeiten:
▽

Bettzeit:
→|

Hilfreiche Adressen

Nach Sachbereichen geordnet, finden Sie hier eine Auswahl wichtiger Internetadressen (ohne Anspruch auf Vollständigkeit).

Allgemeines/Einstiegsseiten

Vaeter.de
Informationen, Rat und Tat für Väter
Tel.: 0 40/39 90 85 39
info@vaeter.de
www.vaeter.de

Online-Familienhandbuch
Umfassende Informationen, Foren, Buchvorstellungen und Ratgeber zum Thema Väter und Kinder, Familien, Paarbeziehungen und Erziehung
www.familienhandbuch.de

Kinder- und Jugendhilfe in Deutschland
Kinder- und Jugendpolitik in Gesetzen, Strukturen und Erläuterungen (mit umfangreicher Datenbank)
www.kinder-jugendhilfe.info

Bertelsmann-Stiftung
Wichtige Informationen u. a. zu Familie, Kindern und Jugendlichen
www.bertelsmann-stiftung.de

Familien-Wegweiser
Informationen rund um die Familie vom Bundesministerium für Familie, Senioren, Frauen und Jugend
www.familien-wegweiser.de

Deutscher Kinderschutzbund Bundesverband e.V.
Der DKSB setzt sich mit zahlreichen Kampagnen für das Wohl der Kinder in Deutschland ein.
www.dksb.de

Sozial-Fibel
Sie enthält die wichtigsten sozialen Hilfen, Leistungen und Rechte mit ihren Anspruchsvoraussetzungen und Rechtsgrundlagen.
www.stmas.bayern.de/fibel

Netdoktor
Fachkundige Experten antworten direkt per Internet auf Ihre Fragen aus dem Gesundheitsbereich.
www.netdoktor.de/maenner

Geburt/Kindesentwicklung/ Pädagogik

Kinder-und-Babys.de
Eine Seite rund um das Thema »Vater werden, Geburt und Umgang mit Babys und Kleinkindern«
www.kinder-und-babys.de

Babycenter.de
Hier gibt's viel Wissenswertes zu Kinderwunsch, Schwangerschaft, Geburt und Babys/Kleinkinder im Alter bis 36 Monate.
www.babycenter.de

Kindergartenpädagogik
Online-Handbuch zum Thema »Kinder im Kindergartenalter«. Wichtiges zu Themen der Kinderpädagogik
www.kindergartenpaedagogik.de

Elternforen für Alleinerziehende
Hilfreiche Tipps für den Alltag mit Kind
(inkl. Chat)
www.elternforen.com/Fachinformatio-
nen/Alleinerziehend.htm

Eltern.de
Jede Menge gute Tipps für junge Eltern
(auch spezielle Artikel für Väter)
www.eltern.de

Kidnet
Gute Seite zum Nachschlagen und Suchen
rund um das Thema Kinder und Erziehungsberatung
www.kidnet.de

Kindergerechte Freizeittipps
Freizeittipps und Ausflugsziele in
Deutschland und Österreich
www.mamilade.de

Vater-Kind-Reha
Vater-Kind-Kuren in der Klinik Feldberg
bieten Vätern die Möglichkeit, körperliche
und seelische Belastungsfaktoren zu erkennen (und zu verändern!) und die Beziehung zu ihren Kindern zu intensivieren.
Die Behandlung erfolgt sowohl in reinen
Männergruppen als auch in geschlechtsge-
mischten Gruppen.
www.vater-kind-kur.de

Kleinkindpädagogik
Umfassende Anleitung zum pädagogischen
Umgang mit Kleinkindern und hilfreiche
Tipps zur Erziehung
www.knetfeder.de

pro juventute
Setzt sich für die Erfüllung der Bedürfnisse und die Umsetzung der Rechte von Kindern und Jugendlichen in der Schweiz ein.
Sie hilft in Notfällen, bietet soziale Dienstleistungen an und fördert Kinder und
Jugendliche in ihrer persönlichen Entwicklung.
www.pro-juventute.ch

Beratungsstellen

**Bundeskonferenz für
Erziehungsberatung (bke)**
Herrnstraße 53
90763 Fürth
Tel.: 09 11/97 71 40
bke@bke.de
www.bke.de

das-beratungsnetz.de
Anlaufstelle für Menschen auf der Suche
nach Beratung zu den verschiedensten
Themenkreisen, z. B. Partnerschaft und
Sexualität
www.das-beratungsnetz.de

Telefonseelsorge
24 Stunden täglich, anonym, vertraulich
und gebührenfrei
Tel.: 08 00/111 01 11 oder 08 00/111 02 22
www.telefonseelsorge.de

NAKOS
Nationale Kontakt- und Informationsstelle
zur Anregung und Unterstützung von
Selbsthilfegruppen
www.nakos.de

Hilfreiche Adressen

Arbeiterwohlfahrt (AWO)
Hier finden Sie u. a. eine Liste der Erziehungs-, Kinder-, Jugend- und Familien-Beratungsstellen der Arbeiterwohlfahrt.
www.awo.org

Caritas e.V.
Der größte Wohlfahrtsverband Deutschlands organisiert die soziale Arbeit der katholischen Kirche. Hier finden Sie u. a. Beratungsstellen.
www.caritas.org

Der Paritätische Gesamtverband
Er bietet u. a. Onlineberatung zu verschiedenen Themenbereichen.
www.der-paritaetische.de

Arbeitskreis Neue Erziehung e.V.
Boppstraße 10
10967 Berlin-Kreuzberg
Tel.: 0 30/25 90 06 28
ifb@ane.de
www.ane.de

Beruf und Finanzen

Dads – Väter in Balance
Ziel ist es, Männern und insbesondere Vätern alternative und attraktive Möglichkeiten zu bieten, ihre Work-Life-Balance zu verbessern. Die Plattform wendet sich gezielt an Personalverantwortliche in Unternehmen, die das Thema der Vereinbarkeit auch aus Sicht der Männer sehen.
www.dads-online.de

Beruf und Familie
Initiative der Hertie-Stiftung zur Vereinbarkeit von Beruf und Familie. Aktuelles, Infothek und Veranstaltungen
www.beruf-und-familie.de

Väter und Karriere
Aktuelle Informationen zum Thema Väter und Karriere
www.vaeter-und-karriere.de

ver.di
Buchtipps, Genderservice, Infothek und weiterführende Links
www.gender.verdi.de/genderservice

Familiengründer
Info/Austausch rund um Beruf und Familie, Unternehmen, Familie, Work-Life-Balance und mehr
www.familiengruender.de

Fairplay-at-Work
Für Väter, die Beruf und Familie vereinbaren wollen (auch für deutsche Väter informativ, doch auf die Verhältnisse der Schweiz zugeschnitten)
www.fairplay-at-work.ch

Kinderbetreuung und Schule

Deutscher Bildungsserver
Projekte und Programme von Bund und Ländern zur Qualitätsentwicklung des Bildungssystems
www.bildungsserver.de

Handbuch Kindertagespflege
Infos zur Kindertagespflege vom Bundesministerium für Familie, Senioren, Frauen
und Jugend
www.handbuch-kindertagespflege.de

Tagesmütter-Bundesverband
Informationen zur Betreuung durch
Tagesmütter/-väter
www.tagesmuetter-bundesverband.de

Paarbeziehung

**Institut für Familienforschung und -bera-
tung** – bietet Partnerschaftskurse an.
www.unifr.ch/iff

**Institut für Forschung und Ausbildung in
Kommunikationstherapie e.V.**
Verschiedene Programme zum Umgang
mit Kommunikation, z. B. zur Ehevorbe-
reitung und zur Stressbewältigung
www.erzbistum-muenchen.de/ifk

**Theratalk – Eheberatung, Paartherapie
und Partnerschaftstests online**
www.theratalk.de

Väter-Netzwerke

VEND (VäterExpertenNetzDeutschland)
In dem Netzwerk haben sich alle Väterpro-
jekte in Deutschland zusammengeschlossen.
Hier finden Sie regionale Väterprojekte, die
Vater-Kinder-Veranstaltungen oder auch
Beratungen anbieten.
www.vend-ev.de

Soziales-Netz.de
Bietet handverlesene Informationen zu
sozialen Themen von A wie AIDS bis Z
wie Zivildienst. Neben aktuellen Meldun-
gen finden Sie hier u. a. Ansprechpartner,
Links und Literaturtipps.
www.soziales-netz.de

Männerberatung
Männerberatung für Männer aus
Deutschland und Österreich
www.maennernet.at

Väter-Portal in NRW
Es bietet ein umfangreiches Serviceangebot
für Väter – z. B. Beratungsstellen, Bil-
dungshäuser und Initiativen.
www.vaeter.nrw.de

Netzwerk für Väter in Niedersachsen
Ein Verbund von Fachkräften der Väter-
bildung in Niedersachsen, die sich zum
Ziel gesetzt haben, Angebote für Väter zu
sammeln und zu veröffentlichen.
www.vaeternetz.de
www.mannigfaltig.de

Väterzentrum Berlin
Beim Väterzentrum in Berlin (Prenzlauer
Berg) gibt es für Männer alle Informationen rund um Ihre Vaterschaft.
www.mannege.de
www.papa-institut.de

New Dads
Das US-amerikanische Projekt New Dads
zur Vorbereitung von Männern auf die
Vaterschaft des Social Entrepeneurs Greg
Bishop in Irvine, Kalifornien bietet viele
Anregungen.
www.newdads.com

Literaturverzeichnis

Biddulph, S.: *Jungen! Wie sie glücklich heranwachsen.*
Heyne, München 2004

Bien, W./Rauschenbach, T. u. a.: *Wer betreut Deutschlands Kinder? DJI-Kinderbetreuungsstudie.*
Beltz, Weinheim 2006

Brotherson, S. E./White, J. M.: *Why fathers count. The importance of fathers and their involvement with children.*
Men's Studies Press. Harriman, Tenn. 2007

Burgess, A.: *Vatermythen, Vaterbilder. Die Rolle der Männer in der Erziehung.*
Diana-Verlag, München 1998

Camus, J. Le: *Väter. Die Bedeutung des Vaters für die psychische Entwicklung des Kindes.*
Beltz, Weinheim 2001

Camus, J. Le: *Vater sein heute. Für eine neue Vaterrolle.*
Beltz, Weinheim 2006

Döge, P./Volz, R.: *Wollen Frauen den neuen Mann? Traditionelle Geschlechterbilder als Blockaden von Geschlechterpolitik.*
Konrad-Adenauer-Stiftung e.V. 2002

Fthenakis, W. E./Initiative Junge Familie: *Engagierte Vaterschaft. Die sanfte Revolution in der Familie.*
Leske & Budrich, Opladen 1999

Fthenakis, W. E./Textor, M. R.(Hg): *Knaurs Handbuch Familie. Alles, was Eltern wissen müssen.*
Droemer Knaur, München 2004

Fthenakis, W. E./Kalicki, B./Peitz, G.: *Paare werden Eltern. Die Ergebnisse der LBS-Familien-Studie.*
Leske & Budrich, Opladen 2002

Fthenakis, W. E.(Hg): *Väter. Band 1. Zur Psychologie der Vater-Kind-Beziehung.*
Urban und Schwarzenberg, München, Wien, Balitmore 1985

Fthenakis, W. E.(Hg): *Väter. Band 2. Zur Vater-Kind-Beziehung in verschiedenen Familienstrukturen.*
Urban und Schwarzenberg, München, Wien, Baltimore 1985

Gesterkamp, T.: *Gutesleben.de. Die neue Balance von Arbeit und Liebe.*
Klett-Cotta, Stuttgart 2002

Gesterkamp, T.: *Die neuen Väter zwischen Kind und Karriere. So kann die Balance gelingen.*
Herder, Freiburg 2007

Gottman, J. M./Silver, N.: *The seven principles for making marriage work.*
Crown Publishers, New York 1999

Hurrelmann, K./Andresen, S.: *Kinder in Deutschland 2007. 1. World Vision Kinderstudie.*
Fischer, Frankfurt/Main 2007

Kinderreport Deutschland 2007.
Deutsches Kinderhilfswerk e.V. 2007

Knibiehler, Y.: *Geschichte der Väter. Eine kultur- und sozialhistorische Spurensuche.* Herder, Freiburg u. a. 1996

Küstenmacher, W./ Seiwert, L .J.: *Simplify your life. Einfacher und glücklicher leben.* Campus, Frankfurt, New York 2004

Largo, R. H.: *Babyjahre. Die frühkindliche Entwicklung aus biologischer Sicht.* Piper, München 2007

Largo, R. H./Czernin, M.: *Glückliche Scheidungskinder. Trennungen und wie Kinder damit fertig werden.* Piper, München 2006

Largo, R. H.: *Kinderjahre. Die Individualität des Kindes als erzieherische Herausforderung.* Piper, München 2007

Louden, J./Penz-Koch, M. u. a.: *Tut euch gut! Das Wohlfühlbuch für Paare.* Goldmann, München 2005

Marone, N.: *Gute Väter – selbstbewusste Töchter. Die Bedeutung des Vaters für die Erziehung.* Fischer, Frankfurt/Main 2000

Matzner, M.: *Vaterschaft aus der Sicht von Vätern.* Vs Verlag, Wiesbaden 2004

Michaelis, R.: *Die ersten fünf Jahre im Leben eines Kindes. Wie sich Ihr Kind entwickelt – vom Baby bis zum Vorschulkind.* Knaur, München 2006

Moeller, M. L.: *Die Wahrheit beginnt zu zweit. Das Paar im Gespräch.* Rowohlt, Reinbek 1997

Mühling, T./Rost, H.: *Väter im Blickpunkt. Perspektiven der Familienforschung.* Budrich, Opladen 2007

Pudney, W./Cotrell, J.: *Das Väterhandbuch zu Schwangerschaft und Geburt.* Beust, München 2000

Richter, R./Schäfer, E.: *Das Papa-Handbuch. Alles, was Sie wissen müssen zu Schwangerschaft, Geburt und dem ersten Jahr zu dritt.* Gräfe und Unzer, München 2005

Ruhl, R.: *Kinder machen Männer stark. Vater werden, Vater sein.* Rowohlt, Reinbek 2000

Schirrmacher, T.: *Moderne Väter.* Hänssler, 2007

Walter, H.: *Männer als Väter. Sozialwissenschaftliche Theorie und Empirie.* Psychosozial-Verlag, Gießen 2002

Wrede, B. A.: *So finden Sie den richtigen Coach. Mit professioneller Unterstützung zu beruflichem und privatem Erfolg.* Campus, Frankfurt u. a. 2000

Eine Liste mit speziellen Artikeln und Kapiteln in Sammelwerken kann bei den Autoren angefordert werden.

Register

Bibliografische Information der Deutschen Nationalbibliothek

Die Deutsche Nationalbibliothek verzeichnet diese Publikation in der Deutschen Nationalbibliografie; detaillierte bibliografische Daten sind im Internet über http://dnb.d-nb.de abrufbar.

© 2008 Knaur Ratgeber Verlag
Ein Unternehmen der Droemerschen Verlagsanstalt Th. Knaur Nachf. GmbH & Co. KG, München
Alle Rechte vorbehalten.

Wichtiger Hinweis

Die im Buch veröffentlichten Ratschläge wurden von Verfassern und Verlag mit größter Sorgfalt erarbeitet und geprüft. Eine Garantie kann jedoch nicht übernommen werden. Ebenso ist eine Haftung der Verfasser bzw. des Verlages und seiner Beauftragten für Personen-, Sach- oder Vermögensschäden ausgeschlossen.

Bildnachweis

Umschlagfoto: Getty Images/Van Cohen

Fotos:
Umschlagklappe vorne: Getty Images/Rosanne Olson; Umschlagklappe hinten: Getty Images/James Darell
Getty Images/ Ghislain & Marie David de Lossy S. 122/Harald Eisenberger S. 108/Elliott Elliott S. 2 Mitte, 16/Jakob Helbig Photography S. 119/Adrian Neal S. 22/Allison Michael Orenstein S. 14/Robert Postma S. 3 unten, 152/Christa Renee S. 43/Inti St. Clair S. 2 oben, 8/Jerome Tisne S. 27/Paul Viant S. 2 unten, 80/Roger Wright S. 3 oben, 134/; Photo Alto S. 73; Privat S. 4, 6, 20, 88, 126, 157

Grafiken:
Achim Norweg S. 37, 86; alle Übrigen: griesbeckdesign, München

Projektleitung: Caroline Colsman
Redaktion: Jeanette Stark-Städele
Bildredaktion: Sylvie Busche (Ltg.), Markus Röleke
Herstellung: Veronika Preisler
Umschlaggestaltung, Layout und Satz: griesbeckdesign, München
Reproduktion: Repro Ludwig, A-Zell am See
Druck und Bindung: Firmengruppe APPL, aprinta druck, Wemding

Printed in Germany

ISBN 978-3-426-64482-9

5   4   3   2   1

Bitte besuchen Sie uns auch im Internet unter der Adresse:
www.knaur-ratgeber.de